図解

新版

なるほど! これでわかった

よくわかる これからの ポカミス防止対策

ものづくりにおいて、品質不良のほとんどが「ポカミス」によるもの。
「ポカミス」を根絶し、よいものづくりをするための
「管理」と「技術」の一体化について徹底解説

竹内 均

同文舘出版

まえがき

初版が出版されてから10年近く経過しました。その間に社会の環境はデジタル化によって進歩し、ものよりも先に情報が目に入ってくるようになっています。しかしながら、ものづくりの現場は今でも人間の感覚に左右されるところが多いようです。

「ものづくりのよし悪しは、品質に現われる」といえます。そして、その品質不良のほとんどが、ポカミスによるものといっても過言ではないと思っています。

しかし現場で作業しているすべての人は、はじめから不良を作ろうなどと思ってはいません。良品１００％をめざしていても、何らかの理由や原因で結果的に不良品という形になってしまうのです。

不良品を分析する一番の方法は、同じ不良を作ってみることなのですが、簡単ではありません。不良として姿を現わすまでにたくさんの要因がからみ合っているので、再現することも、分析することもむずかしいのです。

しかし、むずかしいからといって、そのままにはできません。「安かろう悪かろう」の製品を生産していたら、メイドインジャパンのブランド価値は下がり、世界での競争力を失うことになってしまいます。

私はコンサルタントとして、製造業の現場を診断、指導して30年になります。日本はもとより、アジア諸国（韓国、中国、台湾、タイ、マレーシア、ベトナム）、アメリカ、メキシコなどの工場のものづくりをコンサルティングしてきました。その各国で共通していえることは、作業者の質のバラツキは少ないということです。しかし問題なのは、管理者の質です。この「管理」面に関してはバラツキが大きいのです。

管理は、①あるべき姿をイメージする力、②今後の進むべき道を切り開く力、③実行力、④分析力、そして、⑤現状を変化させる力、の5つの力がバランスよく備わっていないとできません。

さらに、その管理を維持、向上させていくためには、技術が必要不可欠になります。ものづくりに必要な技術とは、少々堅苦しい表現ですが、「工場内で発生している現象をすべて方程式に表わす技」です。突発的に発生する不良には必ずプロセスがあり、時間と質量とエネルギーの複合によって起こるものだからです。

よいものづくりをするためには、「管理」と「技術」が1つにならないと、うまく進まないということです。

本書では、その堅苦しい方程式なるものを簡単に分解できるように、100項目に分けて解説しています。

一見、不良対策の本というより、改善の本ではないかと思えるかもしれません。しかし、不良を本気でゼロにするには、改善の技術を身につけたほうが早いのです。

最後に、執筆にあたり、同文舘出版の古市達彦氏をはじめチームメンバーの方々に大変お世話になりました。ありがとうございました。

2022年11月

竹内　均

新版　なるほど！　これでわかった　図解　よくわかるこれからのポカミス防止対策◆目次

第1章　ものづくりの弱さは不良という形で姿を現わす

第2章 ポカミス不良とは何か

第3章 ポカミス不良予備群の発見

第4章 まずは、ムダを表に出そう

第5章 改善力を身につけよう

第6章 品質は段取りのよし悪しで決まる

第7章 ポカミス不良が発生しない環境づくり

第8章 ポカミスを防ぐための対策

第9章 ものづくりは人づくり

第10章 これからのポカミス不良対策

第1章

ものづくりの弱さは不良という形で姿を現わす

自社工場のレベルは?

工場のものづくりレベル

製造業として優位に立つには、良品を作り続けられることが絶対条件。

日本の製造業者数は、大中小合わせて約60万社、300万工場あります。

工場の優秀さを表わすレベルには、1~4の段階があり、レベル4の「効率よく良品を作り続けられる工場」は、全体の1%もありません。そしてその数は、年々減少しているのです。

世界から信頼されていた日本のものづくりは、過去の話になってしまったのでしょうか。まず、その工場のレベルの話からはじめましょう。

①レベル1　作ることができる

工程内不良発生率が5%以上あり、市場クレームとして顧客に迷惑をかける確率が1000ppm（ppmは100万分の1の単位のこと）を超えているレベルです。

現場では、20台に1台の割合で不良が発生するため、管理者は不良発生時、現物を確認することは不可能で、対策は作業者任せになっています。

②レベル2　良品を作ることができる

全体の8割の工場はこのレベルでしょう。工程内不良発生率は1%未満で、市場クレームは500ppm、出荷1万件に5件の割合で発生しています。

不良発生時、現物確認はできていても、多くは暫定対策で終わっています。

③レベル3　良品を作り続けられることができる

工程内不良発生率0・4%未満、市場クレーム発生率100ppm未満のレベルです。工程内で不良が発生すると、発生の合図が出され、ラインがストップします。同時にリーダーが発生ラインに駆け寄って確認をし、原因を除去してからラインを再稼働します。

④レベル4　効率よく良品を作り続けられることができる

本書の第10章までの内容を実施すれば、「レベル4」の工場にすることができます。レベル4の工場では、工程内不良発生率は0・1%未満、市場クレーム50ppm未満で、2万件に1件発生するかしないかの非常に安定した生産活動が行なわれています。レベル3では、不良が発生してからラインを止めますが、レベル4では、不良が発生する前にラインを止めています。

工場のものづくりレベル　1～4

レベル4	工場数	工程内不良発生率	市場クレーム率	現場管理
国内ではまだ1%未満の工場		0.1%未満	50ppm未満	不良が発生する前にラインを止める。異常が出そうになると信号が出る「しかけ」がある

↑

レベル3	工場数	工程内不良発生率	市場クレーム率	現場管理
国内ではまだ10%未満の工場		0.4%未満	100ppm未満	不良が発生したらラインを止めて、原因を除去する

↑ レベル2から3にバージョンアップするために「設置した赤箱に不良品が投入されると信号が出る“しかけ”をつける」

レベル2	工場数	工程内不良発生率	市場クレーム率	現場管理
国内の約80%の工場		1%未満	500ppm未満	不良品の確認はできていても対策不充分

↑ レベル1から2にバージョンアップするために「良品と不良品を区別するために赤箱（不良品箱）を設置する」

レベル1	工場数	工程内不良発生率	市場クレーム率	現場管理
国内の約10%の工場		5%以上	1000ppm以上	現場に管理者不在

section 2

倉庫を使用するという発想そのものが不良である

一番大きな停滞場所「倉庫」を見る

部品も倉庫、製品も倉庫。工場の入口と出口を倉庫で管理している工場は最悪である。

●不良が発生しても困らない

顧客から5台の注文を受けた。しかし、生産管理部からの製造指示書には6台となっている。「1台多く生産しなさい」との指示である。「なぜ？」と生産管理部に質問してみると、「この製品は、たびたび不良品が出ます。不良品が出てから作り直したのでは、納期に間に合わなくなります。だから、あらかじめ1台多く作るように指示を出しています」との回答が返ってきた……。

申し訳なさそうに回答してきたのならまだ脈はありますが、この工場はそうではありませんでした。かなりの重傷といえるでしょう。

1台不良品が発生しても、予備を生産しているために直接困る人はいません。ラインの作業者は、不良が発生したら赤箱に入れるだけです（赤箱とは、良品と不良品を区別するための不良品専用箱のこと）。困るのは、その現状を理解していない経営者だけでしょう。20％の利益を出すことは非常にむずかしいのに、現場ではそのムダを平気で日々生み出しているのですから。

●倉庫は不良の巣である

しかし、運よく全数良品を生産できたとしたら、どうするのでしょうか。再び質問してみました。答えは「多くできた1台は倉庫で保管しておきます。そうすればまた同じ製品を受注したときに使えますからね」という返事でした。

1台1台、端数の製品が出るたびに、きちんと倉庫で管理している工場ならば、品質管理もしっかりしているでしょう。しかし残念ながらこの工場では、多く生産された製品は、倉庫で埃をかぶることが目に見えています。

不良品の代替として、数がバラバラな製品が散乱している倉庫から、1台の製品を探すとします。ようやく見つけた製品を、現在生産中の製品と同梱《どうこん》はしたくはありません。そこで、再検査というムダが発生します。

また、違う製品を倉庫から取り出して、そのまま出荷してしまうポカミスが発生することもあります。

在庫は諸悪の根源である

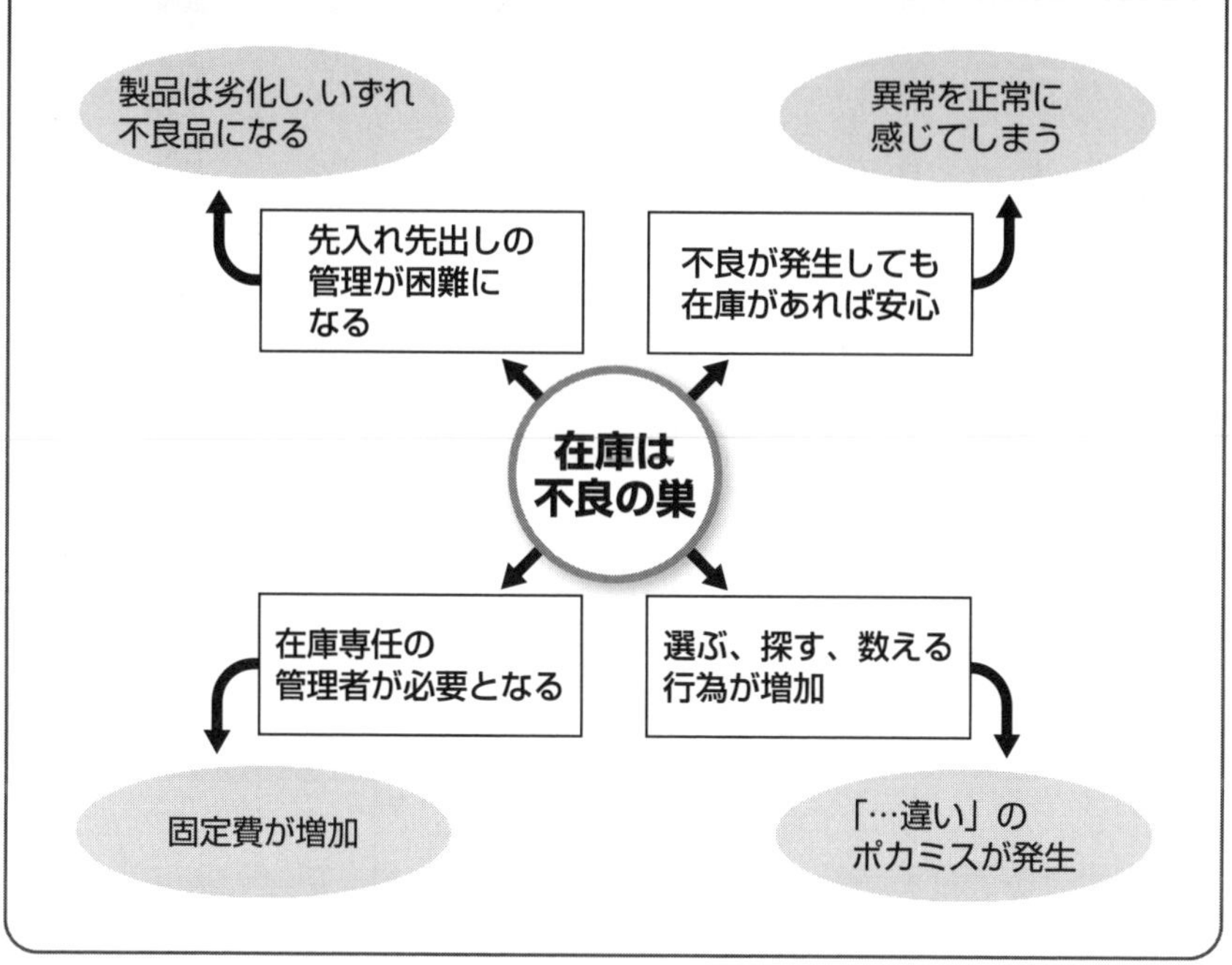
在庫は
不良の巣
先入れ先出しの
管理が困難に
なる
製品は劣化し、いずれ
不良品になる
不良が発生しても
在庫があれば安心
異常を正常に
感じてしまう
在庫専任の
管理者が必要となる
固定費が増加
選ぶ、探す、数える
行為が増加
「…違い」の
ポカミスが発生

倉庫ダイエットステップ

ステップ1 倉庫内の在庫品を先入れ先出しができるようにする。ポイントは製品を重ねないこと

ステップ2 在庫品を「生・休・死」に分類する。「生」とは、少なくとも週に一度は動きがあるもの。「休」とは、３ヶ月に一度くらいしか動かないもの。「死」とは４ヶ月以上動きがないもの

ステップ3 「死」に分類されたものは廃棄する

ステップ4 「生」はラインサイドに移動させる

以上の１～４を３ヶ月に一度実施し、徐々に倉庫内の在庫を減少させていく

section 3

知らないうちに材料をムダ使いしている

歩留まりと不良

工場の中では、材料を捨ててももったいないと思っている人は少ない。

●歩留まりとは

「歩留《ぶど》まり」とは、投入に対する完成の割合のことをいいます。

たとえばプラスチック成形で、1成形あたり100gのペレットを溶かし、金型に流し込むとします。冷却されて成形後金型から出てきたものは、ゲートといって、湯口（鋳型に流し入れる通路）から製品までを結ぶものがついてきます。これは成形機の中か、あるいは別工程でカットされ捨てられます。その量を30gとすれば、この成形工程の歩留まりは70%となります。

10数年前までは、食品業界が一番歩留まりが悪いとされてきました。とくに野菜や肉などは、捨てる部位が多いからです。しかし近年、私が実際に現場を見る限り、電機、機械、化学業界のほうが悪くなっています。

●慣れると不良も気にならなくなる

ある金属加工工場でのことです。この工場では、1mのバー材をNC旋盤に装着し、長さ1個10㎜のネジに加工していました。1個1個形状の切削《せっさく》が終了すると、突っ切りバイト（バー材から加工品を切り離すための刃具）でバー材から切り離されます。NC旋盤の中には、キャッチャーと呼ばれる「受け」がついており、そこにうまく入ればいいのですが、ときどき切粉《きりこ》がじゃまをして、旋盤の底に切粉と一緒になって落下してしまう不良が発生していました。

私がそれに気がついたのは、旋盤から切粉をかき出している行為を目にしたからです。切粉だけをドラム缶に移しているのかと思っていたら、そうではありませんでした。切粉にまみれていろいろな種類のネジが出てきたのです。それを作業者が1つひとつ仕分けをしていました。

そこで市場クレームを想像してみました。このNC旋盤では、形状は同じですが、鉄とステンレスの2種類の材質のネジを切削しています。ということは、「必ず、材質違いというクレームが発生しているはずだ」と考え、品質管理部に尋ねてみると、まさにそのとおりでした。

歩留まりも不良の一部である

歩留まり＝ $\frac{完成量}{投入量}$ のこと

こんなにも低い歩留まり。ネジ加工の場合（長さ10mm）

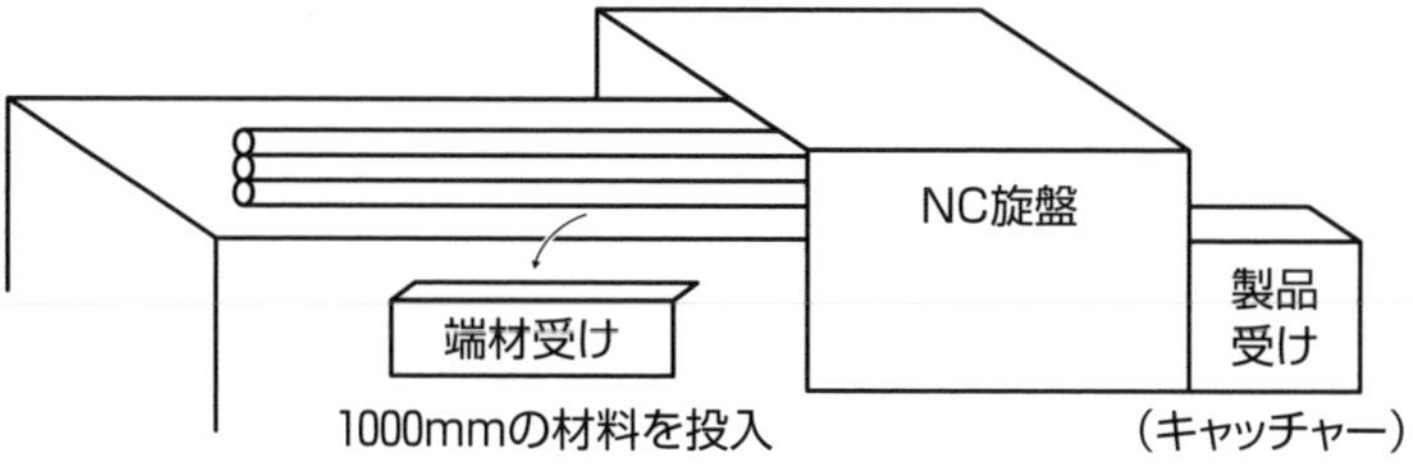

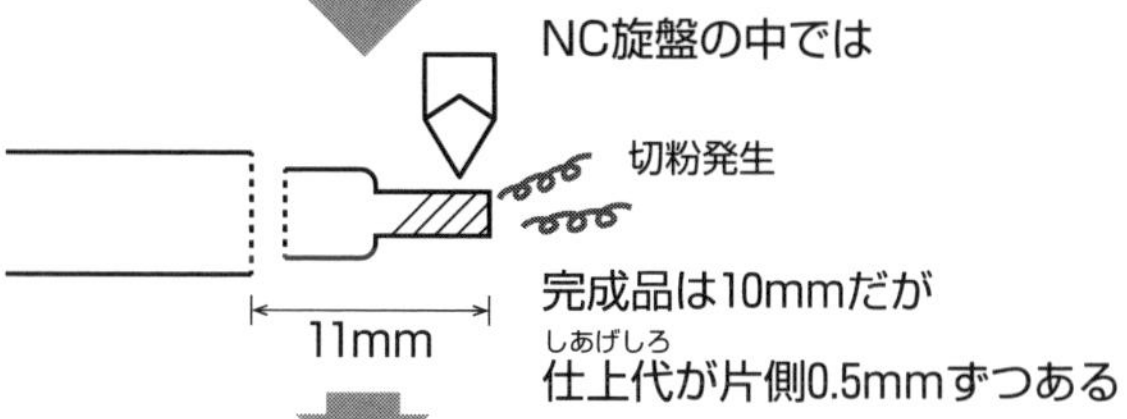

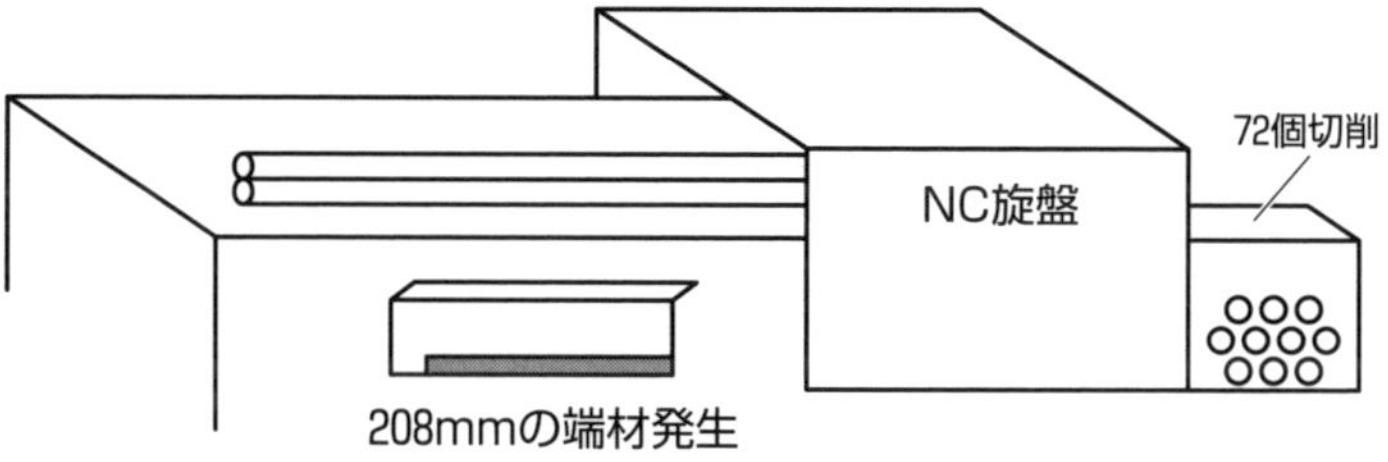

計算してみよう

①ネジ１個当たりでは、11mmの材料から10mmのネジが完成。
ネジ部は切削され、切粉として捨てられる→50%

②バー材は1000mm投入したが、残り208mmで
チャック不可能となり、端材受けに落下

① ＋ ② ＝ 600mm（捨てられる）

1000－600＝400mm（完成品分）
歩留まりは、400÷1000＝40%となる

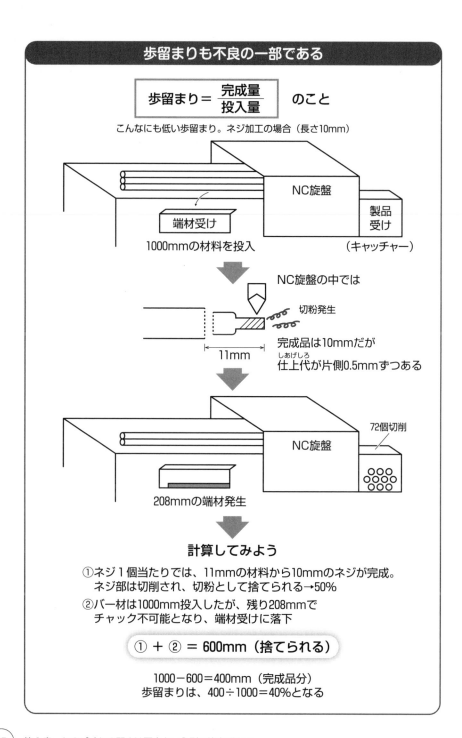

section 4

昔は加工も検査も同じ作業者が行なっていた

加工する人、検査する人

ISOが日本に上陸してから、検査は顧客と同じ立場で第三者が行なう、間違った工程設計が流行している。

●加工検査の繰り返し

私が30年前、精密小型モーターのメーカーで機械加工を担当していたころは、次のように教育されていました。

「1個ずつ加工検査を繰り返し、後工程には不良を流さない。最終工程はお客様である」と。

オペレーターは、自分が加工したものには絶対の自信とプライドをもっていました。

ですが最近では、ダブルチェックと称して、加工工程の他に検査工程なるものを設置して検査をしています。

外観の傷や数量の検査のみならず、マイクロメーターを持ち、加工精度そのものの検査をしています。

これは流出防止対策期間限定の検査ならば有効かもしれませんが、通常の検査としては有効ではありません。

●最適加工条件の設定

加工と検査を1人で行なう目的は、最適加工条件の設定にあります。

加工担当者は常に加工状態を体で感じています。切削音、切粉の形状、材料の違いや、送りスピード。切削油の塗布位置や温度も常に変化しています。

達人になってくると、蛍光灯に加工品をかざしただけで面粗度《めんそど》がわかるといいます。

プログラムの条件が同じだったとしても、バイトの刃先は切削するたびに摩耗してきます。

その変化は加工品の寸法の変化として発見することができます。外径は切削するたびに大きくなり、内径は小さくなってきます。

しかし、ときには構成刃先によって急激に変化する場合があります。このような変化は別工程で検査している人には予想することもできません。

品質管理の基本はバラツキをなくすことにあります。

とくに、加工寸法のバラツキをなくすには、「1個加工し、1個検査する」を繰り返すことです。

これを可能にすることができるのは、実際に加工している作業者しかいません。

検査の目的は検査をなくすこと

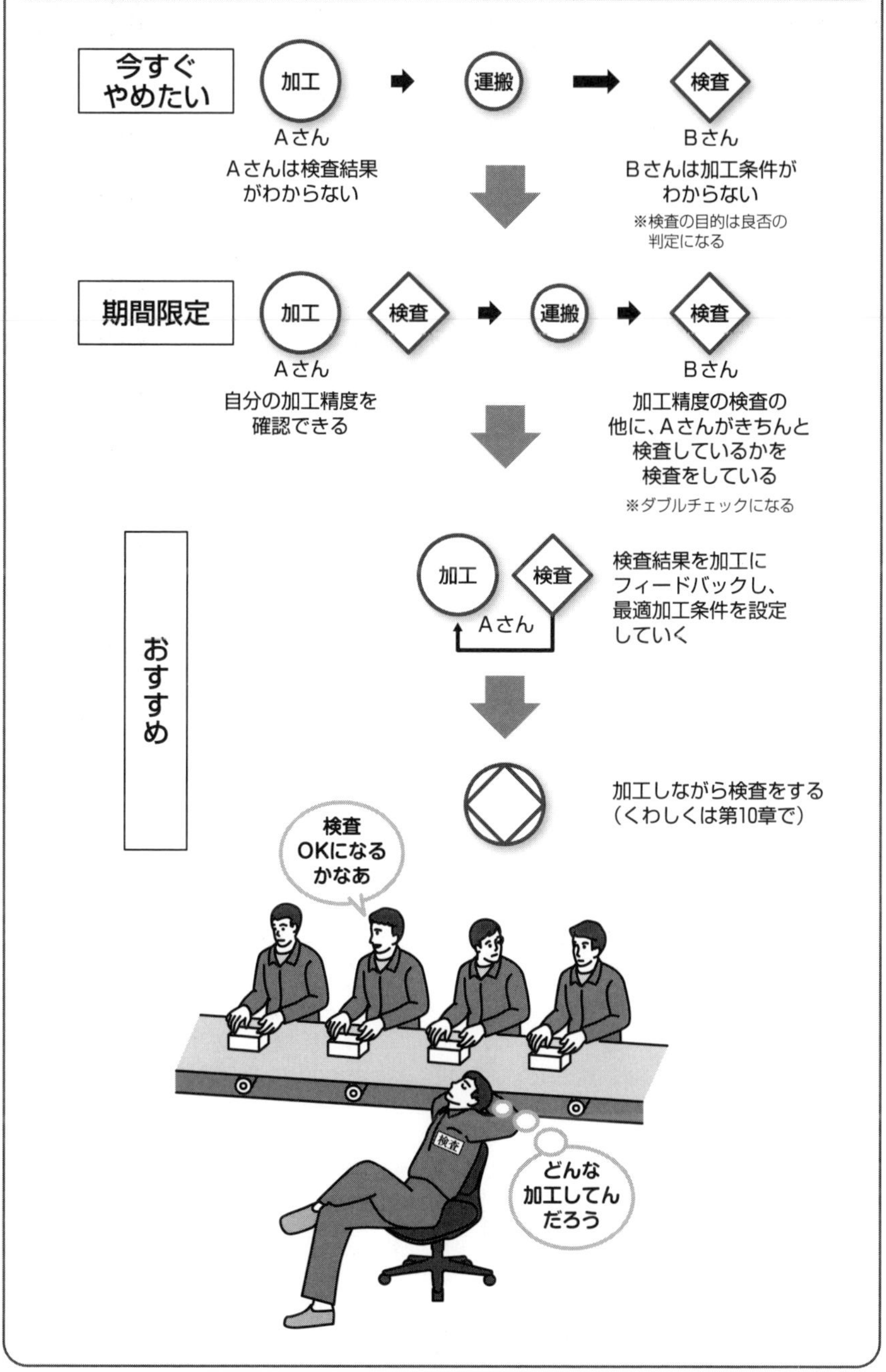
今すぐやめたい
加工
運搬
検査
Aさん
Bさん
Aさんは検査結果がわからない
Bさんは加工条件がわからない
※検査の目的は良否の判定になる
期間限定
加工
検査
運搬
検査
Aさん
Bさん
自分の加工精度を確認できる
加工精度の検査の他に、Aさんがきちんと検査しているかを検査をしている
※ダブルチェックになる
おすすめ
加工
検査
Aさん
検査結果を加工にフィードバックし、最適加工条件を設定していく
加工しながら検査をする（くわしくは第10章で）
検査OKになるかなあ
検査
どんな加工してんだろう

section 5

不良はものだけではない

4M管理と現場の3つの不良

現場には、目で見てわかる3種類の不良が存在する。

●4M管理とは

3種類の不良を説明する前に、現場で管理しなくてはいけない4つのMについて解説しましょう。

MAN……人間の管理です。ラインの人員管理、教育訓練管理、出勤管理など、工場で働く人を中心に行なわれます。

MACHINE……機械、設備の管理です。稼働率、可動率、メンテナンス、加工条件、段取りなどの管理を行ないます。

MATERIAL……材料や部材などの管理です。歩留まり、配膳などの管理を行ないます。

METHOD……方法のことです。前記の3M、MAN、MACHINE，MATERIALを上手に組み合わせて、品質とコストを両立するための方法を管理します。

●品質不良

1つめの不良は、一般的にみんなが不良と呼んでいる、MATERIAL（もの）の不良のことです。本書でいう工程内不良品とは、図面の要求精度どおりに仕上がっていないもののことです。

実は、ものづくりの現場で「図面に載っていない精度」があるのをよく目にします。部品加工の工場に多いのですが、完成図面はあっても中間工程の図面がない場合があるのです。

これはポカミスの原因になるので注意しましょう。

●設備不良

2つめの不良は設備です。設備不良とは故障のことで、それが原因でラインがストップしてしまい、停滞が発生します。MACHINEの管理を充分に行ない、故障のない設備にしなければなりません。くわしくは第8章で説明します。

●人間不良

「悪い人」の意味ではありません。人間不良とはケガや病気のことです。人材を「人財」と表現する会社もあります。ものは作り直すことができますが、切断された指をもとに戻すことはむずかしいでしょう。

4Mは管理の基本

	M	管理	お金	時間・量
4M	MAN	人間の管理	固定費	HT （ハンドリングタイム）
	MACHINE	設備の管理	償却費	MT （マシーンタイム）
	MATERIAL	ものの管理	比例費	歩留まり
	METHOD	MAN MACHINE MATERIAL の組み合わせで方法を管理	1台当たりの原価コストダウン	標準作業組み合わせ （HTとMTの組み合わせ）

3つの不良

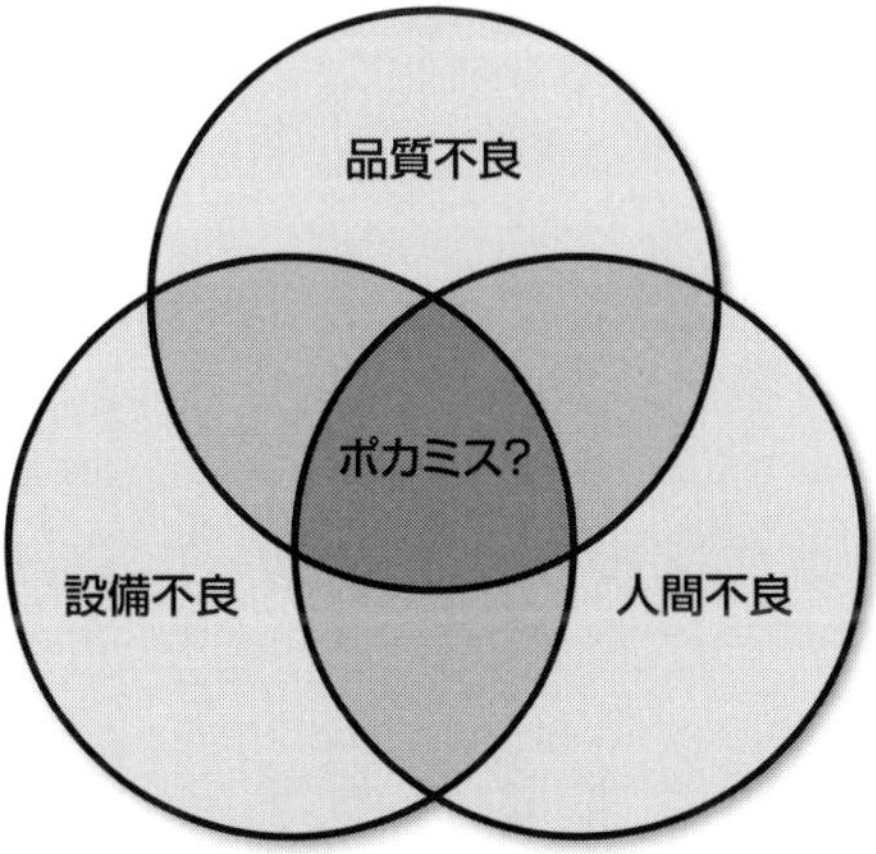

ポカミスは、いろいろな不良がからみ合って生まれてくる

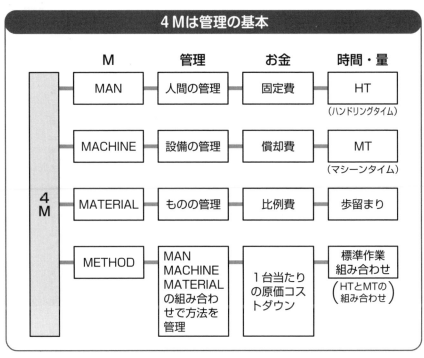

section 6

まとめてつくることをロット生産と呼ぶ

ロットの大きさと不良は比例する

不良が多い工場ほどまとめて作ろうとする。

●ロットの大きさの定義づけ

同じ製品をまとめて生産することを、一般に「ロット生産」と呼んでいます。さらにその同じものを、同じ作業で繰り返して生産することを「だんご生産」と呼んでいます。

まとめて生産すれば効率がいいとか、また、その大きさ設定のことを「経済ロット」といっている解説書も多くありますが、それは大きな間違いです。

世界一の製造業とまでいわれているトヨタ自動車の組立工場を見てみればわかります。クラウンの組立工場では、製造ロットの大きさは1台です。さらに同じラインで他の車と交互に生産する場合もあります。

理由はロットの大きさの定義を「**100%品質を保証できる大きさ**」としているからです。

●加工段階、組立段階でロットの大きさは変化する

組立工程で1台ずつ生産しているトヨタでも、プレスなどの加工工程ではそうではありません。

プレス工程では部品数が限られているため、たとえば連続で20台分生産しても、100%品質を保証できるので、ロットを保証できる大きさにしているのです。

後工程の組み立てにいくほど、部品点数は増加していきます。最終工程では3万点以上の部品が組み付け、組み立てられていきます。

そうなると1台ずつ加工と検査を繰り返さないと、品質を100%保証できないのです。

●不良を最小限にするには

ロットが大きければ大きいほど、不良に気づいたときのダメージも大きいことは理解できるでしょう。しかし、ほとんどのものづくり現場では、「ロットの大きいだんご生産」をしています。

まず、「だんご生産」をやめてみてはどうでしょうか。「取る、置く」という動作のムダが少なくなることに気がつけば、「だんご生産」をやめるきっかけになるでしょう。

受注ロットと製造ロットの大きさは同じ？

[受注ロット]

お客様から注文を受けたときの１件当たりの大きさのこと。受注１件１台のときもあれば、１件100台以上のときもある。受注の大きさは変動する

[製造ロット]

製造現場で、流す単位の大きさのこと

↓

受注ロットをそのまま製造ロットにしてしまったら

受注の変動が、そのまま工程での加工時間の変動になる。１台ならばすぐに次工程に流せるが、100台なら99台の停滞を発生させてしまう

↓

製造ロットを100％品質保証できる大きさにしよう

↓ たとえば１ロット最大10台までとすれば、

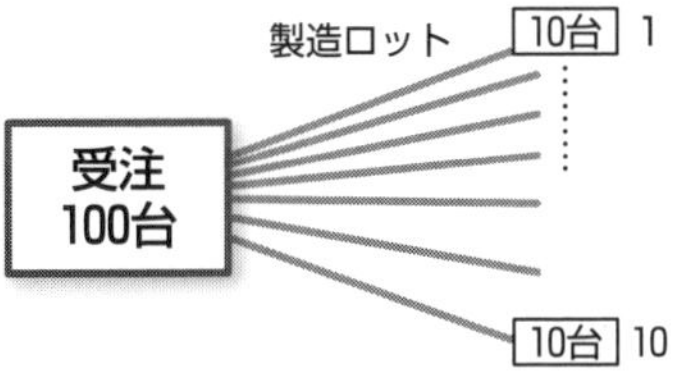

10ロットで生産することになり、停滞を９台までに減少させられる

だんご生産は品質管理が困難になる

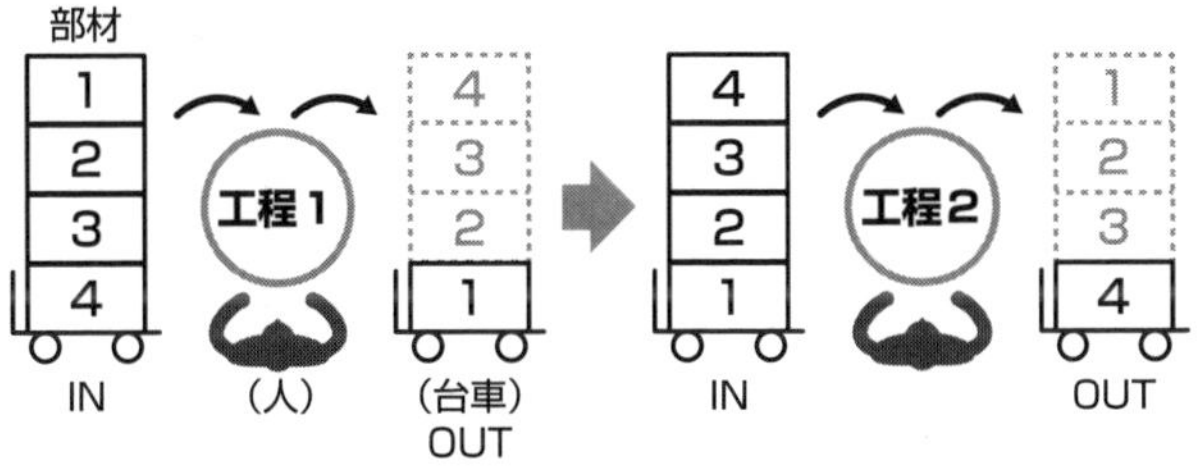

このようにだんご生産をすると、工程を移動するごとに、着手順番が逆転してしまうので、時系列による加工の変化の追跡が不可能になる

section 7

不良をお金に換算すればわかる

不良損失3倍の法則とは

最大の損失はブランドの信用を失うことである。

●まずは1台分のコスト計算

「不良損失3倍の法則」の基本となる、1台分のコスト計算から説明しましょう。しかし不良の多い工場では、この1台分のコストもはっきりしていないようです。

ものを生産するには必ず投資が必要になります。

①変動費または比例費

主に材料費のことです。生産する大きさによって変動するし、大きさに比例して金額が変化するのでそう呼ばれています。

②固定費

主に人件費のことです。生産の大きさに関係なく、固定給として給料は支払われます。ただし、残業代などは固定されていない給料になります。

③設備償却費

高額の設備を購入しても、一度に経理上の処理はしません。

たとえば「6年償却」の場合は、金額を72回に分割して月々償却していくことになります。

以上の3つの費用を、1台当たりにするといくらになるのか計算しましょう。

●1：3：9：27＋α

「1」を、良品を生産するために必要なコストとすると、「3」は、工程内で不良が発生した場合の損失になります。良品の3倍のコストが失われることになるのです。材料費、人件費、設備償却費にプラスして、不良品を調査するために間接部門の人件費も付加されてきます。

「9」は、納場《のうば》したところで不良が発生した場合の損失になります。納場とは、たとえば部品加工工場から組付《くみつけ》工場に納品することです。つまり良品の9倍のコストが失われるということです。

しかし何といっても損失が一番大きいのは、不良品が市場に流失してしまったときです。良品の27倍のコストが失われることになります。そして注意してほしいのは、この3倍の法則は、不良品の台数が1台のときの数字であるということです。

不良は源流で押さえる

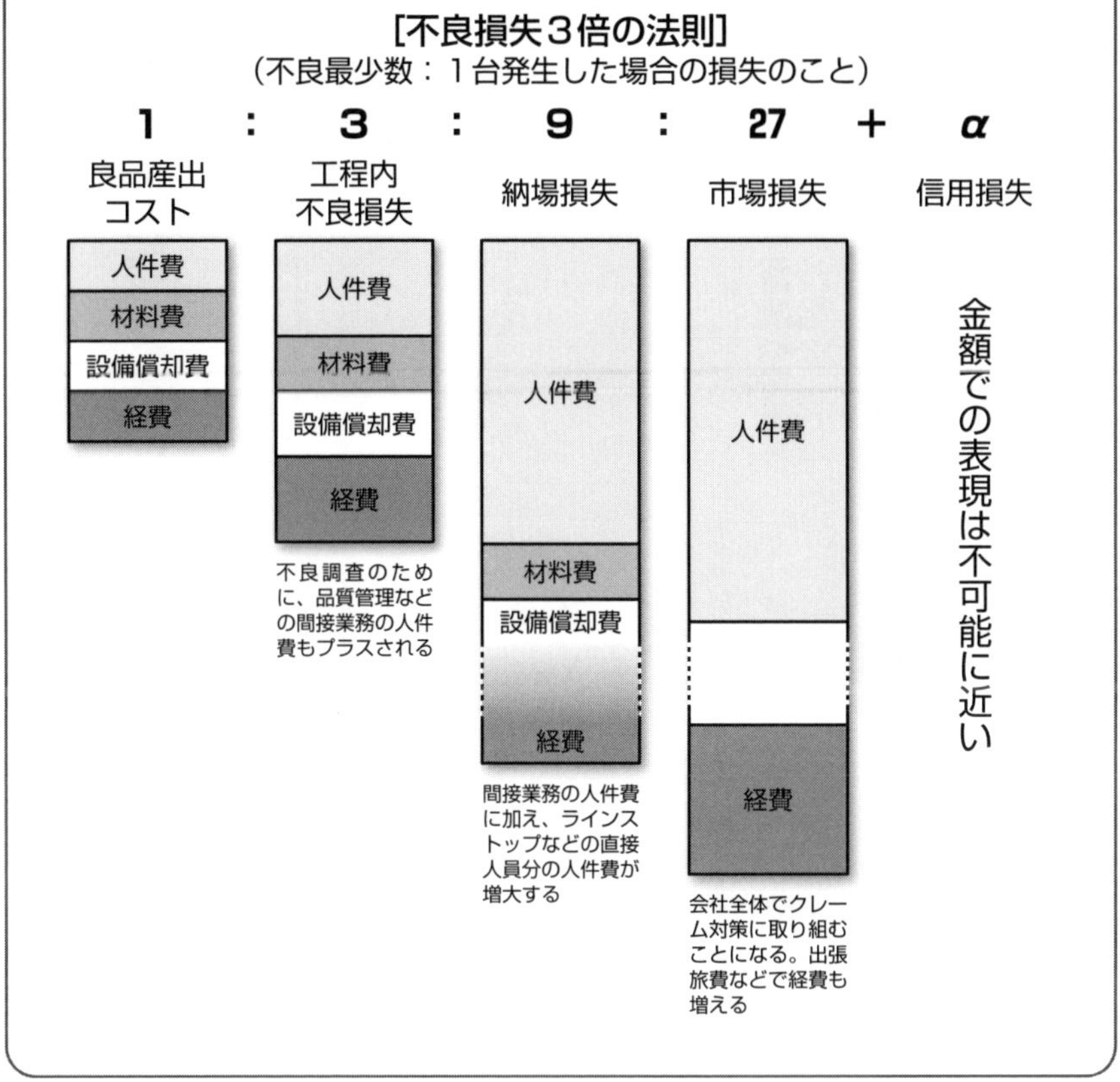

●会社の信用損失

損失を数字で表現できないのが「+α」です。このαとはブランドの信用のことで、会社の存在そのものが評価されることになります。

M自動車のある車種で、発火するという問題が発生したことを記憶されている人も多いでしょう。

その後、グループ会社のトラックのタイヤが外れる不良も発生しました。それからM社のほとんどの車種が売れなくなり、赤字に転落しました。

グループ企業のバックアップがなかったら、今頃、会社は存続していなかったでしょう。

ほんの小さなトラブルが、後工程にいけばいくほど、加速されて大きな不良問題となって姿を現わしてくるのです。

病気と同じで、不良も初期治療が肝心だということです。

リードタイムと不良は比例する

生産リードタイムと正味加工時間

時間の長い短いで品質は変化してくる。

●生産リードタイムとは

生産リードタイムとは、生産に着手してから、着手した製品が完成するまでの時間のことです。

セクション６で解説したように、ロットが大きければ大きいほど、リードタイムは長くなります。

●１台当たりの正味加工時間と比較してみよう

正味加工時間とは、加工のみの時間のことです。たとえばプレス加工では、下金型に置かれた鉄板を上金型で打ち抜く瞬間の時間のことになります。１台当たり０・５秒くらいでしょう。

ネジを締めるという加工でも、実際にネジ山が部品にからんでいる時間になるので、５秒くらいでしょう。

このように、正味加工時間だけを合計したものと、生産リードタイムを比較してみるのです。

T自動車のある車種の場合は、１：８００になりました。リードタイムが１台当たりの正味加工時間の８００倍になるということです。T社では、正味加工時間を「付加価値時間」として、利益が発生する時間と定義しているので、工場の中には８００倍のムダがあるとしています。「何だ、T社はそんなにムダが多いのか」と思うかもしれませんが、そうではありません。ネジなどの小部品を除いて約３万の部品から１台の自動車が成り立っています。３万の部品を加工し、組み立てているのですから、８００倍は非常に小さい数字なのです。

●リードタイムの目標倍率

加工・組付・組立、そして、その持っている工程の数でも倍率は変化してきますが、ロットの大きさを小さくすることによって次の工程への流すタイミングでも早くなります。早くなるということは、運搬サイクルも短くなり、工場のレイアウトの悪さに気がつきます。

加工の場合は、正味時間に対して１ケタ。組付は２ケタ。組立では３ケタのリードタイムが目標となるでしょう。

ロットの大きさがリードタイムに与える影響を比較してみよう

[事例研究]

製品100台を生産したい。加工工程は５工程あり、各工程の加工時間はそれぞれ１分とする。以下、２パターンのリードタイムを計算してみよう

[パターン１]

１ロットの大きさを100台として、工程間を100台で移動した場合

[パターン２]

１ロットの大きさを１台として、工程間を１台ずつ移動させ100台生産した場合

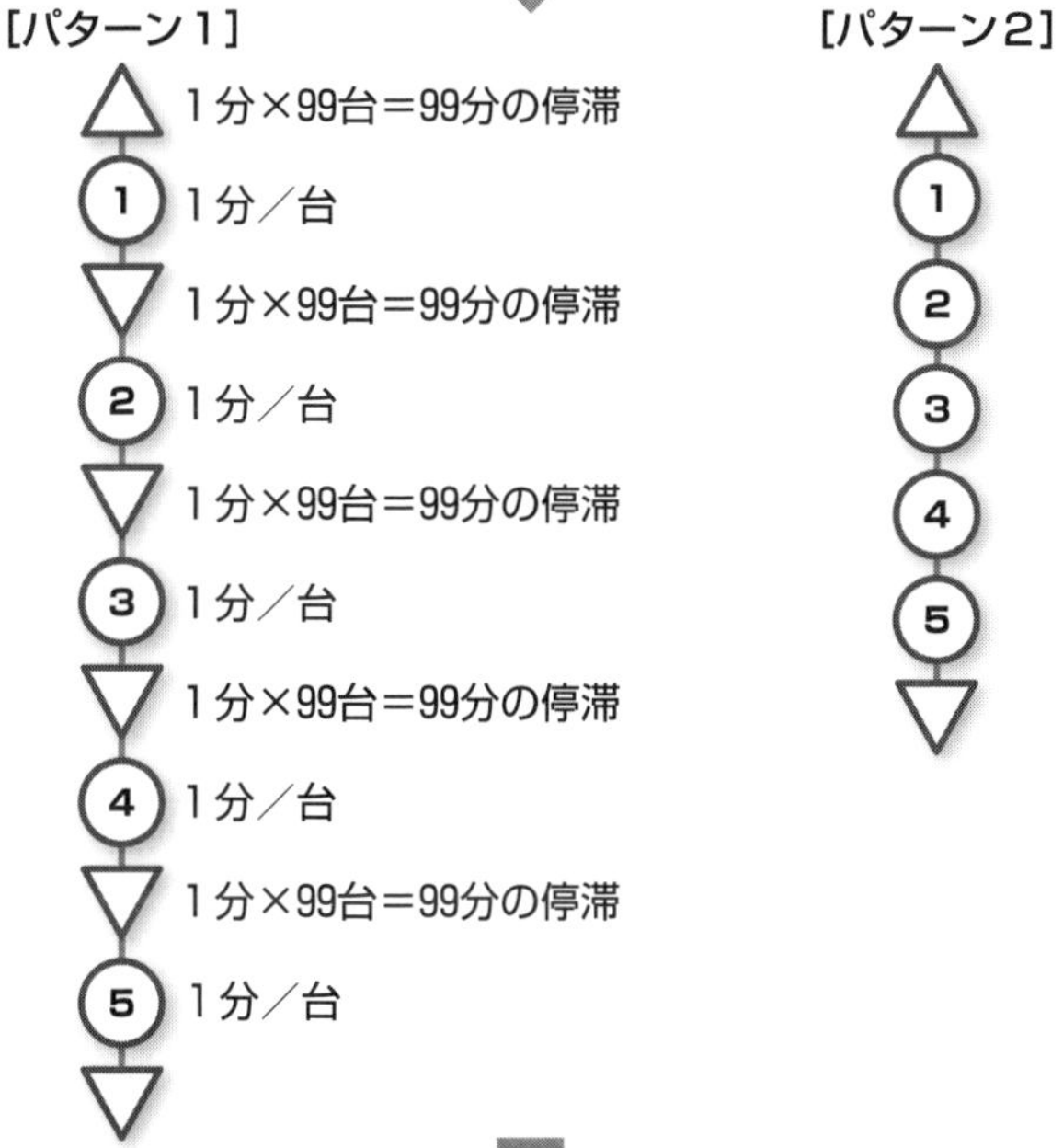

計算してみよう

リードタイム＝（1分×5工程）＋（1分×99個）×（5工程）

（1分×5工程）：加工　（1分×99個）×（5工程）：停滞

＝　５分＋495分
＝　500分

１台目のリードタイムが5分。
その後99台は1分ごとに
完成してくる

リードタイム＝５分＋99分
＝104分

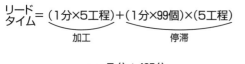

section 9

大腸菌の発生数は時間の2乗に比例する

生産リードタイムと品質の関係

電気製品、機械製品も食品とまったく同じと思って生産活動を行なうことが必要。

●食品工場はわかりやすい

北海道の冷凍食品工場で改善指導をしていたときのことです。その工場では、オムライスラインの前工程で、ライスを包む卵焼きを生産していました。新鮮でふわっとした食感が売物のオムライスは、卵焼きの品質が売れ行きを左右します。

朝仕入れた卵を、前準備として大きなボールに割っていきます。そして調味料を入れてミキサーにかけます。その間に、卵焼き器に火を入れて、いつでも焼けるように準備しておきます。

ところが、その日はどこかおかしかったのです。いつになっても撹拌された卵を、焼き工程の人が取りに来ないのです。

撹拌してから2時間以内に焼かないと風味が落ちてしまいます。酸化がはじまるからです。

2時間が過ぎたころ、ようやく焼き工程の人が取りに来て、焼きがスタートしました。

前工程の人がほっとしたのも束の間でした。1枚目の卵焼きができてから24時間後、品質検査課から1枚の写真を持って現場に駆けて来る人がいました。それは大腸菌の写真でした。

そのときに生産したロットは、すべて廃棄処分になってしまいました。

●市場まで流れたら人命にかかわる

賞味期限が切れた牛乳を使用したシュークリームを食べた人が、食中毒になったという事件が発生したこともあります。F社のシュークリーム事件です。工場内で不良をくいとめることができず、市場まで流れてしまったのです。

幸い死者は出なかったものの、日本中のF社の店は閉店に追い込まれました。ブランドの信用を一挙に失ってしまったのです。

電気製品、機械製品も食品とまったく同じと思って生産活動を行なうことが必要です。

リードタイムが長いと鉄も錆びてきます。そして、停滞も増えます。停滞が増えれば運搬も増え、運搬が増えれば、キズ不良も増えてくるのです。

食品の品質管理はHACCPがおすすめ

HACCP（ハサップまたはハセップ）**とは**

Hazard Analysis and Critical Control Pointの略。アメリカ生まれの食品衛生管理基準のこと

ハザードを３因子に分類

「食品中に存在する、人に健康被害を起こすおそれのある因子」

生物的危害原因物質
サルモネラ菌
大腸菌O-157
寄生虫アニサキス
など

化学的危害原因物質
ヒスタミン
フグ毒　など

物理的危害原因物質
ガラス片
金属片
プラスチック片
など

これらの危害原因物質を食品に混入させない

HACCPの７原則

原則１　危害分析
２　CCPの決定（CCPとは重要管理ポイント）
３　管理基準の設定
４　モニタリング方法の設定
５　改善措置の設定
６　検証方法の設定
７　記録のつけ方と保存

７原則を原料の入荷から製造・出荷までのすべての工程において実施する

レトルト食品の場合

原材料入荷 → 調合 → 充填 → 包装 → 熱処理 → 冷却 → 箱詰 → 出荷

section 10

桐のタンスは、スーと空気が抜けていく

ものづくりのDNAはどこに

釘を使用せずに柱が組まれている清水寺。日本古来の几帳面さが今でも建物をささえている。

●プラモデルのように

私は小学生のころ、よくプラモデルを作りました。

そのプラモデルと、現在、みなさんが生産している製品とを比べ、高品質なのはどちらでしょうか？　プラモデルははじめての人でも、ほとんど失敗なく組み立てられます。しかし工場では、新人が入ると必ず不良が発生します。

プラモデルには、日本のものづくりのDNAが感じられます。接着剤がなくても、部品接合部の凹凸の合わせだけで組み立てられていきます。

部品は過不足ゼロ。取扱説明書は、実物のイメージがつかまえやすく、かつ、取り付ける方向も、手順も明記されています。

●JISのハメアイ規格

私の自論ですが、設計改善の指導に際しては、できる限り「ネジや接着剤」を使用しないで組み立てる、ということを実践するようにしています（強度が必要な場合を除いて）。なぜならば、「ネジや接着剤」は、位置決め設計の手抜きだからです。

部品Aと部品Bとを組み合わせたいとします。部品Aには縦に3箇所のメネジが切ってあります。その上に部品Bを乗せてネジを締めていきます。3箇所のネジ位置が狂わないようにするためには、まず1個目のネジは最後まで締め付けず、仮締め状態にしておきます。そして、2個目、3個目を締め付けたのちに、最初に締めた1個目のネジを最後まで締め付けます。

部品AとBの位置を決める基準がないためにそうなってしまうのです。部品Aのネジを切っている穴と、部品Bの穴部分には軸を立てるようにして、精度は左ページのハメアイの公差基準に沿って加工するのです。このハメアイで圧入すればネジを1個も使用することなく、かつ強度も確保できます。

設計時間や金型の作成には少々時間や費用が増えるかもしれませんが、量産品ならばすぐに償却できます。コストダウンを言い訳に、設計の手抜きをしていないでしょうか？

組み付けは位置決めがポイント

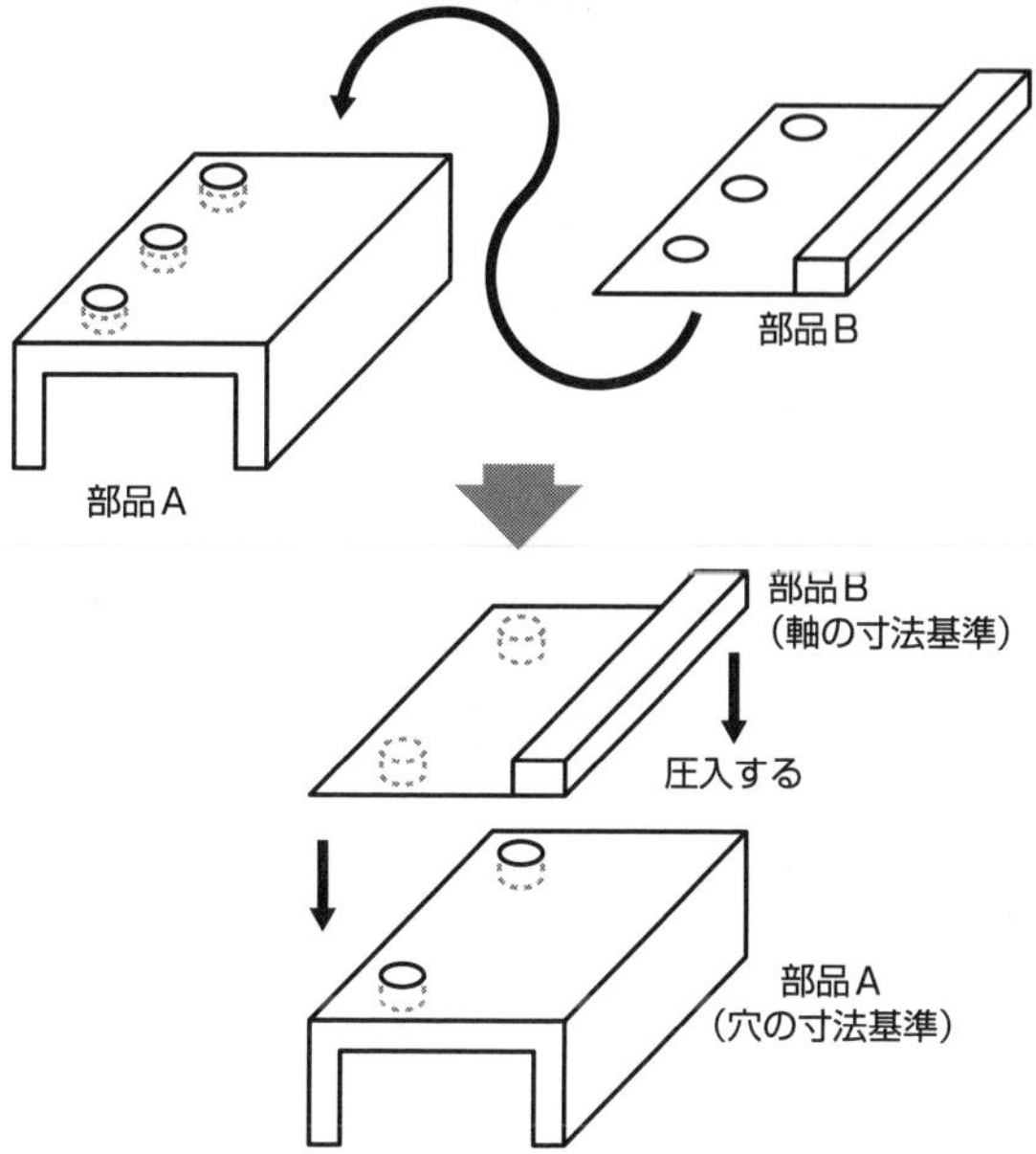

JISハメアイ方式による軸穴寸法公差表

単位　μm=0.001mm

基準寸法の区分 mm		7級穴								7級軸						
		M7	K7	J7	Js7	H7	G7	F7	E7	m7	k7	j7	js7	h7	g7	f7
1以上　3以下	上	−2	0	4	+5	10	12	16	24	12	10	6	+5	0	−2	−6
	下	−12	−10	−6	−5	0	2	6	14	2	0	−4	−5	−10	−12	−16
3を超え6以下	上	0	3	6	+6	12	16	22	32	16	13	8	+6	0	−4	−10
	下	−12	−9	−6	−6	0	4	10	20	4	1	−4	−6	−12	−16	−22
6を超え10以下	上	0	5	8	+7.5	15	20	28	40	21	16	10	+7.5	0	−5	−13
	下	−15	−10	−7	−7.5	0	5	13	25	6	1	−5	−7.5	−15	−20	−28
10を超え14以下 14を超え18以下	上下 上下	0 −18	6 −12	10 −8	+9 −9	18 0	24 6	34 16	50 32	25 7	19 1	12 −6	+9 −9	0 −18	−6 −24	−16 −34
18を超え24以下 24を超え30以下	上下 上下	0 −21	6 −15	12 −9	+10.5 −10.5	21 0	28 7	41 20	61 40	29 8	23 2	13 −8	+10.5 −10.5	0 −21	−7 −28	−20 −41
30を超え40以下 40を超え50以下	上下 上下	0 −25	7 −18	14 −11	+12.5 −12.5	25 0	34 9	50 25	75 50	34 9	27 2	15 −10	+12.5 −12.5	0 −25	−9 −34	−25 −50
50を超え65以下 65を超え80以下	上下 上下	0 −30	9 −21	18 −12	+15 −15	30 0	40 10	60 30	90 60	41 11	32 2	18 −12	+15 −15	0 −30	−10 −40	−30 −60

※たとえば4mmのハメアイを「J」で設定する場合、穴は「0.006〜−0.006mm」、軸は「0.008〜−0.004mm」の公差になる

COLUMN 1

クレームはつらいよ

精密制御用モーターのメーカーに勤務していたころの話です。

入社後、半年間の研修を終え、世界最小（40㎜角、厚さ10㎜）のDCブラシレスファン（DC：直流電源）を開発するために、DC事業部に配属になりました。当時、日本はOA（オフィスオートメーション）化が活発になってきていました。パソコンが売れ出してきたのもそのころです。

ご存じのようにパソコンは直流で動きます。AC（交流電源）が中心であったモーターも、今後はDCの要求が増加するだろうとの見込みで立ち上げられた事業部でした。

開発開始から2年経過して、ようやく発売にこぎつけることができました。納入先は音響メーカーのC社。N社の高級ブランド車のカーコーポーネントに組み込まれることになったのです。

当時、世の中はバブル景気で、高級品が売れていた時代でしたが、C社からの月納入依頼数は2000台もあったのです。いくらバブル期といえども、高級車がそんなに売れるのだろうかと疑問に思ったことを覚えています。

順調に納入が進み、半年ほど経過したころ、営業本部からDC事業部に1本の電話が入りました。「C社から、通電したらファンがロックして回転しない製品が発生したという連絡が入った」と。「C社は激怒しているから、今すぐ、郡山工場に来てください。私も今から新幹線で郡山に向かいますから」とのことでした。

クレームなので、お客様最優先の対応が求められます。すぐに車で山形県鶴岡市の工場から郡山に直行しました。車での移動中、「きちんと分納していましたから、せいぜい1週間分の500台検査すれば大丈夫でしょう」といった話をしていましたが、現地に到着してみて驚きました。何と倉庫に3ヶ月分の6000台が、手つかずの状態で山積みされていたのです。

すぐに再検査を開始しました。倉庫から外に出るのは食事とトイレのみの0泊3日の再検査が続きました。幸いにも不良は1台も発見されませんでしたが、帰りには「大変申し訳ありませんでした」と、深々と頭を下げるしかありませんでした。

「クレームはもうこりごりだな」。みんなそう感じていました。

第2章

ポカミス不良とは何か

section 11

電子レンジで調理中、扉を開けたらスイッチが切れる

ポカミスって何?

フライト時間1万時間を超えるパイロットでさえ、着陸するときに降ろすタイヤのレバーを間違えそうになるときがある。

●FPとは?

「FP」とは、フールプルーフの略で、知識が不充分な人や、皆無の人が機械などに触れても危険にさらされない設計思想のことをいいます。電子レンジで調理中、扉を開けたらスイッチが切れるのも、洗濯機のふたを開けたらドラムの回転がストップするのも「FP」です。

製造現場では、「ポカヨケ」といって、ポカミス防止の装置を取り付けている工場がたくさんあります（「ポカヨケ」については第8章でくわしく説明します）。

●人間はミスをする

「一度覚えたことは決して忘れない。物忘れもない」

そんなロボットのような人はいません。人は、つい、うっかりしたり、恋人のことを考えていて、上司の顔を見ながら笑ったりするものです。

私ごとですが、先日、Mr.ChildrenのCDを購入しました。車のハードディスクに録音して、1曲ずつ曲名を入れていったところまでは問題ありませんでした。続いて、自宅のパソコンに挿入してみて驚きました。パソコンでは、曲名が表示されます。そんなの当たり前だと思うでしょうが、そうではありません。何と、曲名が1つ前に発売されたCDの曲名なのです。一瞬、間違ったCDを挿入したのかなと思って見直しましたが、間違っていません。メモリーがダメになったのかなとも思いましたが、そんなこともありません。

「違った曲名をクリックすると新しい歌が流れてくる」。これはシステムのポカミスになるでしょう。

●ポカミスとは?

NC旋盤で、補正の数値を1桁間違えて入力してしまい、刃物がワーク（工作物）に突き刺さってしまうことがあります。

そのように、自分ではきちんと入力したつもりでも、「うっかり」または、「ぼんやり」していて不良を出してしまうことを、「ポカミス」と呼びます。

ポカミスって何？

FP：フールプルーフ

知識がない人や不充分な人が機械などに触れても危険にさらされない設計思想

⬆タイヤレバー（白丸）
ポカミスを防ぐためにタイヤの形状をしている

ポカミスとポカヨケ

全数検査、自己検査を実施しても、「ぼんやり」したり「うっかり」して作業を忘れてしまうことがある

⬇

ポカヨケは品質を工程で作り込むためのキーワード

⬇

治具、機械などで自動的に防止するしくみで
検査の自動化をめざす

⬇

①作業忘れ・ミスがあると、製品が治具に取り付かない
②作業忘れ・ミスがあると、機械が始動しない
③加工ミスがあると、シューター（加工後の取り出し口）で停止し、製品が後工程へ流れていかない
④加工忘れがあると、警報ランプが点灯しブザーが鳴る
⑤色別・形状・長さ・重さなど、目視による方式

section 12

人間の集中力は長く続かない

単純作業を繰り返すことは作業者にやさしい？

同じ作業を繰り返しやることは、つらいこと。なぜなら人間の集中力は長く続かないからである。

●T社のエンジン工場

1800cc1台。次に1500cc1台。その次には1600cc1台……T社の工場では、2台続けて同じエンジンが流れてくることはありません。予定生産台数からすれば、同じエンジンを連続で100台以上流しても足りないくらいの計画があります。

連続で同じものを流せば、段取り回数も減るし、検査項目を簡単にすることもできます。しかしT社では、あえて1台ずつ異なるエンジンを組み付けているのです。さらに、投入順番まであえて不規則にしています。

1800ccの次に1500ccが流れてきたと思ったら、また、1800ccが流れてきたりします。そのたびに作業者は、製品に合った検査仕様書を手に取り、検査を行ないます。

しかし、もし連続で同じエンジンが流れてきたらどうでしょう。検査仕様書を手に取り、1台1台きちんと検査するのは、10台ぐらいまでではないでしょうか。そのくらいが集中力の限界だからです。

きっと11台目からは、チェックシートにレ点を入れるだけの作業を繰り返すことになるでしょう。

T社では、そのような「～だろう」という「思い込みのミス」を防ぐために、わざと違うエンジンを流しているのです。1台1台、検査項目の異なるエンジンを流すことで、違う検査仕様書を手に取らないと、検査できないようにしているのです。

●単純作業はつらい

「単純作業は人にやさしい」と思っている管理者は結構多いものです。しかし、単純作業が人にとってやさしいはずなどありません。毎日毎日、工場に行くたびに同じ作業を繰り返すのは、何とつまらない人生でしょうか。

単純作業をオペレーターに押しつけるのは、管理者の手抜きです。

「新人の教育・訓練をしなくても、ベテラン作業者に任せておけば、問題なくものができあがる」

そんなふうに考える管理者にはなりたくないものです。

人間の集中力

単純作業の繰り返し

↓

行動、思考に変化がなくなる

↓

「次、どうする」という段取り思考力が低下してくる

↓

「次も同じだろう」と、確認もせずに勝手に判断するようになる

↓

たまに、いつもと違う製品が流れてきたり、違う作業をすると、ポカミスが発生する

※しかし、ポカミスは管理者の責任である

こんな管理者にはなりたくない

①同じ作業者に同じ作業を毎日やらせていれば問題ないと思っている

②教育・訓練をするのが面倒くさい

③ポカミスは作業者のヒューマンエラーだ。自分が悪いわけではない、と思っている

④ポカミスを出したのは作業者なのだから、対策も作業者に立ててもらう

section 13

最終工程は人間の目で検査

ビール工場の最終検査

加工は自動化が進んでも最終検査は人間がやる。ただし、人間には集中力の限界がある。

●ビールの多ブランド生産

この本の初版から8年後、再び沖縄旅行に。そして、お約束のオリオンビール。あの独特な味と香りを求め、名護市にあるオリオンビール工場に工場見学の予約を取り出かけました。試飲も最高ですが、最終検査工程も気になります。行ってみましょう。

オリオンビールは品質管理もすぐれています。その証拠に、沖縄で飲まれているアサヒ・スーパードライは、オリオンビール工場で生産されているのです。

オリオンビールとアサヒ・スーパードライとでは、微妙にレシピが違うのですが、独自の段取り技術と品質管理技術を用いて、同じ生産ラインで多品種の生産を可能にしているのです。

●人間の集中力は20分

工場概要や、ビールの種類による原材料の違い、水の採取などの説明を受けた後、前工程から順に工場を見学しました。前工程では炉の温度管理など、ほとんどコンピュータによる品質管理をしています。

階を変えて進んでいくと、充塡、梱包ラインが見えてきます。白地に赤と青の文字でＯＲＩＯＮと書いてあるラベルが貼られた瓶ビールが、列を作ってコンベアの上を流れてきます。人は誰もいません。

しかし確か、王冠の締め方、充塡量、ラベルの貼りぐあいなどの最終の外観検査は人間の目のはず。

工場案内担当の女性に質問してみました。

「最終検査も自動化しているのですか？」

「いいえ、左側をごらんください。コンベアがつながっている部屋があります。あの部屋の中で目視による検査が行なわれています」

さらに質問してみました。

「何分ごとの交代ですか？」

「はい。15分ごとに交代しております」

さすがです。

人間の集中力継続時間は20分といわれています。その時間に達する前に交代していました。

ビール工場の品質検査

ビール工場では、加工と検査が繰り返されている。それぞれの工程ごとの加工と検査。そして、最終工程では人間による製品特性の検査が行なわれている

第1工程 原料粉砕

◇…原料受け入れ検査

○…粉砕

◇…配合、異物検査

↓

第2工程 仕込み

◇…水の検査

○…仕込み

◇…コンピュータによる炉などの管理

↓

第3工程 発酵

○…約7日間発酵させる

◇…炭酸やアルコール発生量の検査

↓

第4工程 貯酒

○…十数日間熟成

◇…熟成チェック

↓

第5工程 ろ過

○…熟成されたビールから酵母と余分なタンパク質を取り除く

◇…ろ過度合いをチェック

↓

第6工程 充填

○…びん・缶・樽に充填

◇…充填チェック

↓

第7工程 製品検査

◇…自動検査機、化学検査、微生物検査をクリアしたのち、最終的には、人間（香味パネリスト）が厳しくチェック

↓

出荷

◇…検査　○…加工

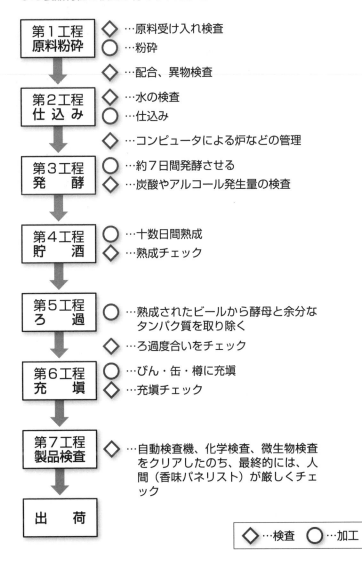

作業者は被害者?

不良を作ったのは誰だ?

管理者は不良品が発生した工程の記録を見て、作業者のせいにする?

●ISO9002は4Mの記録を要求している

品質保証の1つとしてISO9002では、生産したときの4M（Man：人・Machine：機械・Material：材料・Method：方法）の記録を残すように要求しています。しかし、実際にISOの認定を取得している工場で、そのルールがきちんと守られている工場は多くありません。一番簡単な記録である人の名前については守られていますが、材料、設備、方法について、その変化を記録に残していないのです。

そのためなのか、現場で不良が発生すると、「誰が作った?」と叫ぶ管理者が多くいます。顧客からのクレームのときにはさらにひどく、チェックシートをめくり、製造番号から作業者を割り出し、犯人扱いしたりします。

作業者は一所懸命に作っているのに、こんな扱いをされたのでは、士気が下がるのは当たり前です。

韓国企業S社の中国工場でのことです。「不良ワースト10」の見出しで壁に大きな貼り紙がありました。

よく見ると、不良内容の他に人の名前まで出ています。「不良が発生したら1台当たり○元の罰金」とまで書いてあります。人権侵害もはなはだしいこのやり方に、結局、貼り出された作業者は、工場を辞めていくようです。

「こんなやり方をしていいのか?」と工場長に詰め寄ったところ、「中国には優秀な作業者がたくさんいますよ。わが社のように、エアコン付きの寮に3食の食事をつけていれば、1人採用するのに100人が工場の門に並びます」と、あっさりいいます。

このような工場では、いいものづくりは不可能です。

●品質管理の基本

品質管理の基本は、**「同じ機械で、同じ材料を使って、同じように作れば、同じ製品ができる」**です。不良が発生するのは、4Mのバラツキが原因のことが多いのです。

作業者の名前を叫ぶ前に、現場に行って、現物を見て、現実を知る行動がとれる管理者になりたいものです。

品質管理の基本をもう一度復習しよう

「同じ機械で、同じ材料を使って、同じように作れば、同じ製品ができる」

これが、不良を作らない前提条件

なぜ、不良が発生するのか

①機械にバラツキがある

・同じ機種だが、1台1台動作にバラツキがある
・1台の機械でも、作るたびにバラツキがある

②材料にバラツキがある

たとえば、薄い鋼板を材料としている場合

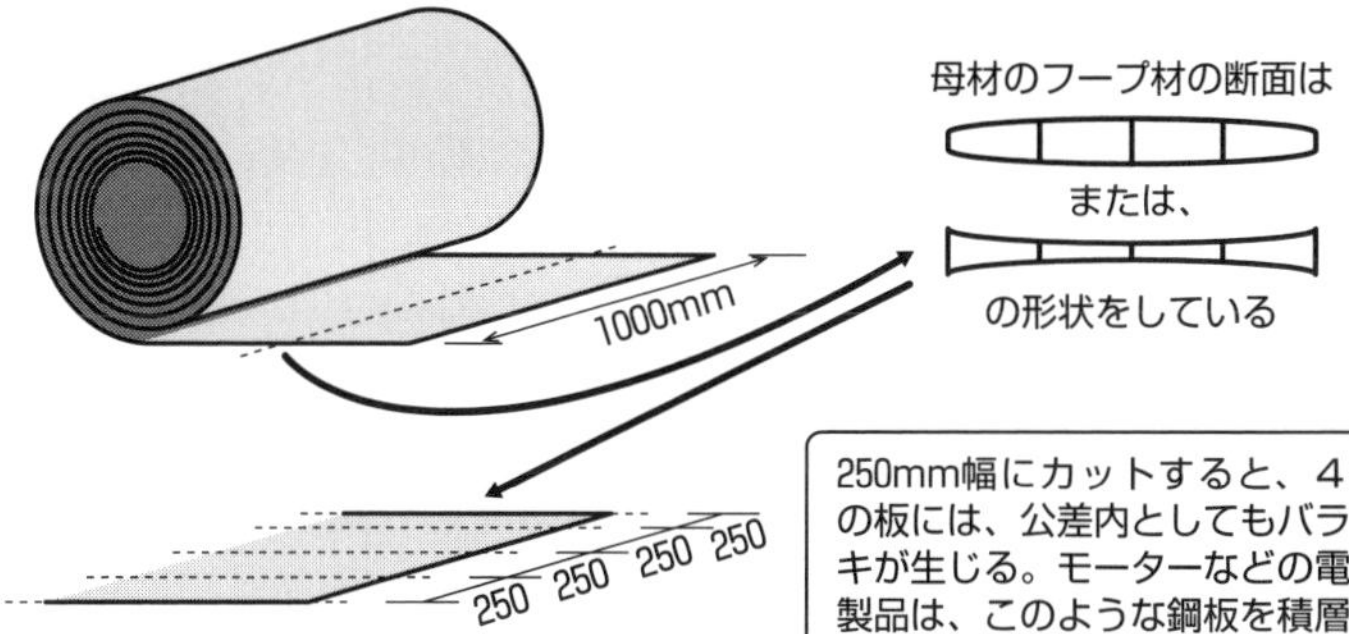

250mm幅にカットすると、4枚の板には、公差内としてもバラツキが生じる。モーターなどの電気製品は、このような鋼板を積層して製作するので1台ごとにバラツキが発生する

③方法にバラツキがある

機械のバラツキや材料のバラツキをそのままにして生産していると、いつの間にか「方法」で不良発生をカバーしようとするようになる

そのことを「職人技」といって素晴らしいことのように讃えるのは、大きな間違いである。ある個人にしかできないものづくりは、芸術であって技術ではない

ものづくりの現場は

K(かん)　**K**(けいけん)　**D**(どきょう)

の不要な生産技術が必要

section 15

これもポカミス？

10種類のポカミス不良

ポカミスを現象別に細分化してみると……。

①ウッカリミス

ついうっかりしていて行動を忘れてしまうミスのことです。ワークを設備にセットしたのに、起動スイッチボタンを押すのを忘れるなど。原因は、他人に話しかけられたり、休み時間の停止のやり方にあったりします。

②ガッテンミス

思い込みや、勘違いが引き起こすミスのことです。同じ製品ばかり流していると、次に流れてくる製品も同じと思い込み、段取り替えをしないまま加工してしまうなどの不良を発生させます。セクション12で紹介したT社のエンジン工場は、この不良を防ぐために流し方を工夫しています。

③チラミス

ガッテンミスと似ていますが、見落としや、チラッと見ただけで間違えるミスです。千円札と五千円札を間違えるようなミスです。

④アマミス

技能や知識が未熟なために発生するミスです。経験のない新人社員がいきなり現場に入って生産活動をすれば、不良が発生するのは当たり前です。

⑤カッテミス

この程度なら大丈夫と勝手に決め込んで、ルールを無視して起こすミスです。赤信号なのに、自分なら大丈夫と決めて進入すれば、事故が起こります。

⑥ポカミス

自分でも、どうしてこうなったかわからないような、ポカンとしていて発生させるミスです（本書では、①から⑩までのミス全体をポカミスと呼んでいます）。

⑦ニブミス

判断が遅れたり、反応や動作が鈍って発生するミスです。

通常、工場の稼働時間は8時間です。8時間という長さは、それなりの理由があって決められています。しかし、急な受注が入り、残業になることもあります。そうなると疲労が重なり、思考能力も低下してきて、品質不良だけでなく、ケガや事故も発生しやすくなります。

⑨パナシミス

10種類のポカミス不良

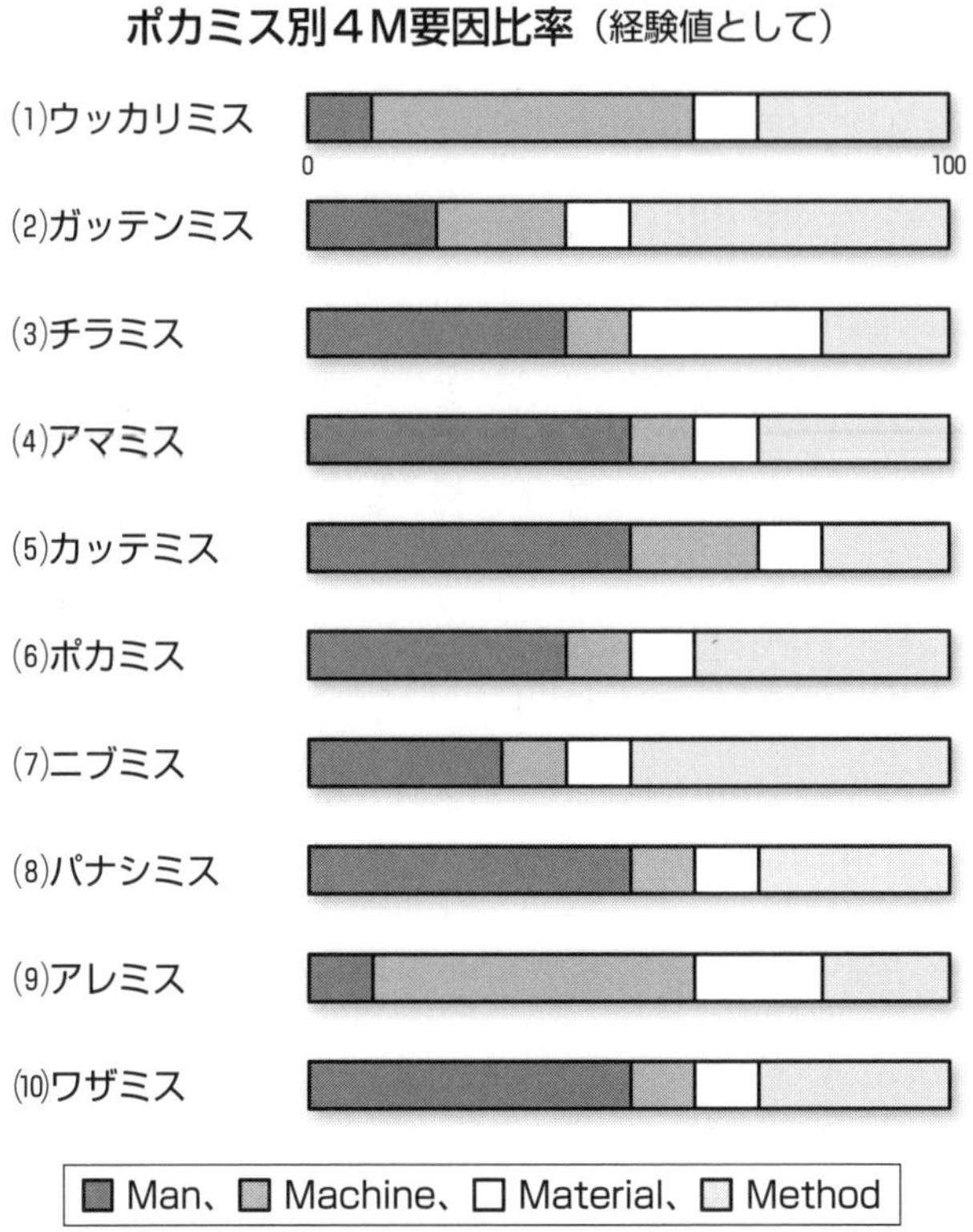

適切な指示もなく、標準作業もなく、作業者に任せっぱなしにすることで起こるミスです。その最大の原因は、製造現場に実質的な「長」がいないことです。よい実績は自分のものにし、悪いことは現場の責任にするという、やってはいけない現場管理です。

⑨アレミス

予期した動きをせず、「アレ？」と思わせるミスのことです。機械の誤動作などがあります。日頃の設備メンテナンスを怠ると、設備や機械はストライキを起こします（改善策については、第8章で説明します）。

⑩ワザミス

わざとおかすミスのことです。しかし最近の日本では、発生していません。

30年ほど前は、経営側と労働組合との衝突が激しく、作業者は腹いせに、わざと製品に傷をつけて会社を困らせることもあったようです。

COLUMN 2

京都の二条城の廊下

二条城の長い廊下を歩いていると、「きゅっ、きゅっ」と音が鳴ります。外部からの侵入者を発見するための仕掛けです。

二条城は1603年、徳川家康の命令により完成したとされています。その後、1866年、15代将軍慶喜が大政奉還を発表したところとしても有名で、世界文化遺産にも登録されています。

何回か増改築を繰り返してはいるものの、釘も使わず木材のみで「きゅっ、きゅっ」と鳴るこの『鶯廊下』は、400年以上品質を維持していることになります。梅雨の季節には湿気を吸い、冬の乾燥している時期は、木材から水分を放出し、音は400年間鳴り続けているのです。

加工精度的にはセクション10で解説した、JISのハメアイ基準レベルの精度がなければ、この音は出ないはずです。

400年前に、ミクロン単位を計測するマイクロメーターや、ノギスなどあるはずもありません。すべて手作りの技のみで完成されているのです。

京都には他にも寺院や神社が多く、『鶯廊下』も複数の寺院で体験できます。2日くらいかけてゆっくり京都を散策していると、われわれの先祖の几帳面さが伝わってくる気がします。この「几帳面さ」が日本のものづくりの文化です。

日本の漬物も素材の味を大切にして、単品で完成させているものが多いようです。隣国の韓国の漬物であるキムチの場合は、逆に混ぜて味を出すことを基本としています。

文化はものづくりにも影響します。秋葉原の電気街には多くの外国人が電気製品を買いに来ます。目的は「MADE IN JAPAN」。日本製品の几帳面な品質を買いに来ているのだと思います。

近年、ものづくりの現場は人件費の安いアジア諸国に移ってきています。しかし、これまでに積み重ねてきた几帳面さだけは、失いたくない財産です。

これは海外工場でコンサルティングをしていると、とくに強く感じることです。

今一度みなさんで、「几帳面」ということについて話し合ってみてはいかがでしょうか。

第3章

ポカミス不良予備群の発見

section 16

ものの流れは人間の血液の流れと同じ

停滞の前後にポカミス不良が発生しやすい

停滞はものづくりのリズムを狂わせる。狂ったリズムではいいものは完成しない。

●リードタイム調査

はじめに、みなさんの自社工場の生産リードタイム（セクション8参照）を調査してみましょう。

左図のリードタイム調査票を生産指示票と一緒に流します。

第1工程のINの欄にはロットの1台目の着手時刻を記入します。次に、OUTの欄にはロットの最後の1台の完成時刻を記入します。

同じように第2工程のINとOUT、第3工程、第4工程と記入していきます。

工程内のリードタイムはOUT-INの時間になり、工程間の停滞は次の工程のINの時刻から前工程のOUTの時刻を引けば計算できます。

●小さな停滞

では、工程内に目を向けてみましょう。

左図の第1工程では、20台を1台ずつ流して30分のリードタイムとなっていますが、1台当たりの正味加工時間は30秒なので、正味加工合計時間は10分となり、工程内リードタイムからこの10分を引いた、残りの20分が停滞時間になります。

次に停滞の前後を観察してみましょう。1台ずつ流している場合は、リズムの悪さが見られます。

加工の後は、必ず「置く」という動作があり、加工の前には、「取る」という動作が発生します。この「置く」、「取る」を繰り返しながら工程を進んでいきます。

そのリズムを感じ取ってほしいのです。不良の出やすい工程は、リズムが乱れがちになっているからです。

●大きな停滞

大きな停滞とは、工程間の停滞のことです。

工程間の停滞ロット数が1ロット以下で進行している場合は問題ありませんが、2ロット以上になっている場合は、各工程間のスピードにバラツキが発生していることになります。

この停滞は、「全数取り付け間違い」などのロット不良が発生しやすいサインなのです。

リードタイム調査票

毎月４回、不定期に、生産指示票と一緒に流してみる。不定期の調査でバラツキを発見したならば、少々大変になるが、毎日連続で２週間程度調査を重ねる

リードタイム調査票（20台ロット）

工程NO.	IN	OUT
第１工程	8:00	8:30
第２工程	9:00	9:10
第３工程	9:15	9:25
第４工程	9:41	9:50
第５工程	10:10	10:30
第６工程	10:53	11:00
第７工程	11:45	13:10
第８工程	14:50	15:18
第９工程	15:30	15:51
第10工程	16:24	16:30
第11工程	16:50	17:13
合計	第１のIN 8:00	第11のOUT 17:13

工程内を見てみる。
OUT8:30からIN8:00を引くと、工程内リードタイムが算出できる。
この場合30分となる。
１台当たりの正味加工時間が30秒とすると、
30秒×20台＝10分が
20台分の正味加工時間。
30分－10分＝20分
工程内では20分の停滞が発生していることになる。

第６工程のOUTと第７工程のINとの時差が、工程間の停滞時間となる。
この場合、45分間停滞していることになる。

合計を見る。
９時間13分が全体のリードタイムとなる。

INとOUTを細分化してみる。
工程内の合計時間は、第１工程30分、第２工程10分、第３工程10分……トータルは249分で４時間９分となる。

全体リードタイム	**……９時間13分**
工程内リードタイム	**……４時間９分**
工程間停滞時間	**……５時間４分**

さらに正味加工時間を含めて分析すれば、ムダの大きさに気がつく

選ぶ・探す・数える動作のムダ

動作が速くても、加工以外の動作はムダである。

●工程が進むほど動作は増えてくる

ものづくりは、加工、組み付け、組み立てと、工程が進むにつれ部品点数も増加します。その部品点数に比例して増えるムダが「選ぶ・探す・数える」動作です。そして、その動作にはポカミスが潜んでいるのです。

これらの動作は加工以外の動作です。発見の方法は、作業行為に、ものの変形、変質の要素が入っているかどうかです。手の動きだけを見ていると「ムダ」に見えない時があるので注意が必要です。

●選ぶ動作

作業台に複数の部品が準備されているとします。たとえば、左から右に移動しながら作業が進行するのであれば、部品も同じように、組み付ける順に左から右に配膳されるのが基本です。しかし、そうなっていないものづくり現場が多いのです。作業者は瞬間的に「次の部品は、え～と」と、選ぶことになってしまいます。

これは作業別の配膳になっておらず、部品別の購買した荷姿のまま配膳されている場合に多く見られます。

●探す動作

この動作は、選ぶ動作よりも簡単に発見できます。作業が一瞬停止するからです。これも原因は配膳にあります。作業者が部品を探しても発見できないと、勝手に次の生産分の材料に手を付けてしまう場合があります。同じ製品であればまだいいのですが、外観上は似ているが、特性がほんの少し異なるような場合は、市場クレームにまで発展する可能性が出てきます。

●数える動作

この動作の原因も、材料の配膳のやり方にあります。「どうせ同じ製品が続くのだから、1日分をいっきに配膳すれば効率がいい」と考えると、ムダが生じます。

確かに配膳だけの作業を見れば効率的かもしれませんが、加工作業の後に、製品を1台ずつ数えていたら、トータル的にはムダです。数が不安定になると、「取り付け忘れ」などのポカミスを発見できなくなります。

動作のムダ

・選ぶ動作

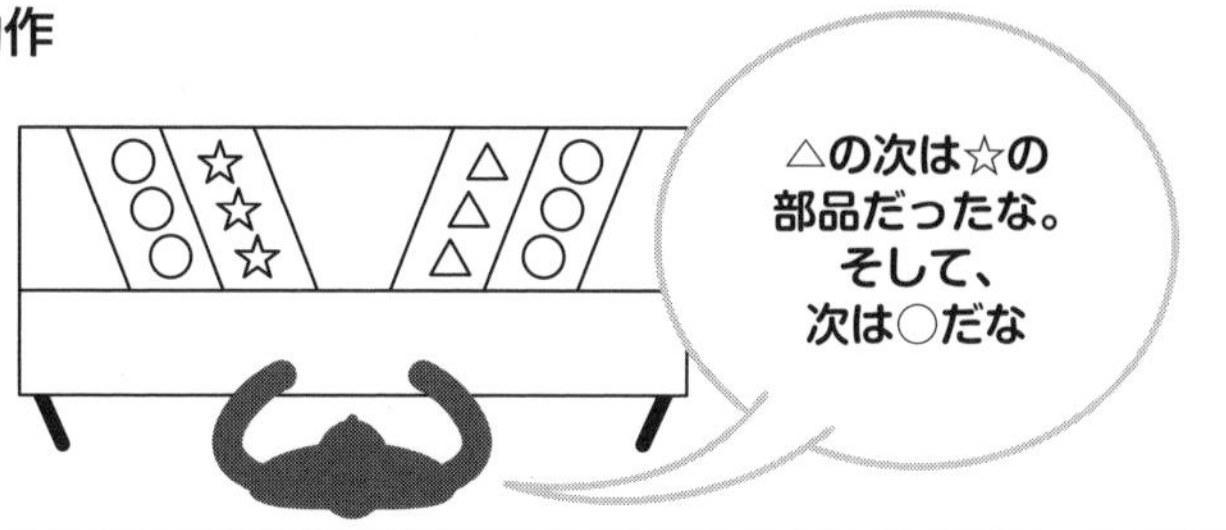
△の次は☆の
部品だったな。
そして、
次は○だな

・探す動作

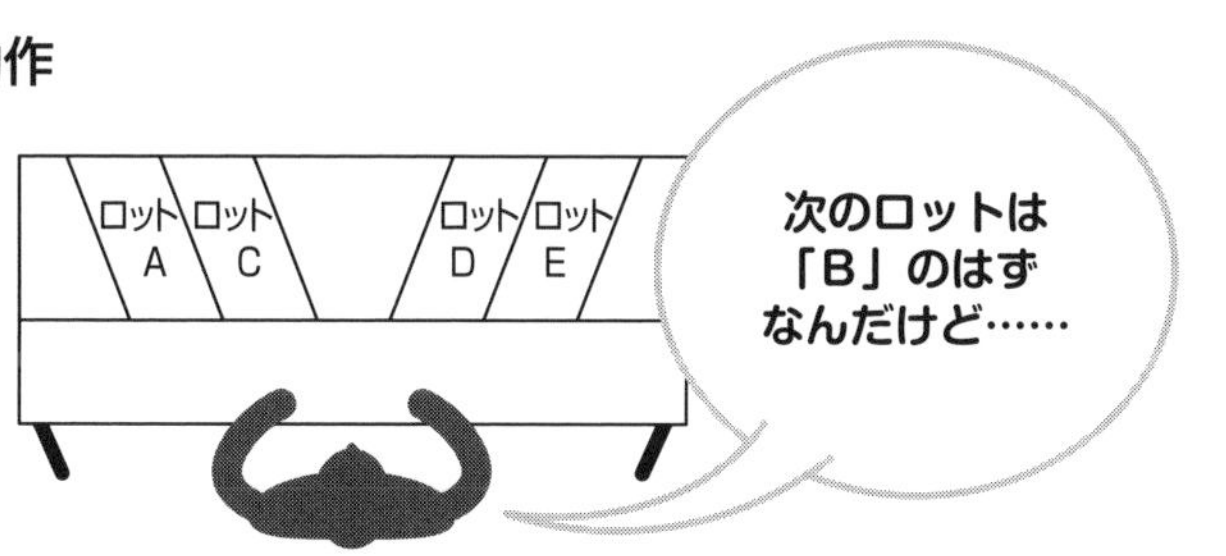
ロット
A
ロット
C
ロット
D
ロット
E
次のロットは
「B」のはず
なんだけど……

・数える動作

１ロット10台で生産するならば、主要部品も10台分ずつ配膳する

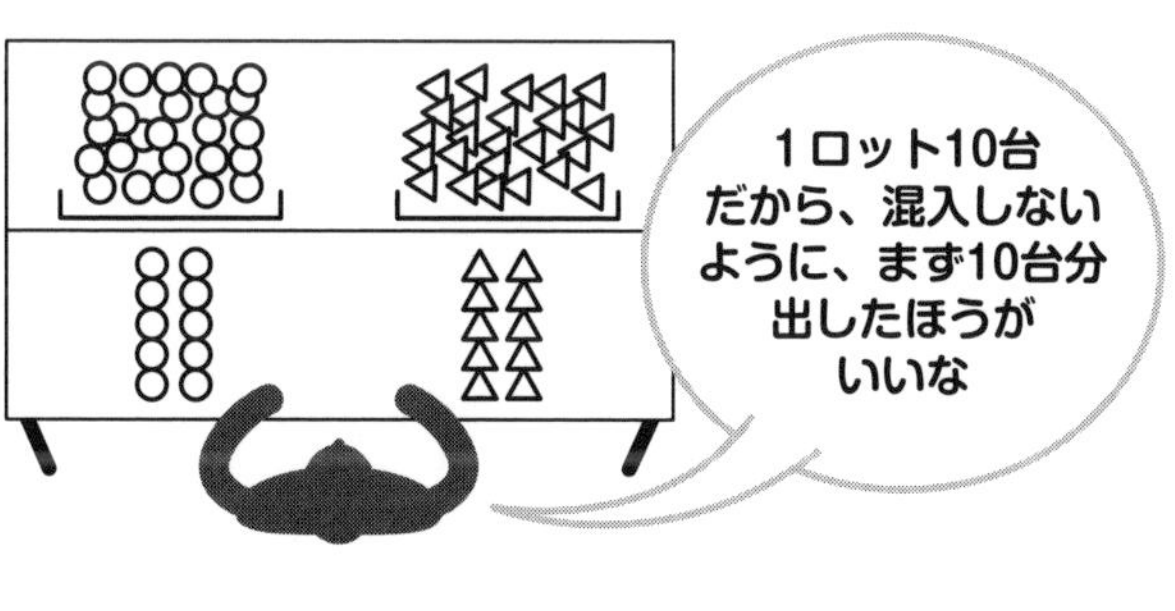
1ロット10台
だから、混入しない
ように、まず10台分
出したほうが
いいな

数えるムダと同時に、運搬のムダと作業台に10台分ずつ置く「仮置き」のムダも発生している

section 18

こんなとき、どうしたらいいのか?

「長」が現場にいない職場

作業中に異常が発生した。しかし、リーダーが現場にいない。作業者がとる行動は?

●T自動車の組立工場

T社では、CT（サイクルタイム：1台当たりの要求産出時間）に合わせて車が1台ずつ生産されていきます。各組立工程には、作業者が1名から2名配置されており、手待ち時間ゼロで作業が進められています。

オペレーターの頭上には、1・5m間隔のリミットスイッチ付きのロープが張られています。T社では、作業標準に定められた以外の作業が発生した場合は異常と見なし、そのロープを引き、異常発生のサインを出すことになっているのです。サインが出た瞬間に、班長がその現場に駆けつけてきます。そして、班長がオペレーターと一緒に原因を調べ、是正処置した後、ふたたびロープを引くと異常が解除されます。少ないときで15分に一度、多いときは5分に一度の割合で異常のサインが出され、班長が駆け寄ります。是正処置がCTをオーバーすると、ライン全体がストップするシステムになっています。

いいものづくりをしている現場ほど、ラインストップが多くあります。

●某社某工場では

私が実際に工場現場で見た話です。作業者同士で何やらおしゃべりをしています。ある部品を組み付けようとしているのですが、うまく組み付かないらしいのです。まわりに現場の管理者らしい人はいません。さて、どんな処置をするのでしょうか?

隣の作業者が、プラスチックハンマーを手にしています。『まさか、ずれている部分をハンマーでたたくのかな』と思った瞬間、すでにたたきはじめていました。たまらず、「ちょっと待って。その部品、不良じゃないですか?　誰か責任者はいないの?」「班長はいつも会議ばかりで、現場にはほとんどいませんよ」との返事でした。この工場では、いつの間にか作業者が自分たちで勝手に異常を処理する方法をあみだしてしまっているのです。

不良が少ない工場には、目つきの鋭い「長」が必ずいますが、不良が多い工場は「管理者不在」なのです。

止めたくないから止める、T社自動車の組立工場

異常発生

↓

作業者が頭上30〜40cmのロープを引く

（約1.5m間隔でスイッチが設置されている）

↓

アンドン点灯、同時にブザー音

↓

班長が現場に急行する

↓

是正処置後、アンドン解除する

止めないので、不良の発生が止まらない某工場

異常発生

↓

現場に「長」がいない

↓

異常処理を作業者が行なう

↓

他の工程に迷惑をかけられないと思い、仮処置でごまかす

↓

異常を繰り返していると、異常が正常化してくる

↓

「長」は異常が発生していないと勘違いする

section 19

チェックシートを増やすと不良も増える

不良が発生するたびに、チェック項目が追加されていく。それで不良を減らせるのか？

●検査さえすれば不良はなくなると思っている品質管理課の課員

「先日、顧客クレームの報告が営業からありました。当面、最終工程の検査でダブルチェックをお願いします。ダブルチェックですから、同じ検査を違う人ふたりで実施するということですよ。よろしいですね。

また、実施した証拠として、チェックシートにレ点と検査員の判を押してください」

品管（品質管理課）の課員が得意げな顔をしてラインサイドで指示を出しています。

この工場では、工程内不良が出るたびに、また顧客クレームが発生するたびにチェック項目が追加されてきました。今では、Ａ4サイズの用紙3枚に「レ点」が並んでいます。

確かに、チェックをすれば、不良を発見することはできるかもしれません。

しかし、根本的な原因をつぶさない限り、不良の発生を抑えることはできません。

●「ものづくり」ならば「もの」を見よ

第2章でも話しましたが、人が集中できるのは、せいぜい20分ほどです。「レ点」によるチェックも20分までは有効ですが、それ以降はただの記入作業化してしまいます。

また、チェック項目が増えることによって、「もの」から目が離れ、チェックシートに目がいってしまいます。1つの「レ点」を入れるたびに「もの」を見ていたら、検査工程に停滞の山ができてしまいます。作業者は、いつの間にか「もの」を見ず、連続で「レ点」のみを記入するようになるでしょう。

検査が増えることによって、「もの」から目が離れます。そして、検査前仕掛かりとしての停滞も増えます。日頃置かれていないところに「もの」があると、人はいつもと違う行動をとります。それが、ポカミスにつながっていくのです。

ものづくりで利益を生みたいのなら、「もの」から目を離してはいけません。目を離すようなチェックは無効です。

チェック項目を減らすのが不良防止策

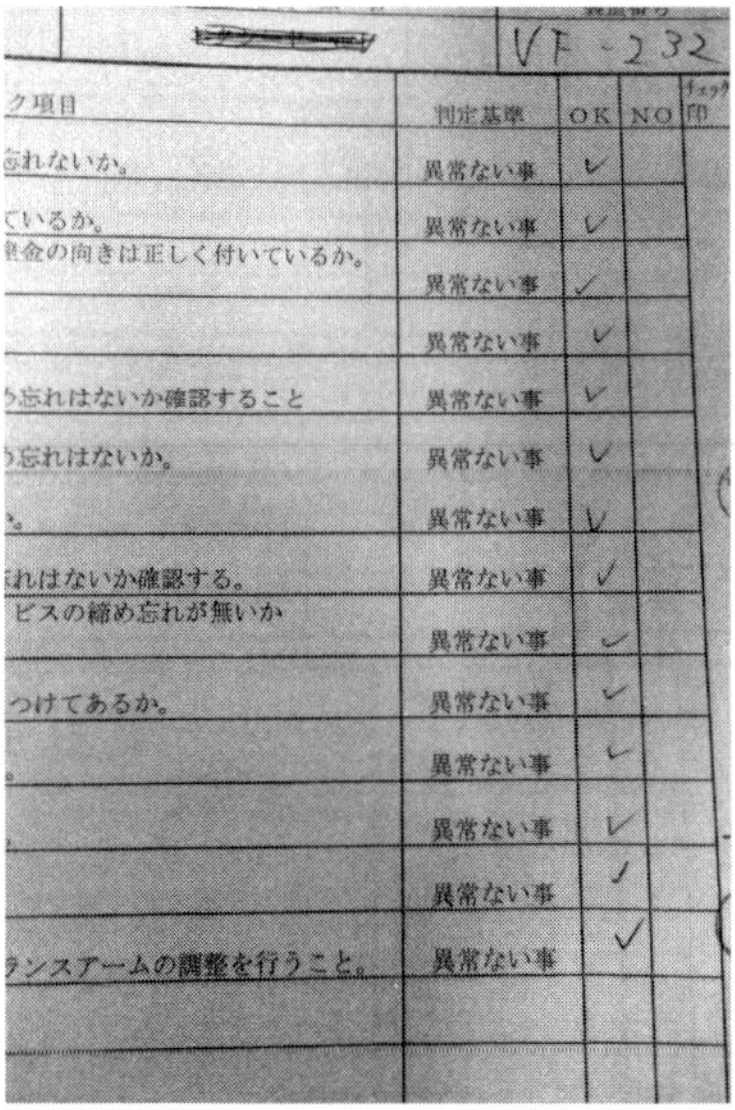
VF-232

ク項目	判定基準	OK	NO	チェック印
忘れないか。	異常ない事	✓		
ているか。	異常ない事	✓		
座金の向きは正しく付いているか。	異常ない事	✓		
	異常ない事	✓		
う忘れはないか確認すること	異常ない事	✓		
う忘れはないか。	異常ない事	✓		
か。	異常ない事	✓		
忘れはないか確認する。	異常ない事	✓		
ビスの締め忘れが無いか	異常ない事	✓		
つけてあるか。	異常ない事	✓		
。	異常ない事	✓		
	異常ない事	✓		
	異常ない事	✓		
ランスアームの調整を行うこと。	異常ない事	✓		

✓点によるチェックは、検査にならない。ただの✓点記入作業である

ものづくりとは「もの」が中心。「もの」から目を離す行為そのものが、不良を見逃すことになる

不良流出防止を目的とした処理ならば、長くても3日間で終了させること

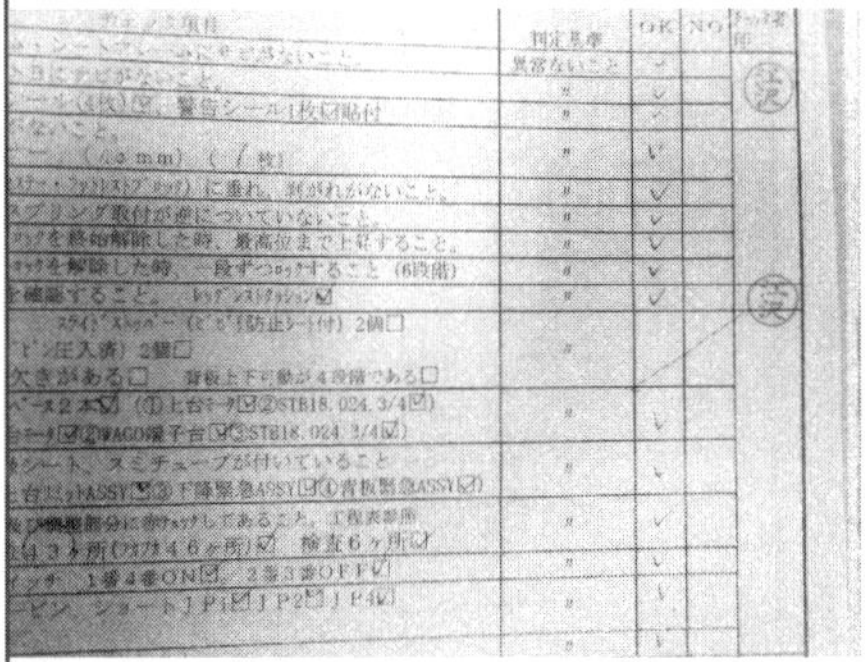
判定基準 OK NO

異常ないこと

警告シール1枚☑貼付

最終工程から前工程にさかのぼって、原因追及していく

チェック項目を１つずつ減らしていく

section 20

重ねたほうが運びやすいけれど……

容器の重なりが不良を生む

容器が重なっているところ。そこは不良の発生源である。

●工程が進むたびに加工順が逆転する

セクション6の図でも説明しましたが、容器を重ねながら加工を進めていると、工程が進むたびに加工順が逆転することになります。

この現象は「だんご生産」の現場でよく見られます。

加工するたびに上に積み上げられていくと、次の工程では、前の工程で最後に加工されたものから着手することになるのです。

とくに金属切削加工の場合は、加工するたびに刃物や砥石などが摩耗していきます。その摩耗のメカニズムは、加工条件によって異なります。

そのさまざまな違いの集積であるデータベースが、最適加工条件のベースになっていくのです。

しかし、容器の重なりのある工程では、そうしたメカニズムを発見することはできず、そればかりか、途中で加工不良が混入していても気がつかないでしょう。

●キズ不良も発生する

製品を重ねることにより、上の容器の底が、下の製品にぶつかり、キズが発生することもあります。そんなことは当たり前だと思うかもしれませんが、加工する人と、運搬する人が違う場合は、このような現象が起こるのです。

運搬担当者に、加工や材料の知識がなければ、単純に運搬の効率のみを考えて、簡単に製品を重ねてしまうのです。

●容器の中はどうなっている?

1本ずつ加工しているときは、キズもなくきれいに加工されていても、なぜか最終の梱包工程で、キズ不良が発見されることがあります。

容器の中をのぞいてみましょう。中で製品同士がぶつかっている「メタルタッチ」と呼ばれている現象が起きているのです。

容器の中に仕切りがないために、運搬によるゆれなどで製品がぶつかって発生する不良です。

加工時は良品なので、この不良も市場に出てから顧客に発見されるケースが多くあります。

重ね置きがキズの原因

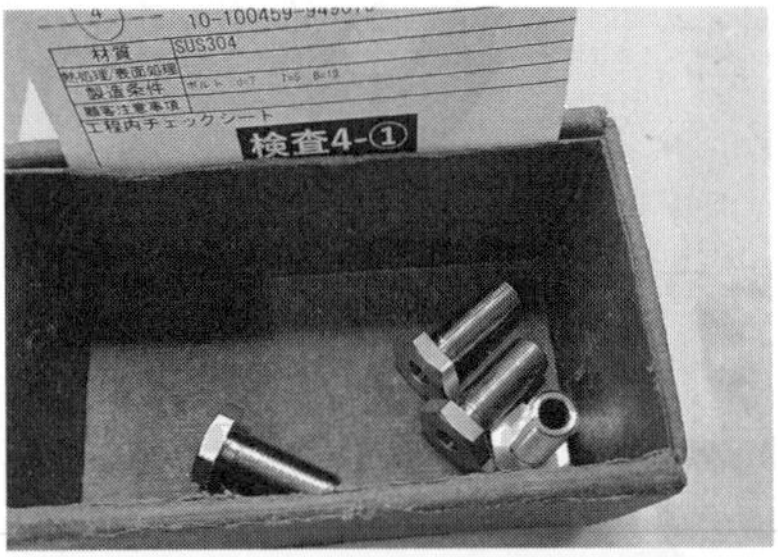

容器の中には仕切りがなく製品同士がぶつかる

改善事例

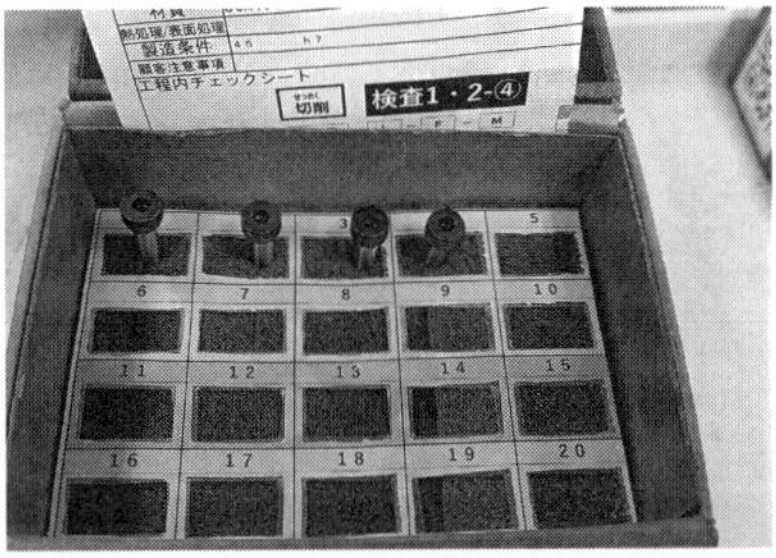

改善事例１　スポンジに切れ目を入れてメタルタッチ防止

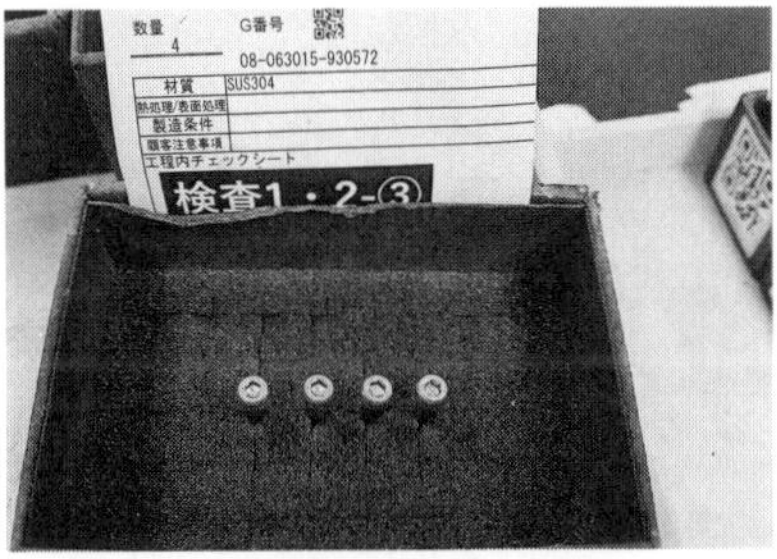

改善事例２　加工順番もわかるようにした。
セクション99の品質管理システムに役立つ

[写真提供：㈱佐竹製作所]

section 21

みかんのダンボールに部品が入っている……

「移し替え」作業というムダ

協力工場からの部材を受け入れ、検収をする場所で行なわれている作業とは？

●ダンボールの山

某工場の受け入れ場は、各協力工場から納品されるダンボール箱の山で通路が埋まっている状態です。その隣では、パート従業員が開梱作業をしています。

ダンボール箱には、部材の名称などは記載されていません。ほとんどの箱にはみかんや野菜の名前が書いてあります。箱のふたを開けてみて、はじめて何の部材なのかがわかる状態です。

また部材は、ていねいに新聞紙に包まれて入っているので、ダンボール箱の山の脇には、まるめられた新聞紙の山もできています。

このような受け入れ場では不安があります。

納入品を1件ずつ処理していくのなら心配いりませんが、複数の人で複数の納入品を処理していくと、受け入れ場は青空市場のように、どこに何があるのか、作業している本人にしかわからない置き方になってしまいます。

●移し替え

部材が姿を現わしたら、次は検収作業です。抜き取り検査を実施してＯＫならば検収印を押します。その後、組立現場で使用する容器に移し替えられます。納入されてから2時間ほど経過して、ようやく組立工程に運搬されます。この間、生まれる付加価値はゼロ円です。

毎日、納入、検収という仕事をしていると、「移し替え」をすることが当たり前に思うかもしれませんが、利益という目的を追求していけば、大いなるムダに気がつくでしょう。

また、「移し替え」作業は、受け入れ工程だけとは限りません。加工や組み付け、組立工程でも発生しています。形状や特性が何も変化していないのに、「移し替え」作業している場合は、今すぐ改善してほしいものです。

●ポカミス不良の原因としては

このようなケースで考えられるポカミス不良としては、種類の異なる部材が同じスペースに出されているので、「異品混入不良」「数量違い」「キズ不良」などがあります。

ダンボール箱納品の弱点

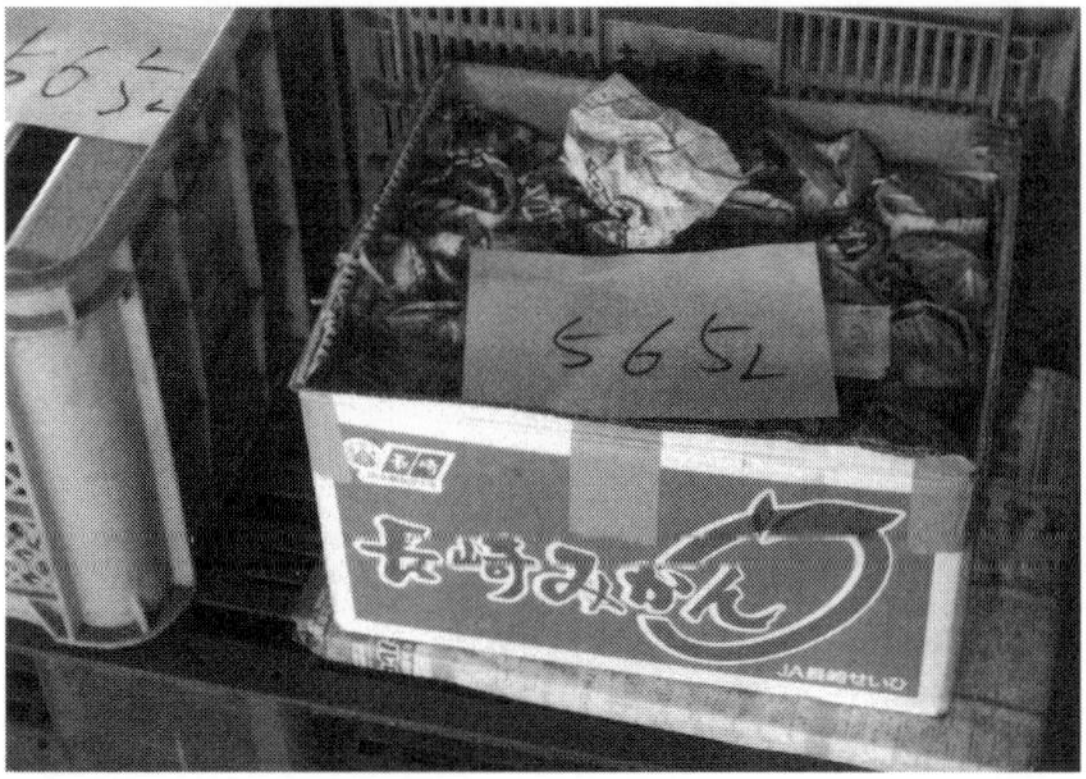

その1 「ケバ」と呼ばれる、紙繊維のくずが発生する（綿ぼこりの一番小さいもの）。異音発生の原因になる

その2

箱の口を開くときに、テープ部をカッターで切り開く。そのときに、刃が入りすぎて中の部品をキズつけてしまうことがある

その3 ひと箱ずつ開梱して、ひと箱ずつ処理をすれば問題ないが、ほとんどの場合、まとめて開梱する。
その場合、
①協力工場の「加工順」が乱れてしまう
②部品種が違う場合は、異品混入不良となる

その4 箱の中身がバラバラに入れてある場合、数量の確認が必要になる

その5 「移し替え」そのものが付加価値を生まないムダである

section 22

納期の異なる製品をまとめて作ってもいい？

2種類の作りすぎのムダ

「生産即、売上げ」が理想。作りすぎはいろいろな不良を呼び寄せる。

●早く作ってしまう、作りすぎの行為

多品種少量、および変種変量の生産現場では、顧客から時間ごとに多品種の受注を受けていることでしょう。納期についても、明日までに送ってほしいという要望もあれば、1週間先でも大丈夫、とさまざまです。

どんな製品でも、品種切り替えの段取りに時間をかけることなく生産できるならば、納期順に生産すればいいのですが、品種切り替えの段取りに時間を費やさなければならない現場では、ついつい納期の異なる同じ品種の製品を、まとめて生産してしまう場合があります。

確かに、段取り時間のムダの大きさを考えれば、一度にまとめて生産することにより効率的になります。しかし、納期の異なる製品を同じタイミングで生産したために発生するポカミスがあります。

最終工程である出荷工程をイメージしてください。出荷は顧客別、かつ納期別に管理する必要があります。納期の異なる同じ製品があることによって、仕分ける作業が増え、選ぶ・探す・数える動作のムダが発生するのです（セクション17参照）。

●必要数量以上に生産してしまう、作りすぎの行為

続いては、「数」での作りすぎの説明をしましょう。多くは、少種大量生産の現場で見かける行為です。「どうせ、また注文がくるのだから、材料分、生産してしまえ」とか、「受注数は8台だけど、切りよく10台生産しよう」というように、生産数が売れる数を上回る作りすぎです。

最悪なのは、「どうせ不良が出るなら、多めに生産して不良が出ても困らないようにしよう」というパターンです。不良が出ることを肯定して生産活動をしていることも許しがたいのですが、もっと悪いことがあります。不良損失分として生産したはずの製品が、品違いや数量違いというポカミスの原因になることです。

小さな手抜きは、大きな不良を呼び寄せるのです。

作りすぎが生み出すムダ

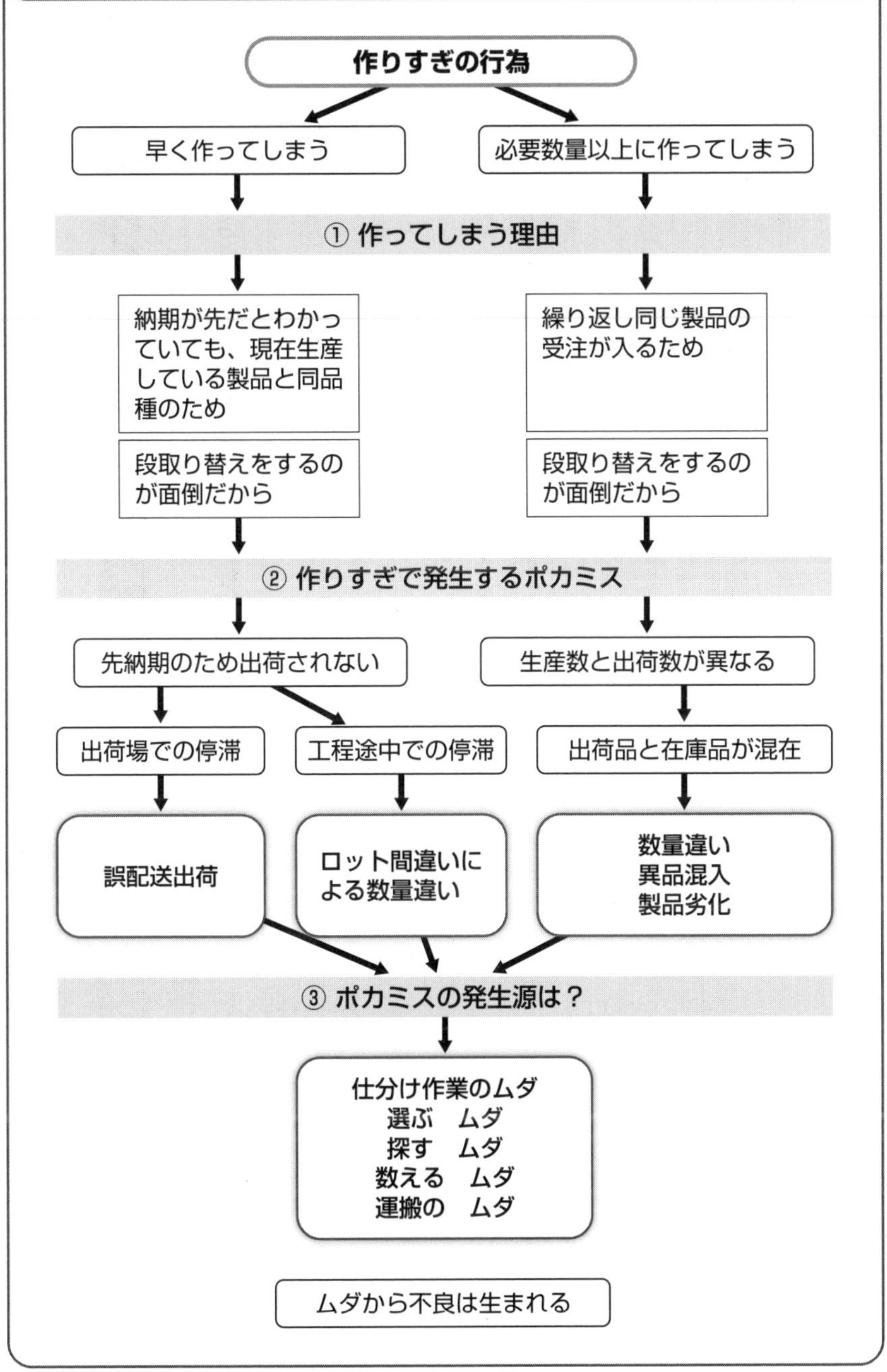
作りすぎの行為
早く作ってしまう
必要数量以上に作ってしまう
① 作ってしまう理由
納期が先だとわかっていても、現在生産している製品と同品種のため
段取り替えをするのが面倒だから
繰り返し同じ製品の受注が入るため
段取り替えをするのが面倒だから
② 作りすぎで発生するポカミス
先納期のため出荷されない
出荷場での停滞
工程途中での停滞
誤配送出荷
ロット間違いによる数量違い
生産数と出荷数が異なる
出荷品と在庫品が混在
数量違い
異品混入
製品劣化
③ ポカミスの発生源は？
仕分け作業のムダ
選ぶ　ムダ
探す　ムダ
数える　ムダ
運搬の　ムダ
ムダから不良は生まれる

section 23

ネジを締めた証拠にマジックペンでマーキング！

マーキングという暫定対策

暫定対策として実施されていたことが、いまだに工程に残っていませんか？

●マーキングは「～忘れ」の暫定対策

組立工場でよく目にするポカミス防止行為に、「マーキング」があります。マーキングは、部品やネジなどの「取り付け忘れ防止対策」として、顧客がメーカーに対して求めることが多いものです。部品やネジを取り付けた後に、「取り付けた証拠」として、部品にカラーマジックペンで印を付けるのです。

そのマーキング箇所の数を見ていけば、その工場の品質管理状態も想像できます。なぜならば、マーキングとはあくまで顧客クレームの暫定対策だからです。

暫定対策のはずのマーキングが常に残っているということは、恒久対策が施されていない証拠です。

●マーキングの基本は取り付けるたびにチェックすること

マーキングの目的は、取り付け忘れの防止にあります。取り付けミスを防止するには、部品1点取り付けたらマーキングし、また1点取り付けたらマーキングと、取り付けるたびにチェックをすることで防止することができます。

しかし、暫定対策のままの工場では、部品を全部取り付けた後に、マーキングチェックだけを、ペンを持って連続で行なっているようです。これではチェックにはならず、ただの「色付け作業」になってしまい、いつになっても「～忘れ」のポカミス不良を減らすことはできません。

●恒久対策をとるには

まずマーキングそのものは、付加価値を1円も生まないムダであることを認識することです。

次に、いくらマーキングを繰り返しても、「～忘れ」の根本原因を取り去ることはできないということです。

そして、実施管理部署である品管のメンバーが、マーキング作業を見て、「あっ、まだ恒久対策ができていない！」と、反省することが重要です（対策については第7章参照）。

マーキングは不良発生防止にはならない

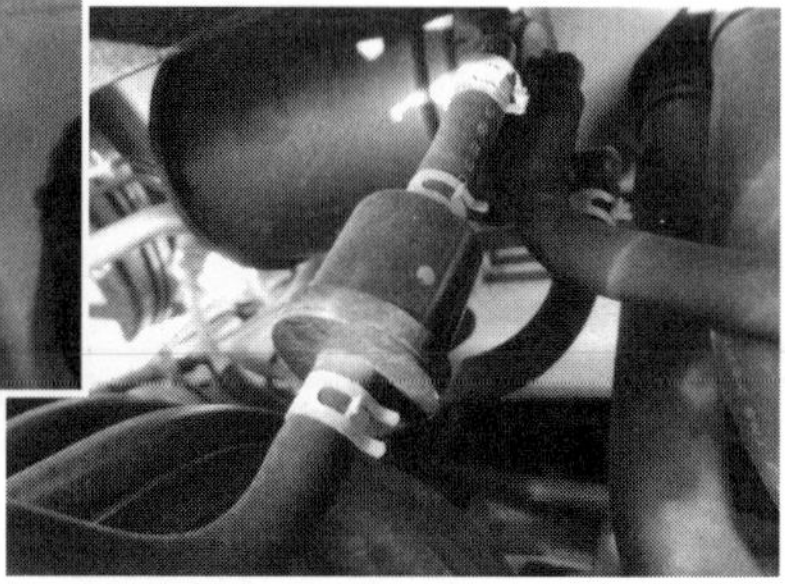

自動車のエンジンルームの中もマーキングが多い

マーキングは、あくまで暫定対策である。100%人間の注意力によるチェック方法なので、必ずチェック漏れが発生する

↓

マーキング漏れが発生すると、マーキングをチェックするために、チェックシートに項目が追加される

「○○ネジ部にマーキングしてあること」

NG	OK
	✓

チェックが次のチェックを生む
「チェックの負の連鎖」

↓

もう一度、マーキングの目的を確認しよう

↓

「～忘れ」の防止である

マーキングを重ねても「～忘れ」の原因を取り去ることはできない

section 24

現場の空気によどみを感じる原因

不良が発生しない現場の空気

4Mのバラツキは現場の空気によどみとして現われてくる。

●人間から発せられる「気」にもベクトルがある

不良がほとんど発生しないものづくりの現場に足を踏み入れると、思わず鳥肌が立つといった経験をすることがあります。

なぜ、鳥肌が立つのでしょう。それは、気持ちいいほどベクトルの向きと大きさが同じだからです。

ベクトルの向きは、オペレーターの目を見るとわかります。職場内の誰もが「もの」に集中している「気」が感じられるのです。

不良の多い職場では、各人の目が「もの」から離れているため、ベクトルの向きが乱れているように感じられます。

また、ベクトルの大きさは、動作スピードで判断できます。動作の速い人の中に遅い人が混じっていると、空気の流れが乱れてしまい、「よどみ」が発生してしまいます。

●ものの置き方でもよどみが発生する

たとえば、現場で150cmよりも上に「もの」を積み重ねていると、作業している人の顔を見ることができません。当然、先ほどの「気」を見ることもできなくなります。

逆に、今度は床に直接「もの」が置いてある場合（直置《じかお》きという）は、人間がしゃがみこんで「もの」を取ることになり、ベクトルの大きさにバラツキが発生してしまいます。

このように「もの」の置き方ひとつで、人の動作が左右されてしまうのです。

当然のことですが、設備の上に「もの」を置いてはいけません。工具や、刃具を置いている現場を目にすることがありますが、ケガの原因になるので絶対にやめてください。

●方法のバラツキ

「1台1台生産を繰り返しているが、どうもリズムがおかしい」と感じるときは、方法にバラツキが発生している場合が多いようです。

そんなときは、決められた手順にしたがって作業しているか、チェックする必要があります。

現場の空気を感じられる「長」になれ！

①「気」のバランスがOKの場合

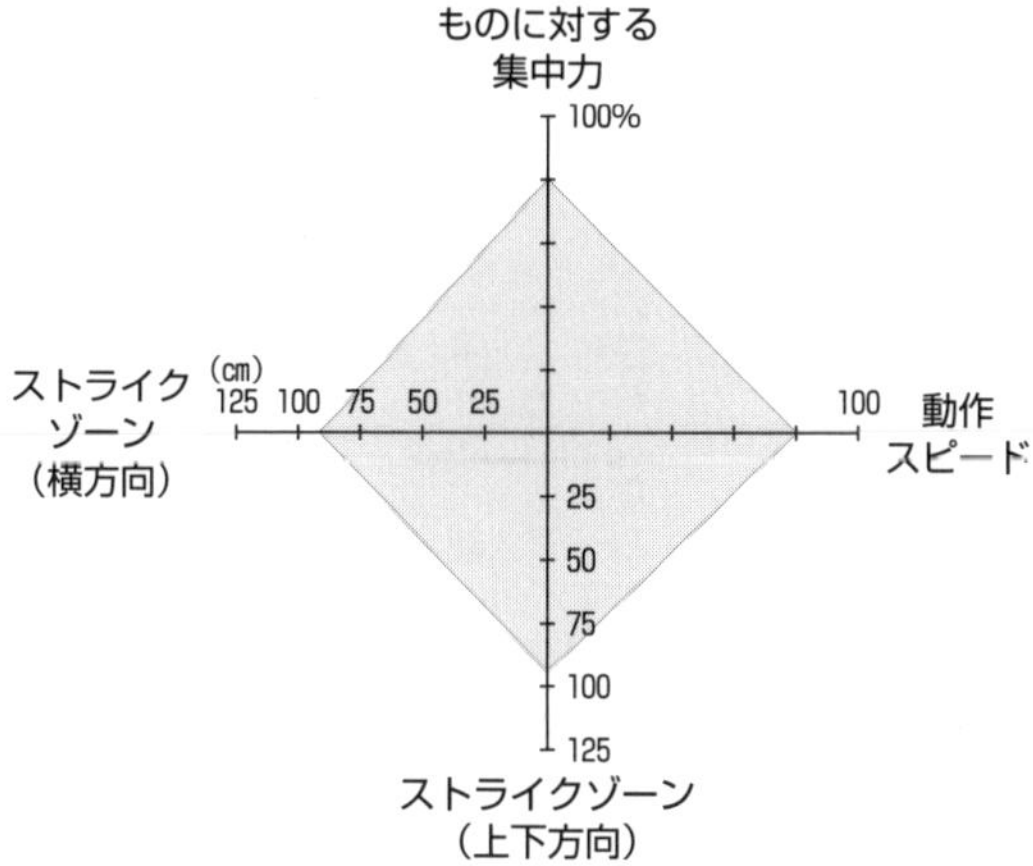

ものに対する集中力	80〜100%（手待ちのムダで見る）
動作スピードのバラツキ範囲	80〜100
ストライクゾーン（横）	75〜100cm
〃　（上下）	80〜110cm

②「気」のバランスがNGの場合

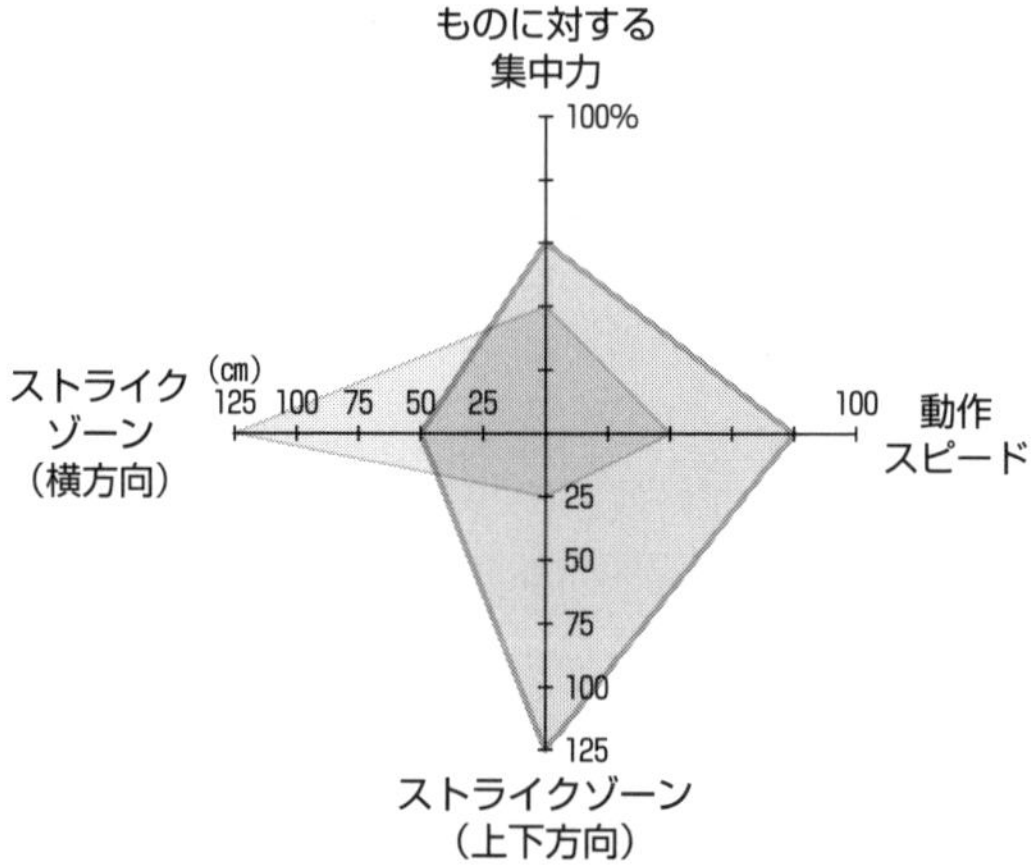

作業者によるバラツキがあると
現場の空気はよどんでくる

section 25

「途中まで作っておく」ことの間違い

工程途中での停滞

未完成状態が停滞を発生させる。

●部品が納入したら、みんなでいっきに作れ！

「部品の欠品か。どうしようか。納期も迫っていることだから、途中まで作っておいて、部品が納入され次第みんなで仕上げれば何とかなるな」

このような経験をしたことがないでしょうか。

そのときのことを思い出してみましょう。

定電圧電源を生産している、ある電機メーカーの話です。

特性を決める電子部品はそろっていましたが、最後に組み付ける外側のカバーが欠品しています。

協力工場の板金工程でトラブルが発生したためです。

そこで、この現場「長」は、最終工程であるカバー取付けの前まで生産をすることにし、カバーが納入され次第、人を集めて遅れをとり戻すことにしたのです。

●停滞が原因で生まれるポカミス

最終工程の前の、カバーがついていない状態の製品が山のようになっています。そこに、ようやく協力工場からカバーが到着しました。

日頃は1名でカバーの取り付けをする工程に、応援の2名を合わせて3名で生産することになりました。電気ドリルは1台しかないので、他の人は手動工具で対応します。

作業台も1台しかありません。そこで会議室から机を運んできて、その上で作業することになりました。

こんなケースで、どんなポカミスが発生するでしょうか？

①カバー取付け忘れ
②カバー取付け向き違い
③カバー違い（違う製品のカバーをつけてしまう）
④ネジ締め忘れ
⑤ネジ締めトルク不良による、ネジ緩み

以上の5つのポカミスは、最低でも発生すると思われます。

異常からは異常しか生まれません。停滞を見たら異常と思い、すばやく対処することです。

工程途中での停滞は、ポカミスが一番発生しやすい停滞である

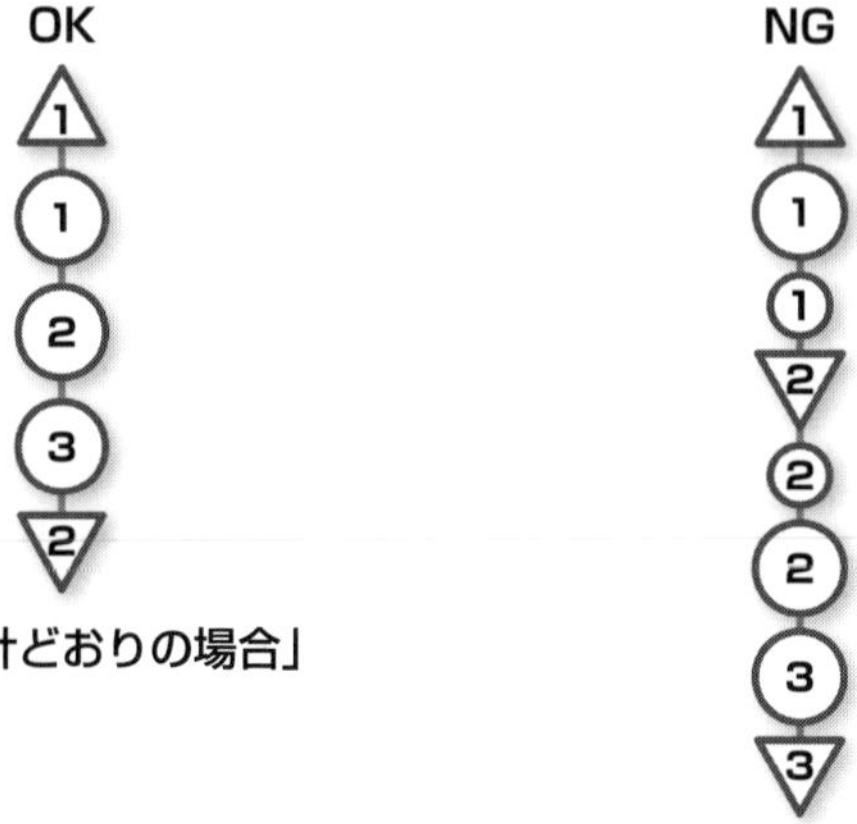

「工程設計どおりの場合」

「工程途中で異常が発生した場合」

①OKの場合

停滞は入口の △1 と出口の ▽2 のみになっている。工程途中（製品の変化の過程）では停滞していない

②NGの場合

入口の停滞 △1 と出口の停滞 ▽3 の他に、工程 ① と ② の間に停滞 ▽2 が発生している。また、▽2 の前後には ①② の運搬も発生している

工程途中の停滞から生まれるポカミス

上記の図の場合

a．① の加工忘れ

b．① の加工ミス（取付け向き違い等）

c．①② の運搬によるキズ不良

などのポカミスが発生する可能性がある

停滞 ＝ 不良 と見る

section 26

「ポカミスひやりマップ」の作成

ポカミスが発生しやすいところをマップにしよう

危ないと感じたところを全員で共有することからはじめよう。

●レイアウト図を準備する

まずは、レイアウト図を準備します。レイアウト図とは、工場の設備や作業台、運搬台車など、実際に工場に置いてあるものを縮小し、平面図として表わしたものです。そのレイアウト図に人員も配置します。

●記号の設定

続いて、「ポカミスひやりマップ」に記していく記号を決めます。

どんなものを記号化するかは、この第3章で記述した内容になります。つまり、セクション16から25の内容を10項目に細分化し、記号にします。

①停滞している場所「A」
②選ぶ動作「B」
③探す動作「C」
④数える動作「D」
⑤チェックシートへの記入「E」
⑥容器が重なっている「F」
⑦移し替えの動作「G」
⑧作りすぎ「H」
⑨マーキングの行為「I」
⑩未完成品の停滞、欠品「J」

●チームを結成して現場チェック

同じ現場を複数のチームでチェックします。

マップに記号を記入しながら、現場を歩きます。停滞している場所は「A」とし、停滞数も一緒に記入します。たとえば停滞数が40台なら「A40」とします。

●チームごとに発表する

たぶんチームごとに現場の見方にバラツキが出るでしょう。それはあって当然なので、気にすることはありません。

それよりも、他のチームの発表を聞いて観察力の勉強をすることが大切なのです。

以上のことを月に1回実施すれば、不良を見つける目を鍛えることができます。

停滞のムダが発見できれば、その前後の運搬のムダが見えるようになり、さらに運搬のムダでは、移し替えの動作のムダも見えてきます。

ムダは連動していることも実感できるはずです。

ポカミスひやりマップ

下図のようなレイアウト図を準備し、10項目の記号を入れてみよう
(「A」の停滞のみを記入している)

(例)Eモーター工場のレイアウト図

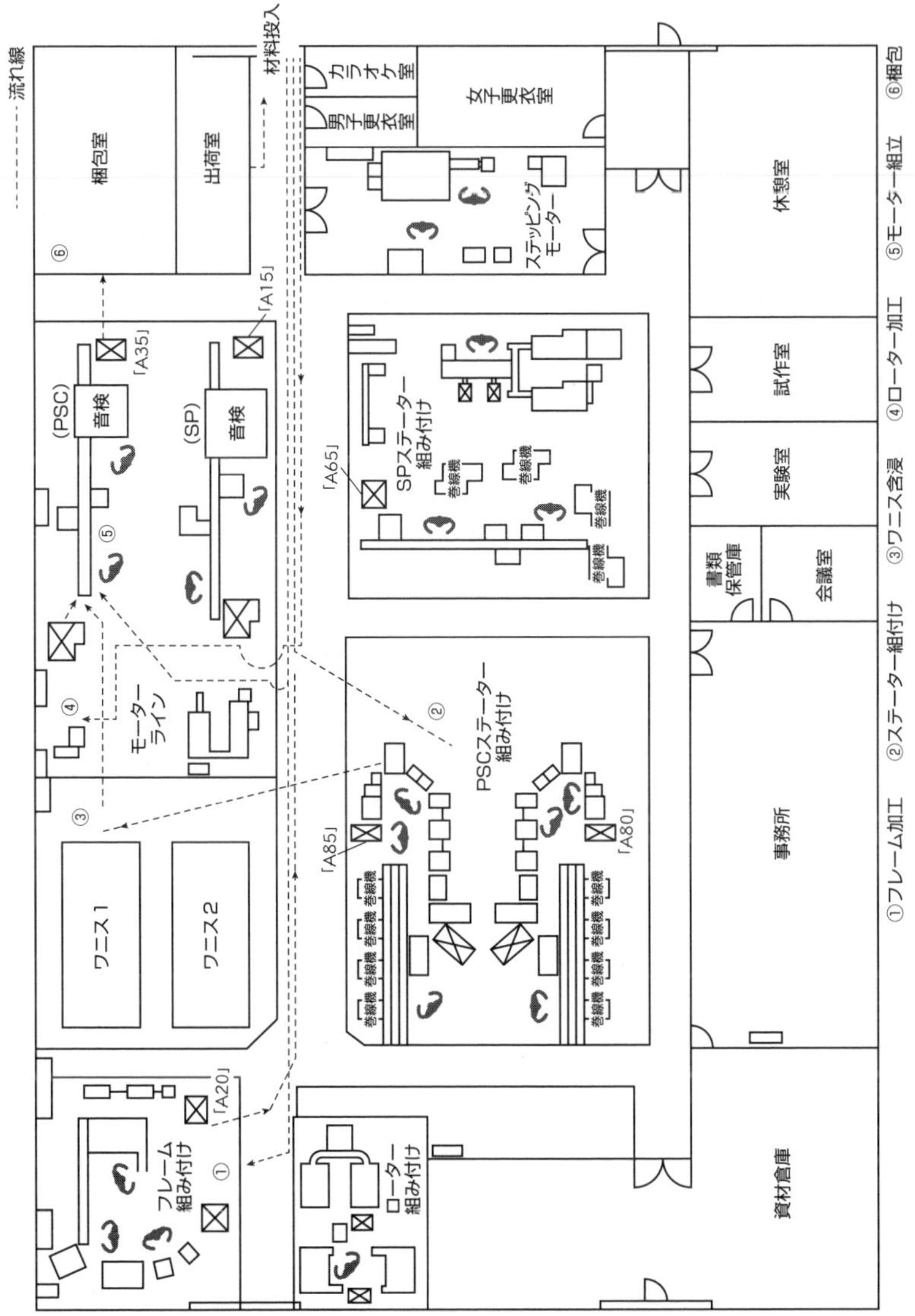

COLUMN 3

マーキング自動機を製作した韓国S社

1990年代、毎月韓国に行き、S社の電機工場の現場指導をしていたことがあります。

工場のラインには「ビクターライン」「ソニーライン」「松下ライン」など、日本の一流メーカーの名前がついていました。

この工場では、テレビのブラウン管の部品を生産し、日本に輸出していたのです。OEMの部品版のようなイメージの工場でした（OEMとは、Original Equipment Manufacturerの略で、発注元企業のブランドで販売される製品を製造することをいう）。

最近は地デジ化で、ブラウン管のテレビはなくなりましたが、1990年から2005年ごろまでのブラウン管型のテレビの主要部品は、ほとんど韓国や中国で生産されていたのです。

さて、S社のある生産ラインを見てみましょう。

このラインでは、ブラウン管の中の「DY」という組付品を生産していました。電子銃から発射された電子を、ブラウン管に均等に配列させるための電磁ヨークの生産です。

日本に輸出するので箱の大きさも大きく、縦、横、高さがそれぞれ1m以上あるダンボールに、製品が1台ずつ入れられていきます。5mほどのベルトコンベアラインに、女性が7～8名で電子部品を取り付け、そして検査、梱包となります。

検査では、特性検査後にマーキング検査をしていました。マジックペンを持ち、1列20台が箱に入れられると、20台いっきにペンでマーキングしていきます。1台当たり0・3秒ぐらいの速さです。

「これは検査ですか」と聞くと、ラインリーダーは、「部品を取り付けたという証拠のために、日本からつけろといわれたのですよ」といいます。あえて社名はいいません。「日本」というのも、実は韓国らしいとのことです。

「わかりました。しかし、これはムダですから、来月までに改善しましょう」と宿題を出しました。

翌月来てみてビックリです。リーダーがうれしそうな顔をして私を呼びました。「先生、見てください。マーキングを自動化しました」。

何と、エアシリンダーの先にマジックペンが固定されており、製品が通過するたびにシリンダーが上下する、マーキングの自動機が設置されていたのです。

第4章

まずは、ムダを表に出そう

工程の4要素を考える

加工要素以外はすべてムダといい切ることが大切である。

●工程と作業

工程の4要素を説明する前に、「工程」と「作業」について定義しておきましょう。

工程とは、材料から製品に至る過程のことをいいます。ものを中心に見て、変化していくプロセスのことです。

作業とは、人や機械の変化の過程のことをいいます。もの以外の変化を見ているとわかりやすいでしょう。

●4要素とは

どんな製品でも、4つの要素で工程が形成されています。「加工」「検査」「運搬」「停滞」です。半導体も食品も船もすべてです。

問題は、この4つの要素の組み立て方、使い方で、不良が発生しない工程や、発生しやすい工程になることです。

そして、この4つの要素で「付加価値」を生む要素は何か、を考えることが大事です。そうすれば、なぜ、われわれがものづくりをしているかが理解できます。

答えは「加工」です。「加工」だけが付加価値を生みます。

たとえば、材料費50円の鉄板をプレス加工して、100円の灰皿として売るとしましょう。売値から材料費を引いた残りが付加価値です。この場合、50円の付加価値が加工で発生したことになります。

では、残り3つの要素は何になるのでしょうか。

「検査」「運搬」「停滞」は、付加価値を生まないのでムダです。ムダの大きさも、「検査」よりも「運搬」、「運搬」よりも「停滞」のムダが大きくなります。

「ムダの大きさと不良の発生は比例する」ことはすでに述べました。

現場指導では、「停滞」のムダをとるためには、「運搬」のムダをわざと増やすことを実践しているほど、「停滞」は悪い要素なのです。

●検査の目的は検査をなくすこと

「検査もムダなのですか?」と、質問を受けることがよくあります。

確かに検査なしでは、安心して製品を出荷することは困難かもしれません。

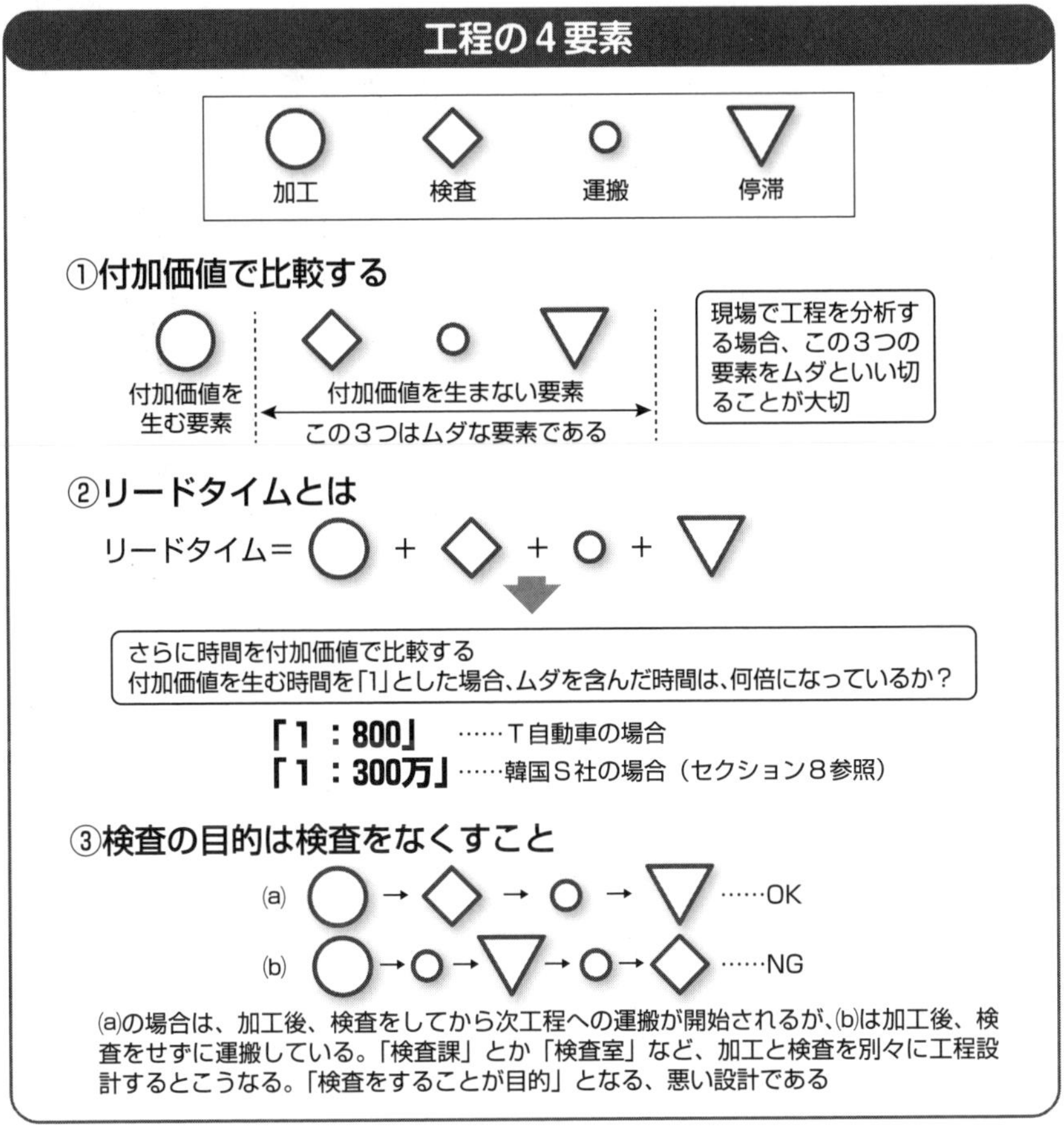
工程の4要素
加工
検査
運搬
停滞
①付加価値で比較する
付加価値を生む要素
付加価値を生まない要素
この3つはムダな要素である
現場で工程を分析する場合、この3つの要素をムダといい切ることが大切
②リードタイムとは
リードタイム＝
さらに時間を付加価値で比較する
付加価値を生む時間を「1」とした場合、ムダを含んだ時間は、何倍になっているか？
「1 ：800」 ……T自動車の場合
「1 ：300万」……韓国S社の場合（セクション8参照）
③検査の目的は検査をなくすこと
(a) ……OK
(b) ……NG
(a)の場合は、加工後、検査をしてから次工程への運搬が開始されるが、(b)は加工後、検査をせずに運搬している。「検査課」とか「検査室」など、加工と検査を別々に工程設計するとこうなる。「検査をすることが目的」となる、悪い設計である

では、なぜ困難なのでしょうか。工場によっては、加工時間よりも検査時間のほうが長いところがあります。検査は付加価値を生まないのです。生まないどころか、加工で発生した付加価値が、検査費用として費やされているのです。

検査とは、加工のよし悪しを分析することです。製品を見ることではありません。あくまで加工のやり方がよかったかどうかを見るのです。その見方として、製品の寸法などを計測したりするのです。

加工の条件で品質を保証することができれば、検査は必要ありません。

ほとんどの製造現場では、加工条件ではなく、加工結果の精度のみを気にしているので、いつになっても検査をなくすことができないのです。

section 28

ムダは川底の泥である

流れがゆっくりだと表面の水はきれいに見える

コップに泥水を入れてみる。時間がたつと上はきれいな水、しかし底には泥が沈んでいる。

●製造現場のムダも有害物質と同じ

ムダが多い工場、不良が多い工場でも、一見、何事もないように見える場合があります。

「何事もないように見える」というより、「異常に慣れてしまった」というほうが正しい表現でしょう。

山のように停滞が発生しているとします。

はじめのうちは悪いことだと思っていることでしょう。しかし、時間とともにその環境に慣れてしまい、いつの間にかそんな状態が当たり前になってしまうのです。

不良発生時もそうです。同じ不良が毎日発生していると、赤箱に不良品を入れてそのまま放置するようになります。

そうすると不良は、ライン（川）の底に沈んでしまい、隠れてしまうのです。

●川の源流のごとく「もの」を流す

山の雪解け水が流れる川の源流は、泥が沈む余裕などない勢いで水が流れています。

この原理と同じく、製造現場でも「もの」を流したいものです。

そのためには、途中で流れを止めないことです。ダム（停滞）を作ってしまうと、水は汚れてゴミが溜まってきます。

現状の作業スピードの20％アップで作業してみてください。1時間ぐらい連続で作業すると、疲れを感じる程度のスピードが目安です。

そのスピードで作業をしてみて何事もなければ、それは単に、これまでの作業スピードが遅かったことを意味します。

1時間程度で疲れを感じ、かつ正常な作業ができず、不良が発生したり、発生しそうになった場合は、ラインのどこかにムダが潜んでいることになります。

私はこれを「ハリーアップ作戦」と呼んで、手の動きやものの置き方で異常が発生しやすい個所を探す手段として活用しています。

沈殿した泥を取り除く

(a)

泥水でも
時間がたてば
きれいに見える

(b)

かきまぜると
にごってくる

(c)

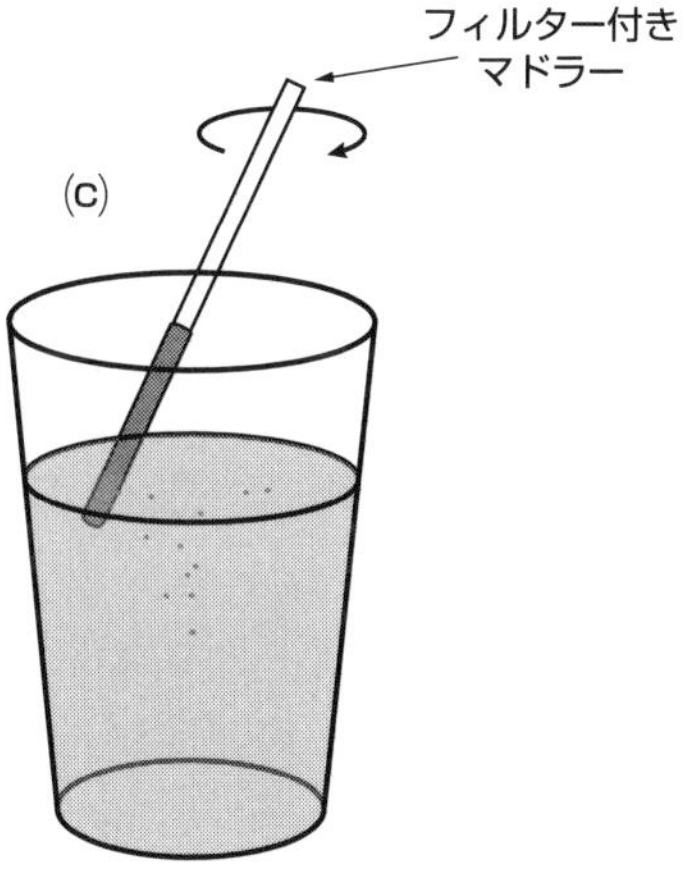

(a)不良発生時、「赤箱」に不良品を入れて、そのままにした状態。いつの間にか不良は底に沈んで目立たなくなる

(b)水に流れを作る。すると、沈んでいた泥（不良）が出てくる

(c)フィルター（不良品除去行動）を使って、泥（不良原因）を取り除く

section 29

加工の単位はいくつ？

不良ゼロにする「1個造り生産方式」

加工の最小単位は「1」である。「1」で流すと異常を発見しやすくなる。

●1個ずつ加工し1個ずつ検査する

「1個造り生産方式」とは、不良ゼロ生産方式でもあります。正確には、不良最大数「1」、不良最小数「0」の品質管理を武器とする生産方式のことです。

その大原則が「1」でものを流すことなのです。1個ずつ加工し、1個ずつ検査することによって、後工程に不良を流さないようにするのです。不良が発生しても、自分の工程内に1台のみとなります。

第1章で述べた「だんご生産」は、この「1個造り」とまったく逆で、最悪の場合は、後工程で全数不良として発見されるのです。

●「1」で流す理由

受け入れ検査で協力工場から納品された部品を全数検査して、良品のみを組立工程に供給しても、不良品は発生します。

部品図面と組立図面を見比べたことはあるでしょうか。

部品単体には、加工精度を維持するために「公差」という幅を持たせています。

その公差幅を持った部品を複数組み付け、組み立てていくのですから、1台1台精度の違う製品が生産されることになります。

同じように組み立てにも組立公差があります。しかし、部品公差を積み上げていくと、組立公差からはみ出してしまう場合がほとんどなのです。

全数品質が異なる製品を「だんご」で生産し、そのうちの1台を抜き取りで検査しても、到底、全数の品質保証などできません。それゆえに「1」で流すのです。

●「1」で流すためには工程をつなぐ必要がある

工程と工程の間に停滞なく流すには、「1」という単位で「工程をつなぐ」必要があります。その考え方は「**一度つかんだら、完成するまで離さない**」です。

ただし、工程をつなげられる範囲は決められています。工程を形成する4要素の「加工」の中でも、その特性に

「1」はものづくりの基本単位である

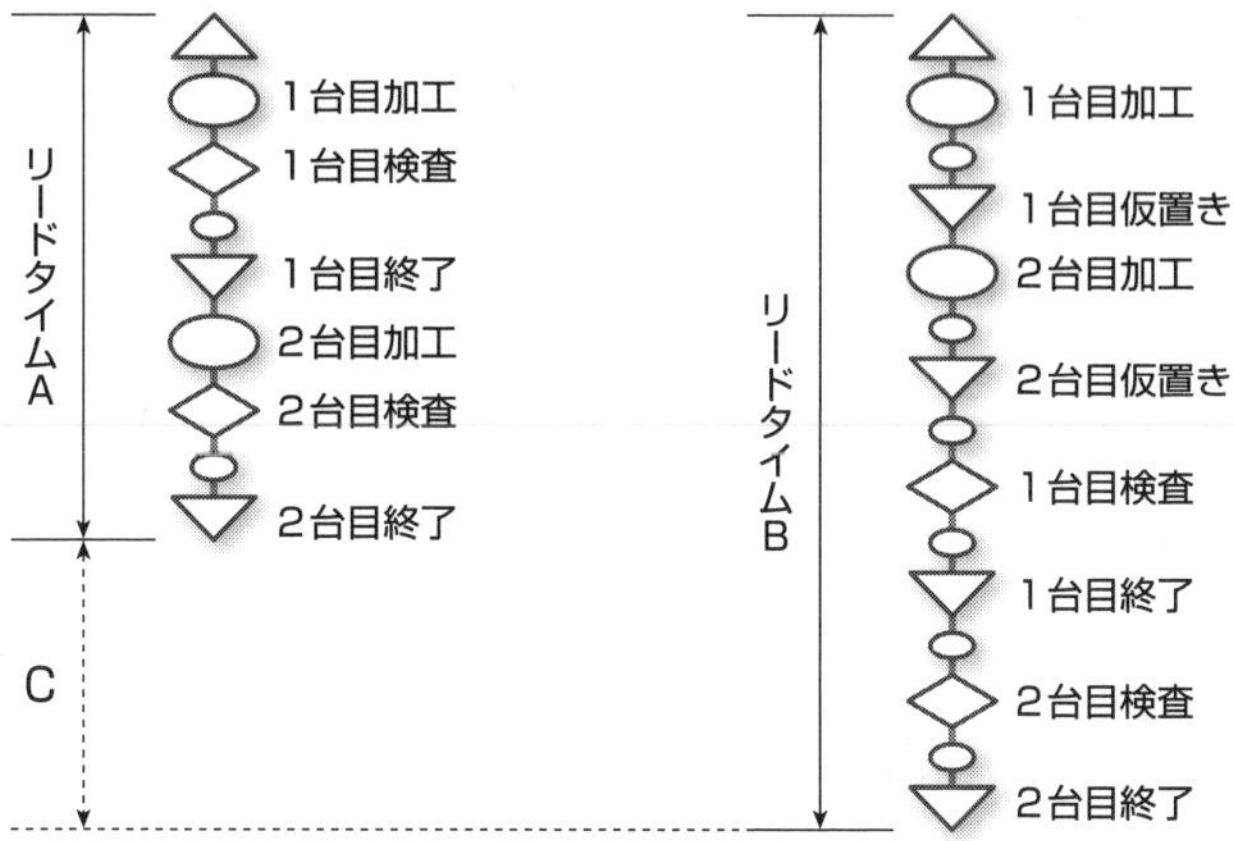

①「1」で流せばリードタイムを短くすることができる
リードタイムB － リードタイムA ＝ C
C時間分短い

②1台生産の場合は、「一度つかんだら、完成するまで離さない」方式で行なっている

1台生産は運搬2回、停滞2回

2台のだんご生産は、運搬6回、停滞4回とムダが多い

よって、「加工」「組み付け」「組み立て」の3つのモジュールに区別されます。

「加工」とは、部品単体の変質・変形をいいます。たとえば鉄板を打ち抜いて行なうプレスは「加工モジュール」になります。

「組み付け」とは、複数の部品を組み付けていくが、製品の特性が出ないモジュールのことで、自動車のエンジンは「組付モジュール」になります。

そして「組み立て」は、製品の特性が発生するモジュールのことです。

自動車工場では、プレスは**加工工場**、エンジンは**組付工場**、そして最終工程は**組立工場**と、呼び方を区別しています。

「一度つかんだら、完成するまで離さない」で工程をつなぐことのできる範囲は、それぞれのモジュール内になります。

section 30

生産現場の「7つのムダ」

ムダをわかりやすく理解するために「トヨタ生産方式」としても有名な7つのムダについて解説する。

①作りすぎのムダ

セクション22でも説明しましたが、作りすぎにも2種類あります。

1つは、タイミングが早い作りすぎです。たとえば納期が1週間以上先なのに、今日出荷するものと同じ製品だからといって、今日、生産に着手してしまうようなパターンです。

もう1つは、数量の作りすぎです。8台の生産要求に対して、きりがいいから、または不良が発生すると困るからと、2台多く10台生産するようなパターンです。

②手待ちのムダ

自動加工機の前でスタートボタンを押した後、何もしないでただ機械を見ているような行為を手待ちのムダと呼びます。

加工は自動機がしていて、人間は何もしていません。生産活動時間中なので、人件費のムダ使いになります。

③運搬のムダ

このムダをゼロにすることはできませんが、できる限り小さくしたいムダです。

加工も何もせずに、ただ容器から容器に移し替える行為も運搬のムダであり、ネジを締めるために、容器からネジを取ってワークまで移動する行為も運搬のムダになります。

④加工のムダ

「付加価値を生む要素は加工だけである」と説明しましたが、中には、加工しなくてもすむものがあります。

たとえばプラスチック成形は、上型と下型を合わせた中に溶けたプラスチックを流し込み、冷却させて固め、製品ができあがります。

その製品をよく見てみると、上下の型の継ぎ目にバリが発生しています。羽根つき餃子のように薄い板状になっている場合もあります。このバリを取る加工はムダです。

バリが出ない成形をすることが正しい加工だからです。

⑤在庫のムダ

①の作りすぎのムダの結果が、在庫のムダになります。そして、このムダの前後には必ず、運搬のムダが発生し

ムダをとる

A. ムダとりマップを作成する

- 3〜4名1チーム×3チームくらいで、工場全体をチェックする
- できる限り多くの人で、ムダを認識することが大切
- セクション26で使用したレイアウト図にムダを記入していく

作りすぎのムダ	『A』	在庫のムダ	『E』
手待ちのムダ	『B』	動作のムダ	『F』
運搬のムダ	『C』	不良のムダ	『G』
加工のムダ	『D』		

B. さらにムダを細分化して、ムダをとる

工程別ムダとり表を活用しよう

㈲C社電源組立工程のムダとり表

工程	工程名	重点順	ムダの内容	ムダとり案
1	本体A取付け		1. SW部のハンダ割れ（分離） 2. ハンダ付け時基準の動き	1. 基板割りを後工程で 2. 基板割りをプレス化 3. 反転用治具（ハンダ）
2	SW1 #		1. 動かないムダ	4. 人を減らし、ライン数を多く
3	コード#	5	1. 取り置きのムダ	5. コードをゴムバンドで本体にセットする
4	基板外観◇		1. 手待ち	6. 人をぬく
5	調整	4	1. 手待ち	7. D基板の組付けをインライン化する
6	基板割り	3	D　基板の不良	8. 手割りをプレス化する
7	部品a	2	1. 手直し（線が短いムダ）	8. ライン長を決め、トラブルシューターさせる
8	基板ビス留め	6	1. 手作業のムダ	9. フィードマット化（MT化）
9	ミニ基板　#			16. 加工賃より人員を決める
10	布線　束材	1	手待ち（後工程大）	10. ライン責任者による作業割当て
11	ねじロック			12. Uライン化
12	かん合チェック		手待ち	11. ライン長を任命し、責任を持たせる
	全般	7 8 9	不良、手直しのムダ 欠品のムダ HT→MT化	13. 生産計画で内示はするが、製品かんばんのひかれ分だけ作る 14. D基板のインライン化 15. 欠品かんばん、ストアー、容器の新設改善

ます。

⑥動作のムダ

人間が作業するには、「動き」が必要です。しかし、その「動き」の中にこのムダがあります。

肘を軽く曲げた状態で、ボクシングのジャブの動作をしてみてください。その範囲内で作業していればOK。その範囲から外れると、動作が大きくなりムダとなります。

⑦不良のムダ（本書全体で説明しています）

以上が7つのムダです。代表的なムダを7つに分類しただけなので、ムダの名称や種類はほかにもたくさんあります。

そして、最大のムダは何でしょう？　そうです。不良のムダです。セクション07で説明したように、ムダの大きさが3倍に変化していくからです。

section 31

平均をとって余裕率を10%加える？

標準工数の設定方法

人間の作業時間を決める重要な管理数値。この設定方法を間違えるとムダまで隠れてしまう。

●標準工数とは

はじめに、標準工数について説明しましょう。

製品ごとに決められた、基準となる作業時間のことです。また工数とは、ものを作るときに必要な作業時間のことで、人の作業している時間を意味するので、HT（ハンドリングタイム）ともいいます（本書では、今後、工数をHT、総工数をΣ《シグマ》HTと表現する場合もあります）。

標準工数は、設計図面を描くときの基準線と同じで、どこに線を引くかで管理の質が変化します。

現在出版されているIE（インダストリアル・エンジニアリング）関係の書籍では、「現状の作業時間を10回測定した後に平均し、さらに余裕率10%を加えた数値を標準工数として設定する」やり方が大半を占めています。改善を主業務としている大手のコンサルタント会社でも、この計算方法を用いています。

しかし、この計算方法は、作業の改善ではなく、単に帳票の数字と現場の実力を合わせているだけにすぎません。平均をとるという計算をすることで、現場のバラツキが隠れてしまい、さらに余裕率を付加することで、異常が発見できない基準になってしまいます。

●最速の工数を基準とする

ムダや異常を「時間で判断できるようにする」ためには、各作業の最速時間を標準とするやり方が一番です。

T自動車の組立ラインの天井には、次の4つの数値がリアルタイムで表示されています。「目標台数」「実績台数」「可動率」「残業時間」です。

T自動車では、異常が発生すると作業者はラインを止めます。その時点で即、標準工数をオーバーします。余裕率などは一切入れません。これまでの最速の時間を標準にしているので、これまで実績台数が目標台数を上回ったことは一度もありません。

最速時間を標準にすることで、すべての異常を「時間の遅れ」として表現しているのです。

標準工数を設定する

①まずは、実態調査をしよう

下の表を使って、工数を実測する

作業内容	時間測定（HT）秒					時間分析			
	1	2	3	4	5	最大	最小	差	平均
（例）									
カバー取付け	15	13	10	18	21	21	10	11	15.4
ハーネスA取付け	31	30	33	35	41	41	30	11	34.0
ハーネスB取付け	37	42	40	39	43	43	37	6	40.2
ヒンジ取付け	7	7	8	7	9	9	7	2	7.6
液　晶取付け	11	12	9	11	10	12	9	3	10.6
調　整	23	21	20	25	27	27	20	7	23.2
検　査	13	11	15	17	11	17	11	6	13.4
合　計	137	136	135	152	162	170	124		144.4

実際の工数

「差」の数字が大きい作業は「バラツキ」が発生している証拠
不良発生の可能性あり

この平均は使用してはいけない

最小の合計をΣHTと設定する

②標準工数を設定する

⑴大手コンサルタント会社では、平均の合計値、144.4秒に余裕率10%を加え、158.8秒を標準工数としている。「平均」はムダまでを加えて平均にしてしまう、ダメなやり方である

⑵ムダが見える標準工数は、最小の合計である「124秒」である

section 32

いい残業、悪い残業

標準工数を設定し生産活動を進めていくと、生産能力が明確になってくる。

●悪い残業とは

1日の生産能力を把握していない現場では、作業者が勝手に残業をしている場合があります。管理者は、現場に対して残業をする、しないの指示を出さず、「必要量をとにかくこなしてくれればいい」と思っているのかもしれません。

受注が多い場合は、生産量を残業時間を含めた総稼働時間で割り、ペースを決めます。少ないときも同じように時間ペースを決めます。

しかし、オペレーターの動作スピードを見ていると、今日の受注が多いか少ないかがはっきりわかるくらいバラツキがある現場があります。

これは、オペレーターが悪いわけではありません。管理者の手抜きです。当然、作業リズムがバラバラになっているので、不良発生の原因になります。また、ものづくりの目的である付加価値を生むことに対しては、原価管理をすればわかりますが、コストアップになっていることは明らかでしょう。

●いい残業とは

本当のことをいえば、いい残業などありません。生産能力に対して、受注が上回った場合の手段として、残業するかしないか判断することが大切なのです。

残業は、時間当たりの人件費が、定時間の費用より15%から20%アップします。現在生産している商品が今後も売れ続ける確証があるのなら、残業を増やさずに、設備投資をして固定費である人件費を抑える手段を選択するのが正解でしょう。しかし、現在の市場は変種変量です。売れ続ける確証はないに等しいのです。そこで、受注が定時間の能力を超えた分のみ、残業でカバーする手段を選ぶのです。

●残業の判断は管理者がすること

①まずは、管理者が自分の職場の生産能力を把握すること。②能力よりも超えた受注が入ったら残業にすること。③15分単位できちんと予定時間を決めて行なうこと。そして、④生産能力を常に向上させること。

この4点を実践することが大切です。

残業時間の割り出し方

残業をするか、しないかの判断

工数を計算する

受注工数（必要工数）	持ち工数
1台当たりの標準工数 × 受注（生産）台数	作業者数×定時就業時間
(例) 1台当たりΣHT30分で200台を生産する場合は、30分 × 200台 ＝ 6000分が生産するために必要な工数になる	(例) ラインの作業者10名 定時内の時間480分の場合 10名 × 480分 ＝ 4800分 が持ち工数になる

残業の判断

a **受注工数 ＜ 持ち工数**

b **受注工数 ＞ 持ち工数**

工数を比較し、aの場合は受注工数のほうが小さいので、残業の必要はない。

bの場合は、受注工数が、持ち工数より大きいので、残業となる。

例の場合は、

6000 － 4800 ＝ 1200分

と受注工数が多い。

つまり、ライン作業者10名で、工数1200分の残業が必要となる。

1200分 ÷ 10人 ＝ 120

1人当たり120分。2時間の残業となる。

一方、もし、例の受注が120台と少ない場合は、

受注工数 ＝ 30分 × 120台
＝ 3600分

持ち工数は4800分なので、逆に1200分持ち工数が多いことになる。

このときに「4800分」の時間をかけて、「3600分」分の仕事をしてはいけない。管理者は、ラインを2時間早く止めるべきである。

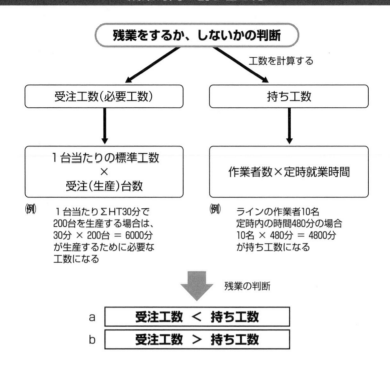

「現場」「現物」「現実」の実態把握

不良対策を会議室で議論しても結論は出ない。すべては3現を見ればわかる。

●まずは、現場に行くこと

新たに工場診断の依頼が入ったとします。工場を訪ねると、決まって会議室に案内されて、工場の概要をパワーポイントで説明してくれます。しかしほとんどの工場は、困っていることや問題点などは打ち明けてくれません。5分以上経過すると「まずは、現場に行きましょう」と、説明を打ち切ってしまいます。

実際に工場の「現場」に入ると、説明内容からは想像できない事実がそこにはあります。第3章でお話しした、「現場の空気」を感じることができるのです。

現場に入ったら、まず入口で立ち止まり、工場全体を見ます。自分の目にフィルターをかけると、見たいものがよく見えます。たとえば、人の動きだけを見たいとしたら、ものと機械にはフィルターをかけてしまいます。

次に「もの」だけ見えるように、今度は人と機械にフィルターをかけます。

●次に現物を見る

「現物」は、「停滞」から見ます。停滞する場所は、工程の入口か出口か、また、どこの工程に停滞しているのかを確認します。「ネック工程の前には、停滞が発生する」という工程の原理も確認しておきましょう。どの工程にも停滞が発生している場合は、すべて基本からやり直しです。

次に、動いている「現物」を見ます。

全体を見ることはできないので、一番停滞の大きい工程の出口に立ち、1台1台出てくるタイミングを観察するといいでしょう。産出するタイミングにバラツキがなければ、不良が発生しにくい工程であり、バラツキが出ていれば、必ず不良が発生していると判断できます。

以上のように、「現場」に行って、「現物」を見れば、「現実」を把握することができます。

不良が出るたびに、そして異常が発生するたびに会議室に集まっている管理者は、現場に直行したほうがいいでしょう。

3現の見方（3現とは、現場、現物、現実のこと）

まずは、ものづくりの現場に入る

↓

入口で立ち止まり全体を見る

↓

設備や、部品、製品にフィルターをかけ、目に入らないようにする。「人」だけを目に入れる

↓

ライン内作業者の動き

a. 動きのリズムにバラツキがないかどうか確認する
b. 手待ちが発生していないか確認する
aの動きから「隠れた手待ち」が発見できるようになればOK

ライン外作業者の動き

「もの」を携えた動きか、それとも「空歩き」かを見る

↓

次に「人」と「設備」にフィルターをかけ、「もの」だけが目に入るようにする

↓

停滞を見る

↓

ラインの出口に立ち、1台1台OUTPUTされるタイミングを計る

a. 産出スピードにバラツキがある場合は、不良が発生しやすいラインになる
b. 産出スピードにバラツキはないが、出口に停滞が発生する場合は、次工程がネック工程の証拠である

section 34

目的よりも手段が大きいことをムダという

目的と手段を一致させる

目的を追求する力を身につけると、ムダが見えやすくなる。

●目的よりも手段が大きい

顧客から8台の注文を受けたとします。

しかし製造現場では、部品の発注も、製造の単位も10台ずつしか行なっていません。

結果、10台生産し、8台出荷、そして2台は倉庫行になります。

このように、目的よりも手段が大きい現象をムダといいます。これは数値で現われるので、現場で目的と手段を比較する訓練を繰り返すと、ムダを見る目が養われます。

そして、このムダは次のムダを生んでいくことも忘れてはなりません。

●目的よりも手段が小さい

目的よりも手段が大きい場合はムダですが、その逆の、手段が小さいときは、ムリな現象となります。

顧客から8台の注文を受けたが、生産能力は5台しかない場合は、ムリといえます。

●目的と手段を合わせる

生産現場では、ムダもムリも、どちらも品質に悪影響を及ぼします。常に、目的と手段をイコールにする活動が必要になるのです。

その活動をするうえで、もっとも悪影響があるのは、ＩＳＯの取得です。くわしくは第10章で説明しますが、ＩＳＯの目的は、不良ゼロです。

ところがほとんどの会社は、目的を「ＩＳＯの取得」としているのです。取得するまで準備に時間とお金をかけ、取得してしまうとその後は何もしません。

第三者的な組織として「品質保証部」まで作っておきながら、部員は現場を見ずに、マニュアルばかり作成しています。

不良が出れば、コスト度外視の、できもしない対策を現場に要求してきます。

日本の製造業でＩＳＯを取得している会社のほとんどは、目的を「営業」にしていると思われます。

私からいわせると、ＩＳＯを取得している会社ほど、不良が発生してからの行動が遅いのです。

目的を追求する

『仕事を進めていくうちに、いつの間にか目的を忘れ、手段だけに片よりがちになる。
現在行なっている作業の目的をもう一度追求してみよう』

a.	目　的	<	手　段
b.	目　的	>	手　段
c.	目　的	＝	手　段

「aの場合」

目的よりも手段が大きい。これは「ムダ」である。
受注数８台に対し、生産は10台ずつしかできないという。
つまり、２台余分に生産することになる

「bの場合」

目的が手段より大きい。これを「ムリ」という。
生産能力８台に対し、受注10台が入った。
能力に対して、２台オーバーしている

「c」の目的と手段を「イコール」にしよう

ISOの本来の目的は、品質保証システムの構築である。しかし多くの会社では、「ISOを取得する」ことが目的になっている。ISO取得の前に、現状、現場での「ものづくり」レベルがどのくらいなのかを自覚し、日常の品質管理ができるレベルまでUPさせよう

裏　話

改善は「b」パターンのほうが進めやすい。ムダを発生させると空気がにごる。「ムリ」な状態をわざと作って、「やるためにはどうするか」を考えたほうが改善は進む

section 35

クリーンルームの中で、作業者が座ったまま工程を見ている

ただ閑視しているだけのムダ

人の作業と機械の作業。問題はこの2つの時間が同時進行しているかどうかにある。

●○○製薬の化粧品コマーシャル

クリーンルームの中で、1人の作業者が目だけが見えるクリーンスーツを身にまとい、椅子に座っています。その先には、装置から1滴1滴化粧水が落ちているのが見える窓があります。作業者はその窓を凝視しているのです。

コマーシャルでは「1滴1滴心を込めた製品を皆さまにお届けします。無料サンプルの請求はこちらまで」といったアナウンスが流れています。

「なるほど、だからこの会社の化粧品は高価なんだ」というのが私の感想です。なぜならば、化粧水を製造する装置は、条件が設定されていて、人が見ていようがいまいが関係ないはず。逆に人が見ていないと心配な工程ならば、その製品は信用できません。

このコマーシャルから学べるムダは、ただ閑視《かんし》だけしている作業者には、付加価値を生んでいない人件費が発生していることです。

●自動化とは機械から人を離すこと

トヨタ生産方式を紹介した書籍では、自動化の「動」をにんべんのついた「働」を使って「自働化」と表現しています。不良が発生したら自動的に停止してくれる機械のことなどをそう呼んでいるようですが、本書では、「自動化」と表現します。ポイントは「自動機」と「自動化」の違いを考えればわかるでしょう。

自動機は、製造現場にたくさんあります。NC工作機械やロボットなど、スイッチを押せば、自動で作業してくれます。

しかし、この自動機を操作するためには、必ず人が必要です。その人が、スイッチを押した後、そのまま機械の前で加工が終了するまで待機していたらどうでしょう。これを、ただ見ているだけなので「閑視のムダ」といいます。別名「ワンマンワンマシーンのムダ」ともいいます。

スイッチを押した後、次の機械を動かすために工程を移動したり、または、HT（ハンドリングタイム）の作業をして、機械や設備から人を離すことを、「自動化」と呼びます。

閑視とは？

自動機と自動化の違い

（自働化はトヨタの造語）

ワークをセットして、スイッチを押せば、加工は機械が自動でやってくれる。しかし、加工途中、設備に異常が発生しても止まってくれない。加工精度不良でも、最後まで加工してしまう

これは自動機。しかし「自動化」ではない。設備、機械に異常が発生したり、加工中不良品になったりすると、その設備を人間が監視するようになる。これを「閑視のムダ」という

「自動化」とは、設備、機械から人を離すこと

設備・機械に異常が発生したり、加工途中、不良が判明したときに、すぐに「停止」してくれれば、人を設備、機械から離すことができる

section 36

SPHとはストローク・パー・アワーのこと

月に160回のSPH管理を

まずは、1時間ごとに生産実績数のチェックを行なう。

●SPH管理とは

1時間ごとの生産実績を管理することを、SPH管理といいます。管理なので、Plan、Do、Check、Actionのサイクルで物事を進めます。1日8時間の就業であれば、8回の管理をすることになります。

1時間ごとに目標生産数を決めて、生産を開始し、1時間後に実績を確認します。目標と実績の違いがどこにあるのかを分析して、次の1時間では同じ問題が発生しないように処置をしていきます。このPDCAを繰り返すのです。

●月に160回PDCAのサイクルが回る

月に20日間、稼働日があれば、160回のSPH管理をすることができます。1日中現場に張り付いて管理しなさいとはいいませんが、現場のリーダークラスの人たちは、少なくとも1時間ごとに月160回、現場を管理してほしいと思います。

それを半年間繰り返していると、SPHだけの管理では満足がいかず、さらに深く現場を見たいと思うようになるでしょう。

人の組み合わせの違いによる生産数の違いや、製品の違い、部品数の違いによる生産数の差、設備故障によるラインストップなどが、生産実績として1時間ごとに明確になってくるのです。そうすると、その差を何とかなくしたいと思い、「なぜこうなったんだ」と常に疑問を持つリーダーになれます。

●1日が終わってからの集計は不可

夕方6時ごろ現場リーダーに聞いてみます。「お疲れ様。ところで今日の生産実績は?」。すると、「すみません。まだ、集計していないのでわかりません」と返事をするリーダーがいます。

デジタル化が進んでいる現在では、生産設備とPCを連結して、タイムリーに出来高を見ることが可能です。少しでも数値の変化を確認したならば、即、現場に直行し、なぜ変化したのか、常に異常確認をするリーダーになりましょう。

SPH管理は改善の「機会」(チャンス)

[SPH管理表]

時間帯	目標	1	2		30	31
8：00〜9：00						
9：00〜10：00						
10：10〜11：00						
11：00〜12：00						
13：00〜14：00						
14：00〜15：00						
15：10〜16：00						
16：00〜17：00						
合　計						

①時間帯と目標

１時間を目安に行なう。定時時間内で８分割できる。
10:10〜11:00は50分、15:10〜16:00も50分となっている。
目標は、毎日同じ製品（同じ工数の製品）を生産している場合は、時間÷１台当たりの標準工数で設定すればいいが、時間ごとに工数の違う製品を生産する場合は、そのつど、目標を設定する。
17:00以降は、残業が発生した場合に使用する

②実績を記入する

１日８回、月約20日間記入する。表は、１〜31日までを準備しておく。休日の場合は斜線で閉じればよい。目標は最速のΣHTで設定しているので、実績が目標を上回ることはない。
実績は作業者が１時間に１回記入する。そして管理者は、SPH管理表を確認する。
８回×20日＝160回／月
現場をチェックすることができる

COLUMN 4

居眠りをしていた空港保安検査員

さすがに最近では目にしなくなりましたが、アメリカでの同時多発テロ以前の空港保安検査はとても雑でした。とくに就航便数の少ない地方空港では、同じ検査員が、ずっと同じ検査工程を担当している場合がありました。

入口で荷物を受け取りX線装置に入れる担当、X線検査の状態をモニターでチェックする担当、人間の金属チェックをする担当、X線のベルトコンベアから荷物を取る担当と、大きく4つに分けられています。

その中で一番動きの少ない担当は、X線検査の状態をモニターでチェックする担当で、動いているのは目だけです。

前章でも説明しましたが、人間の集中力は20分しか持ちません。しかし、就航便数が少ない地方空港でも、1便あたり1時間以上は連続で検査することになります。1時間という長さは、すでに集中力の限界をオーバーしています。居眠りをしていても不思議ではありません。私がその検査をやれといわれたら、3日と持たないと思います。

なぜ、担当者が居眠りをしているかわかったかというと、飲み残しのペットボトルを鞄に入れたままX線を通し、機械が判断するかどうか実験したことがあるからです（迷惑になるので読者のみなさんは決してまねしないでください）。

まさか、裏で人間がモニターを見て、物質ごとに色分けされた写真を判断しているとは思っていませんでした。自動検査機とばかり思い込み、機械による検査精度のバラツキを見てみようと、わざと鞄の中にペットボトルを入れておいたのです。

ところがある空港で、ペットボトルが入っているのに、鞄の中のチェックがされないときがあったのです。おやっと思い、ふとX線ベルトコンベアの右脇を見てはじめてわかりました。人が画面を見て判断していることが。そしてその人は、首を下向きにしたまま、動いていませんでした。

検査員はついたてに隠れているので、のぞきこまないと顔を確認することができません。合図は直接声を出し行なっています。

その声は異常があったときだけなので、担当者の居眠りには誰も気がつかなかったのです。

第5章

改善力を身につけよう

section 37

日本の造船技術力は世界一である

ものづくりの基本は「加工技術力」

品質は、ものづくりの基本である源流の加工モジュールで決まる。

●加工モジュールの品質は組付モジュールを左右する

大分県で、タンカーの造船所のコンサルタントをしていたことがあります。

船の本体は、厚さ約30㎜の鉄板が基本の部品になります。船は甲板は平らな板で、それ以外はほとんど丸みをおびています。その源流となる部品加工は、畳の1畳から6畳ぐらいの大きさの鉄板を加工し、その1枚1枚を溶接で結合し、ブロックという組付モジュールに進んでいきます。

加工精度が悪いと、鉄板と鉄板の間に隙間が生じて、一度の溶接で加工できなくなります。韓国や中国の造船所では加工精度が悪いので、溶接前に油圧ジャッキを使用して隙間を修正しながら加工するので、加工時間は日本の倍近く必要になります。

●鉄を熱し、鉄を冷やす

加工モジュールの加工は簡単ではありません。溶断された平らな鉄板を、バーナーで熱しては、水で冷やすことを繰り返します。鉄の細胞を破壊しては固めるを繰り返しながら、微妙な温度調整で曲げる角度を調整するのです。

プレスで曲げれば簡単にいきそうですが、プレスで曲げただけでは、海上の温度変化で、もとの平らな鉄板に戻ろうとするので、この「炙《あぶ》り曲げ」という加工方法を取っているのです。

この几帳面さを要求される加工は、海外の技術者が行なうのはなかなかむずかしいと思います。日本でも「炙り曲げ」ができるオペレーターは年々減少しています。この造船所では、60歳を過ぎた方が多く、最近になってようやく20歳台の若手を育成しようとの動きが活発になり、マンツーマンでの訓練がされるようになりました。

●後工程のブロックを必ず確認する

この造船所の「炙り曲げ」の技術が、単に優れているだけではありません。加工後、60歳を過ぎた現場長は、自分で曲げた鉄板が、ブロック工程できちんと溶接できるかどうか必ず確認し、もし不具合があればすぐに対処し、次の加工に活かしていることが素晴らしいのです。

日本の造船の加工技術力

[大分県下ノ江造船にて]

造船の中でも一番小さな炙り曲げのシーン。この小さな部材の精度が一番重要になる

ドックの中でブロックとブロックを溶接していく

船底から上に向かってブロックを積み上げていく

section 38

TOCを活用する

制約条件理論を活用して、流れを乱す工程を絞り込んでいく。

●ネック工程の前には停滞が発生する

ＴＯＣとは、Theory of Constraintsの略で、日本語に訳すと、「制約条件理論」になります。

工場の生産性は、制約条件となるネック工程のスピードで決まる、ということです。

たとえば、３つの工程で製品が完成するとします。第1工程の産出スピードは1台当たり30秒、第2工程も30秒、そして第3工程だけが40秒だとします。さて、ネック工程はどこでしょう。答えは第3工程です。

このまま、それぞれのスピードで生産を進めていけば、当然ネック工程である第3工程の前に仕掛かりが増え、停滞となります。

●ネック工程を絞り込む

そこで、「流れを乱すネック工程の前には停滞が発生する」という原理を利用して、工場の中の停滞発生場所を探します。

たぶん1箇所ではないでしょう。複数ある場合は、そのすべての工程産出スピードを測定します。その中で一番遅い工程がネック工程となります。

スピードが遅いとムダも停滞し、ムダが停滞すると不良の芽が出てきます。

●すべての工程をネック工程のスピードで流す

ネック工程の生産数が、全体の生産数を決めることは理解できたと思います。ならば、ネック工程よりも速く作ることは、ムダなエネルギーを使うことになります。

人の入れすぎや、機械の使いすぎを抑えて、全体の工程スピードをネック工程のスピードに合わせれば、工場の停滞が消えます。

●ネック工程を改善する

停滞が消えたら、ネック工程を改善します。工程の産出スピードを上げるために、工数を削減するのです（削減方法については後で説明します）。

そして、そのスピードにすべての工程を合わせていきます。

以上のサイクルを繰り返すことで、停滞を抑えながら産出スピードを上げることが可能となります。

工場の生産性は、ネック工程の能力以上は向上しない

手順１　制約条件を見つける

①制約条件発見のための現場診断
HT（ハンドリングタイム）、MT（マシーンタイム）の測定。停滞の数をチェックする
②必要工数の計算
③バッファーの設定
制約条件工程の前に設定する

手順２　制約条件を徹底的に活用する

①可動率100%をめざす（セクション81参照）
②ゼロ段取りの実施（第６章参照）
準備、交換、調整の３つのムダに的を絞り、３分を切る段取り時間にする
③組立ラインの場合は、順次段取りにする
④工程不足は、残業・早出でカバーし、設備は社内で改造し、能力を向上させる
⑤HTのMT化を実施する
手扱い作業時間を自動化に改善する

手順３　全工程を制約条件の工程スピードにする

①後工程引き取り方式（プル型）と、押し出し方式（プッシュ型）を使い分ける
制約条件工程から上流工程はプル型にし、制約条件工程から下流工程はプッシュ型にする
②第２第３の制約条件工程をフル稼働させる
あくまで制約条件のスピードでフル稼働にするので、実際は少人化、設備計画停止状態になる

手順４　制約条件工程の工数削減

手順１～３で工程スピードのバラツキがなくなる。ここでようやく、制約条件工程そのものにメスを入れることができる

切口があれば、ムダをとりやすい

改善の切口を決める

6項目の改善切口を準備した。思い悩むより実践してみること。そうすれば次の改善案も出てくる。

①工程別ムダとり

小改善から着手し、日常業務の中に改善活動を定着させましょう。小集団活動も1つの手段です。チーム別に改善目標を設定して、半年に一度は成果発表会を開催しましょう。

②手待ちのムダで切る

現場を見て一番わかりやすいムダが、手待ちです。

このムダはオペレーターが悪いわけではありません。工程設計の悪さが手待ちとして現われるのです。

工程スピードのバラツキや、機械と人の組み合わせが合わないのが主な原因です。ライン編成効率を計算すれば、数値で悪さがわかります（くわしくはセクション41で解説します）。

③在庫や仕掛かりのムダで切る

ロットの大きさを小さくしてみましょう（小ロット生産にする）。

ただし、ロットの大きさを小さくすればするほど、段取り替え回数は増加するので、同時に段取り改善も必要です。

④少人化で切り込む

生産性2倍を目標とし、結論発想法で行動します。

現在4人で50台生産しているならば、2人で50台、または4人で100台生産することを目標とします。

現状だけを見れば、「そんなのムリ」と思ってしまうので、結論発想法（セクション54参照）で、「やるためにはどうすればよいか」で現場を観察します。

⑤段取り替え改善から切り込む

設備中心の加工モジュールでは、3分未満で行なうゼロ段取りをめざします。

人中心の組立モジュールでは、1サイクルごとに1工程を切り替えていく、順次段取りを行なうようにします。

⑥1個造り生産方式にする

強引ですが、会社トップの号令のもと、工場全体に1個造り生産方式を導入します（セクション29参照）。

たぶん最初はものが流れないでしょう。

そこが改善すべきところです。

改善はやった者勝ち

切口があればムダをとりやすい

↓

6つの改善切口

↓

おすすめ切口着手順

↓

第1位　在庫や仕掛かりのムダで切る

a．工程の入口、出口に注目する
b．工程内に停滞品がある場合は工程設計見直しが必要
c．ロットの最大容量を小さくする

↓

第2位　手待ちのムダで切る

a．素直に現場を見る
b．作業者別に工数設定のバラツキがないかチェックする
c．隠れた手待ちもチェックする

↓

第3位　少人化で切り込む

a．手待ちのムダを受け、必要工数と実工数の比較をする
b．目標は1人当たり出来高2倍をめざす

↓

第4位　段取り替え改善から切り込む

a．準備、交換、調整と3つのムダに区別する
b．まずは、10分未満のシングルをめざす
c．次に3分未満のゼロ段取りをめざす

↓

第5位　工程別ムダとりから切り込む

a．1チーム3～4名の小集団で活動する
（くわしくはセクション92参照）
b．HTに注目する

↓

第6位　1個造り生産方式にする

a．改善はトップダウン型が成功する
b．「1個造り」とは「ムダの表面化技術」のこと
c．1個ずつ流すと、これまでのような生産活動ができなくなる。それがムダである

section
40

1台1台の産出時間を見てみよう

CT（サイクルタイム）生産になっているか

不良はあらゆるバラツキの集合体。その中でも時間のバラツキから不良が見えやすい。

●CT（サイクルタイム）とは

CT（サイクルタイム）とは、1台当たりの産出要求スピードのことです。稼働時間を生産要求数で割れば、1台当たりのCTが出ます。

1日同じ工数の製品を生産するのであれば、1日の稼働時間を必要数で割ります。

1時間ごとに工数の違う製品を生産するときは、その時間ごとにCTを割り出す必要があります。

意外なことに、日本の多くの工場では、このCTの設定がありません。自動車工場のように、1日同じ製品を作り続けるのであれば管理しやすいのですが、多くの製造業は変種変量の生産だからかもしれません。

●CT生産の前提条件

サイクルタイムのサイクルとは、回転するという意味です。1ラインが4工程で設計されていたら、入口である1工程から4工程まで1台ずつ流します。そして、また1工程目に戻ります。これが1サイクルです。

そして、このサイクルを繰り返します。決して2台流したりしてはいけません。またラインの形は、サイクルの動きがとりやすいように、「入口と出口を近くにする」Uラインが理想的です（Uラインについては、セクション65～67でくわしく解説します）。

●ものの流れは血液の流れと同じ

健康な人の血液はサラサラと流れています。血圧も安定し、血管に負担がかからないので病気にもなりにくい体質です。

ものの流れも血液と同じで、一定のスピードで安定して流れていれば、不良は発生しにくいのです。

●時系列分析

CTのバラツキを確認する方法に「時系列分析」があります。1台ずつ産出される間隔の時間を、連続して記録するやり方です。

1台目が産出されてから2台目が産出されるまでの時間、2台目から3台目が産出されるまでの時間というように記録していきます。これに山と谷があれば、異常発生がわかります。

CT生産とは？

$$\text{CT}\ (\text{サイクルタイム}) = \frac{\text{稼働時間}}{\text{必要数}}$$

＝１台当たりの産出要求スピード

現場で「見える」ための小道具

サイクルタイムランプ

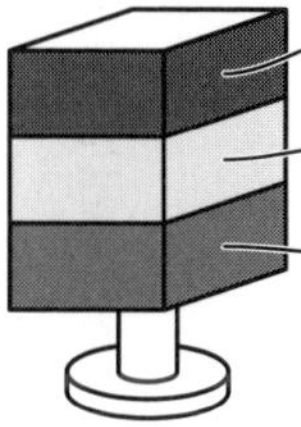

赤　サイクルタイムオーバーで点灯する

黄　サイクルタイムオーバー５秒前で点灯する

青　サイクルタイム内で点灯する

サイクルタイムランプに時計を付ける

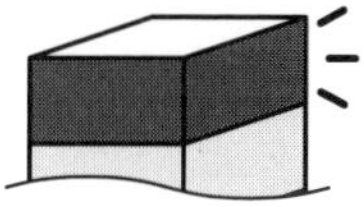

赤が点灯したときのみ時計が動くように工夫する

サイクルタイムに対する、実稼働時間のオーバー分がわかる

CT時系列分析

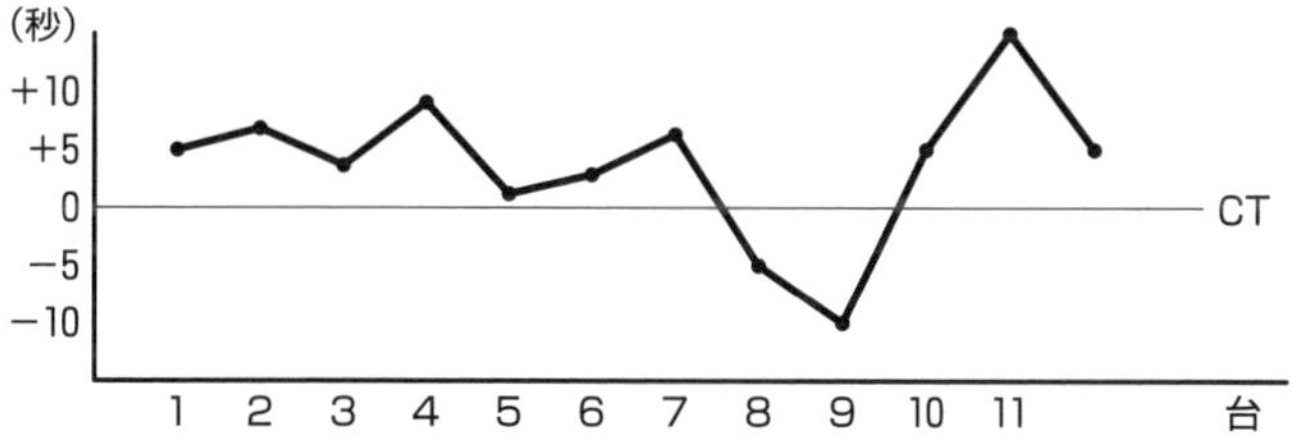

山と谷のときに、どんな作業をしているか確認する。谷の場合は、だんご生産している場合が多い

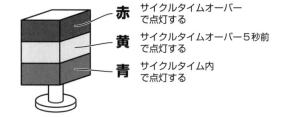

section
41

ベルトコンベアの前の作業者の効率は?

ラインバランスは100%か

どうすれば手待ちのムダをなくすことができるか。

●1人1工程持ちの直線ラインではムダをなくせない

１９９７年の春、カメラやプリンターで有名なC社の社長が、「組立工場からベルトコンベアをなくせ」という号令を発しました。

当時の日本の多くの工場が、「リエンジニアリング」などのアメリカからの刺激を受け、「改善」が再流行しはじめた年ということもあり、C社の社長の号令には、製造業はもちろんのこと、マスコミも注目していました。

ベルトコンベアのメリットは、工程と工程を同じリズムで運搬することができることにあります。前提条件は、当たり前のことですが、各工程の工数が同じことです。もし工数にバラツキが生じれば、すぐに前後の工程に影響が現われ、ライン全体に伝染していきます。

あるとき、C社の社長が工場を歩いていて、ベルトコンベアの前で立ち止まり、「なぜ彼女の作業スピードはゆっくりなのかね」と、工場長に尋ねたそうです。隠れた手待ちを発見したのです。

●ラインバランスを計算してみよう

左図を見てください。５名のオペレーターがコンベアの前にいます。実工数を調査したところ、左のAさんからEさんまで、10秒、10秒、20秒、15秒、15秒だったとします。

ラインバランスEを求める方程式に、この5名のデータを入れて計算してみましょう（EとはEfficiency（効率）の頭文字です）。

分子のΣHTは総工数ですから、70秒になります。分母のmaxHT（マキシマムハンドリングタイム）はCさんの20秒で、これに5名を掛けると１００秒になります。

結果、１００分の70なので、Eは70%になります。

つまり、30%の投入工数がムダということです。

「コンベアをなくせ」という社長の命令の真意は、「ムダをゼロにし、Eを１００%にせよ」ということだったのです。

ラインバランスの計算法

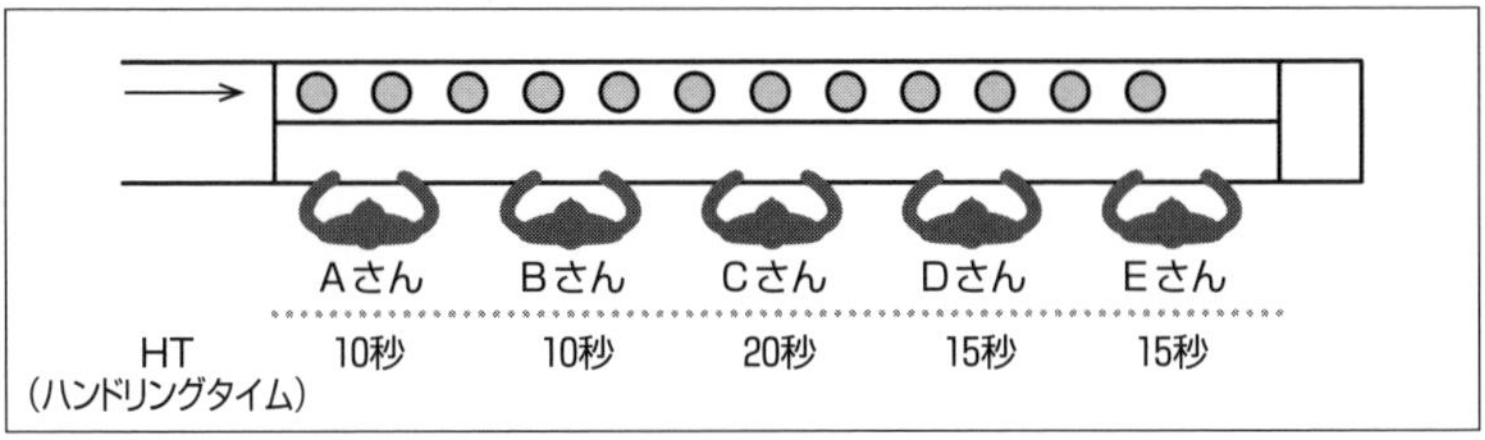

ラインバランスを計算してみる

$$E = \frac{\Sigma HT}{maxHT \times N人} \times 100\%$$

に、上図のデータを入れる

1．分母maxHT×N人を計算する

maxは、Cさんの20秒。N人は実人員のことで、ここでは５人となるので、

20秒 × 5 = 100秒　となる

2．次に分子のΣHTを計算する

５人のHTの総和なので

10秒 ＋ 10秒 ＋ 20秒 ＋ 15秒 ＋ 15秒 ＝ 70秒　となる

3．分子÷分母

70 ÷ 100 ＝ 0.7
0.7 × 100 ＝ 70%　となる

30%のHTはムダということになる

4．実際の現場では

①Cさんの前に仕掛かりが増える
②そのときに、改善をすぐに実施すればOK
③改善をせずにそのままにしておくと、AさんとBさんの動作がゆっくりになる（隠れた手待ちの状態）
そして、DさんとEさんの動作もゆっくりになる

「縦割り、縦持ち」にレイアウトする

「割り」とは設備配置のこと。「持ち」は人員配置のこと。

●一般的には横割り、横持ちが多い

横割りとは、「工程別レイアウト」のことです。たとえば、あるものを加工する工程が、切断、プレス、研磨の3工程だったとします。生産量も多く、それぞれ複数の設備を持っています。切断機は2台、プレス機4台、研磨機が2台あります。横割りのレイアウトは、工程別のかたまりになるので、切断機が2台並び、少し離れたところにプレス機が4台並んで、また少し離れたところに、研磨機が2台並ぶことになります。

同じ設備が並んでいるので、操作やメンテナンスだけを考えれば、作業がやりやすいと思いがちですが、ものの流れから見ると、運搬と停滞を繰り返すのでよいレイアウトとはいえません。また、このように工程ごとに離れているレイアウトのことを、「離れ小島」とも呼んでいます。船（運搬台車）がないと、次の工程にものを運ぶことができないからです。

●縦割り、縦持ちのレイアウト

縦割りとは、「商品別レイアウト」のことです。前記の事例で説明すると、切断、プレス、研磨の3工程で商品に価値が生まれるのであれば、その3工程をまとめたもので、ひとつのレイアウトを構成することになります。

そして重要なことは、ものの流し方にあります。1個切断したら、次の切断品を切断機に仕掛け、作業者は切断終了品を持ってプレス工程に移ります。同じようにプレス終了品を持って、研磨工程に移動します。研磨終了後、切断に戻ります。これが全工程の1サイクルになります。ものは「1」の単位で流れ、人は、多工程を担当します。以上のレイアウトと人員配置を「縦割り、縦持ち」といいます。

●モジュールを超えての縦割りはできない

自動車工場で、加工、組み付け、組み立てと、工場がそれぞれ分かれているのは、加工モジュールの中では縦割りができますが、加工モジュールと組付モジュールを1つにして、縦割りを組むことはできないからです。

横割り、横持ち

多くの工場は、このパターンになっており、図のように何通りもの経路が発生する。

経路が多いので品質管理もむずかしくなる。

また、工程と工程の間には停滞が発生しやすい。理由は、各工程ごとに産出スピードが異なるからだ。

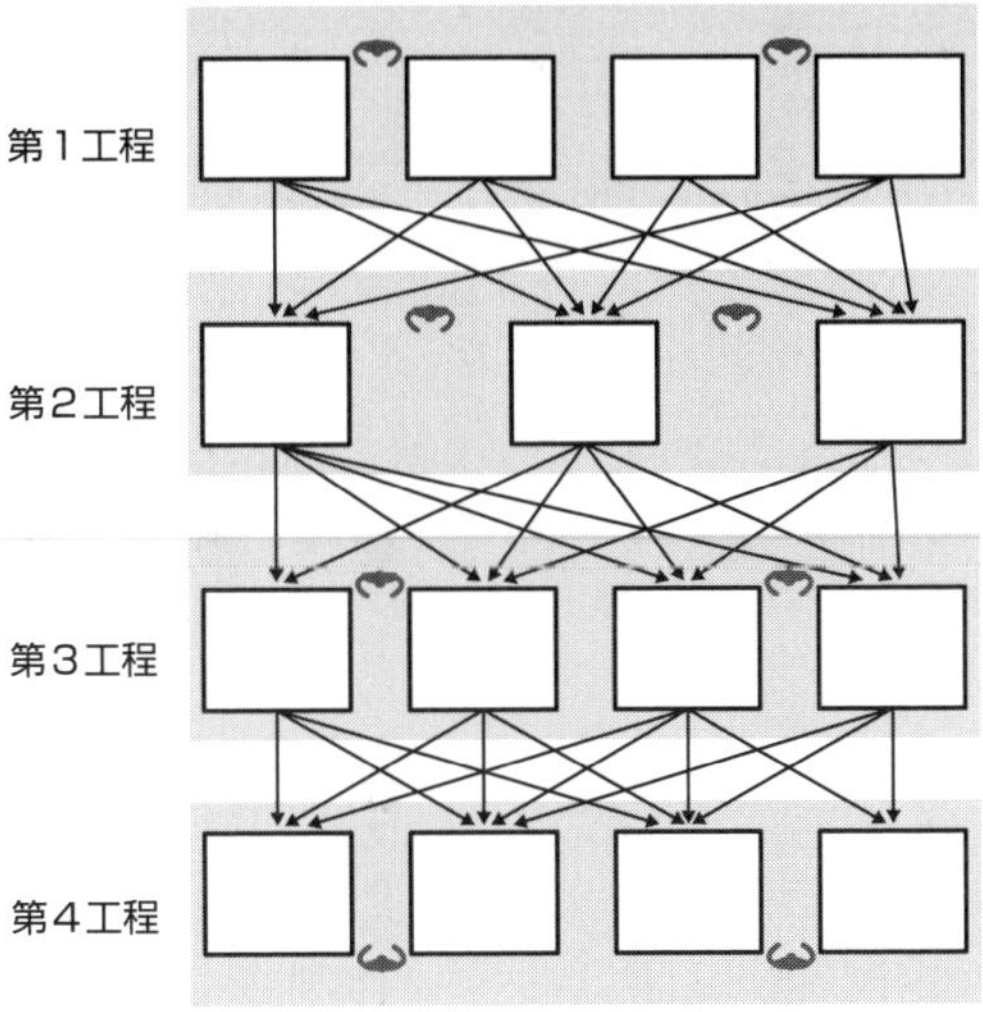

縦割り、縦持ち

できる限り、このパターンにしたい。

工程を連結することになるので、運搬、停滞のムダをとることができる。

それには1個作りが前提条件となる。1人で多工程を受け持つ場合は、多能工の訓練も必要になる。

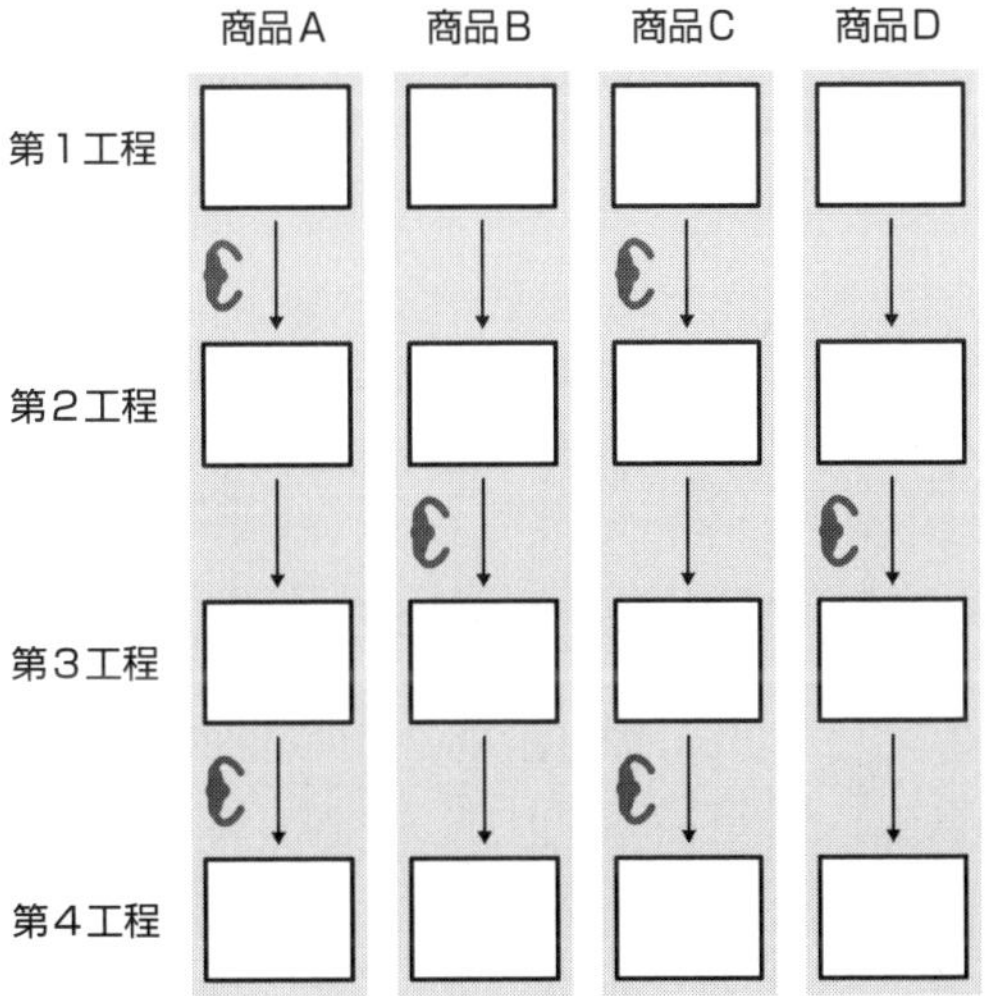

section 43

箱を重ねたら、一番下の部品は古いままになってしまう

ストアーはフローラックにする

コンビニエンスストアのペットボトルは先入れ先出し。

●品質管理の基本は加工順に組み付け、組み付けた順に組み立てる

工場診断の依頼を受け、はじめて診断する工場のほとんどは、部品や工程途中の仕掛品の箱が重ねて置いてあります。

重ねてあると、作業者は上の箱の部品から手をつけていきます。そして次の工程では、先に手をつけたものが下になります。工程が進むたびに着手順が上下してしまうのです。

これでは、加工品質を着手順に追うことができなくなり、もし不良が発生した場合は、良品と不良品の区分けができません。

基本は、前工程の着手順に次の工程も着手していくことです。そうすれば時系列的に寸法の変化を追うことができます。

●ストアーとは

「必要なときに必要なものを必要なだけ作る」、このときに使用される部材置場のことをストアーといいます。ストアーは製造ラインサイドに設置されます。運搬のムダを省くために、製造ライン内に設置されていれば問題ありません。

倉庫との違いは、「必要な」の考え方です。

コンビニエンスストアも、同じ考え方で運用されており、主に食料品ですが、1週間で1個以上の売上げがない商品は、棚からおろされることになっています。

●フローラックにする

そして、重要なのが先入れ先出しのしくみづくりです。普通、誰でも手前から、また、上からものを取ります。生産活動中にわざわざ下の部品が古いからといって、上のものをどけてまで取る人はいません。

そこで、誰でも定位置で先入れ先出しができるようにするための道具が「フローラック」です。フローは流れ、ラックは棚。「ものが流れる棚」のことをいいます。棚の大きさ（容量）を制御すれば、棚に入る部数も管理できます。絶対条件は容器を重ねないことです。

ストアーと先入れ先出し

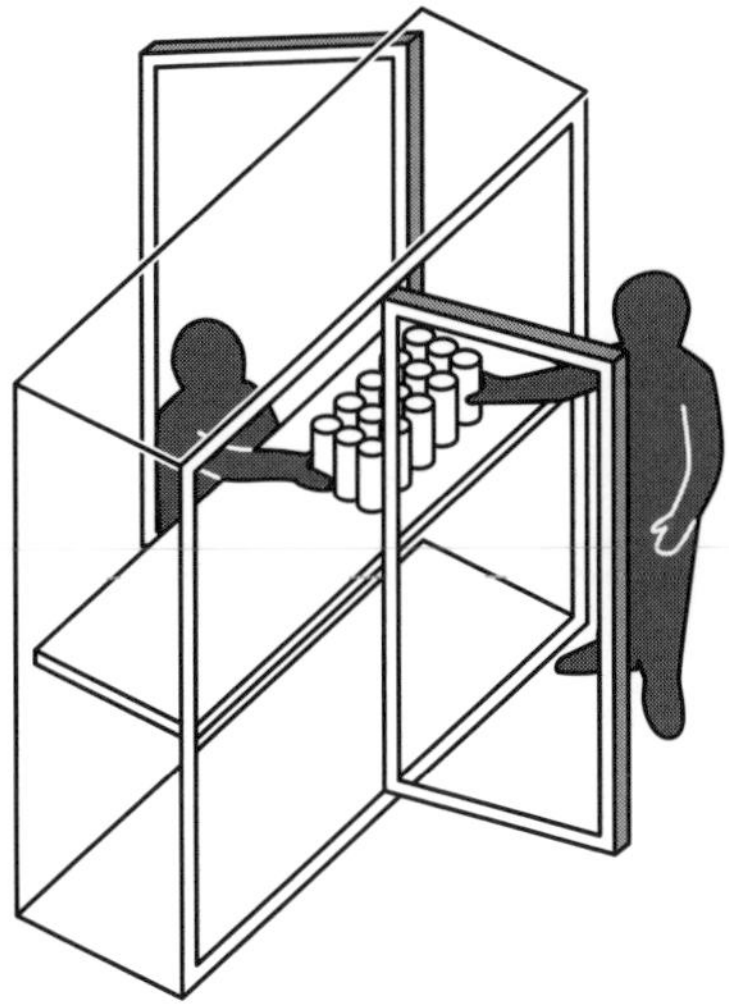

コンビニエンスストアの冷たい飲料水は、先入れ先出しのフローラックになっている。そして売れるもののみを冷蔵している

写真1は、動くストアーである。左側に作業台があり、使用される部材を、使用される数量だけ配膳するための小道具である
写真2は、動くストアーの詳細

写真1

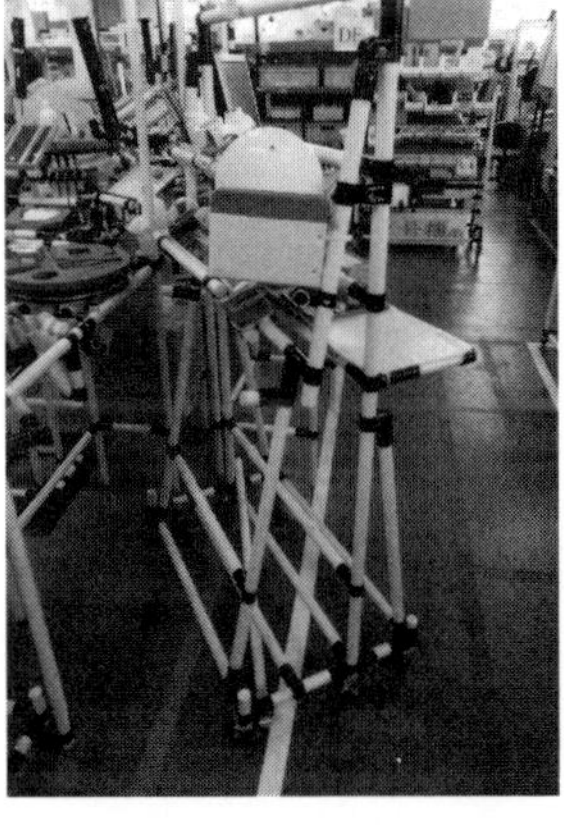

写真2

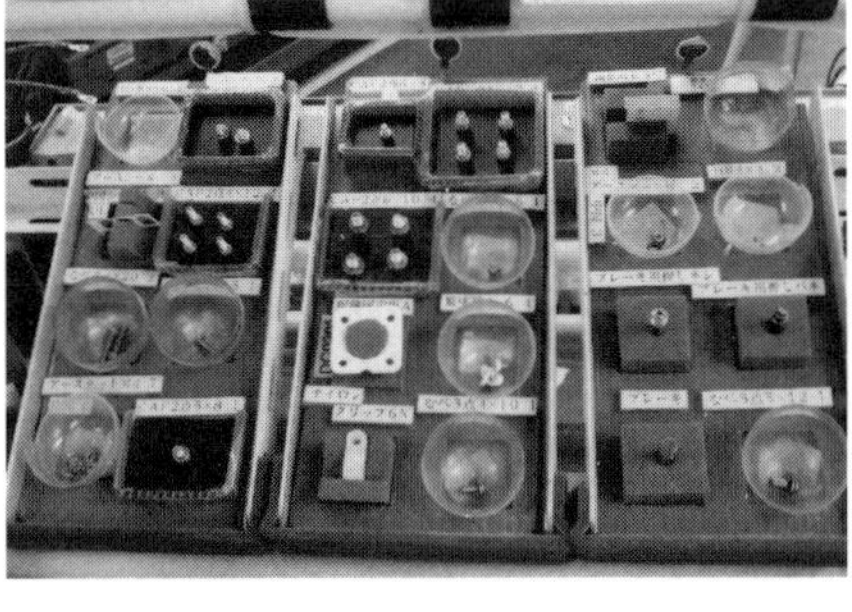

[写真提供：㈱MDI]

section 44

はじめに容器ありきはダメ

フローラックの容器の工夫

加工ロットの大きさを使用する容器に合わせるのは、やってはいけない行為である。

●部品ごとに容器を設計する

ストアーのフローラックに部品を配膳するときに、部品を容器に入れる必要があります。

その容器は、部品ごとに設計することがポイントです。

①大きさを決める

加工ロットの大きさから容器の大きさを決定します。

「一般に売っているパーツボックスが工場にあるので、その容器に入る数をロットの大きさにしました」は絶対に不可です。

②容器の数を決める

できる限り容器設定は少なくしましょう。なぜならば、容器は、仕掛在庫の元になるからです。

1つの容器が使い終わったら、次の部品を配膳するサイクルでものを回しましょう。

③部品同士が接触しないこと

部品と部品の間に仕切りがないと、運搬中に部品同士が接触してしまい、キズ不良の原因になります。

④取りやすい容器にする

仕切りの方法も、部品が動かないようにギリギリに設計してしまうと、部品が取りづらくなってしまいます。

●組み付け、組み立ての方向を考慮する

意外に見落としているしくみが、「組み付け、組み立ての方向」です。

容器の大きさも決まり、部品のキズも防止でき、フローラックで先入れ先出しもできるようになりました。しかし、その部品の置き方で、本当に製造ラインでは組み立てしやすくなったでしょうか。

一度手に取った部品を、そのまま直接、製造本体に取り付けられればいいのですが、一度取ってから持ち替えていたら、部品の置き方に問題があることになります。

「部品の置き方を見れば、組み立ての完成が想像できる」、そんな置き方が基本になります。

プラモデルに付属されている組立図のようなイメージをもって、置き方を工夫するといいかもしれません。

容器を甘く見てはいけない！

下の写真は、医療機器メーカー㈱MDIの現場を撮影したもの。1ロットの大きさは1台。部材も1台ずつ配膳される

写真1

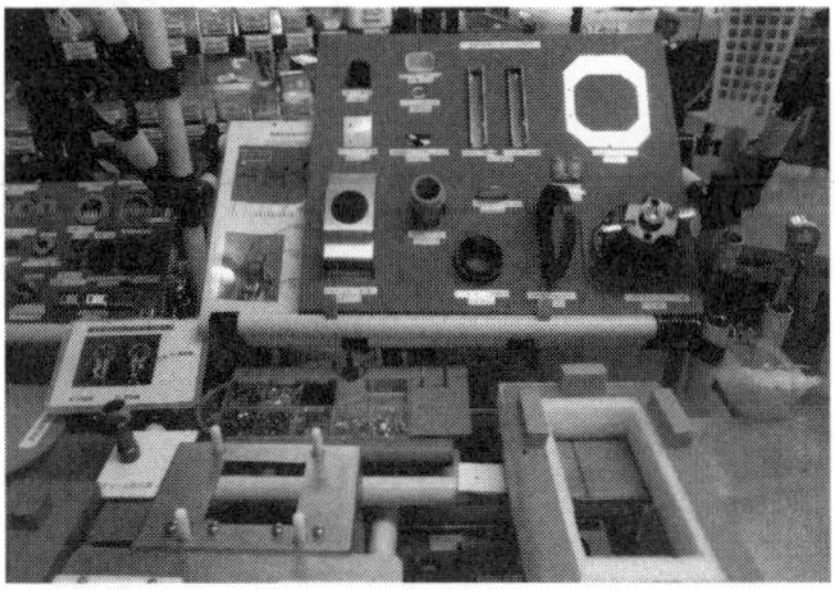

作業台に部材が配膳されているようす。部材と部材がぶつかることはない。かつ、取り付ける向きに入れられている

写真2

中央に治具がある。部材を取り、治具の上で作業する

写真3

この工程の完成のようす

section 45

モジュール別に工程設計されているか

組付品を組み立てる

工程のモジュールが混入すると「仮置き」が発生する。

●製造現場をチェックする

工程のモジュール（加工モジュール、組付モジュール、組立モジュール）を中心に現場をチェックしてみてください。

組付モジュールで加工していないか、組立モジュールで加工や組み付けをしていないか、です。

モジュール別にきちんと工程設計されていると、左図の組立工程図のようになります。

工程ナンバー⑧から㉗までのまっすぐな線が組み立てになります。途中に停滞の記号はありません。

また、その右側の①から⑥の線と、⑲から㉑が組み付けになります。加工は省略していますが、加工後の投入として、左からステーター鉄板、チップ、鉄基盤、プリント基盤などがあります。

工程図を1本の木にたとえると、わかりやすいでしょう。幹が組み立て、枝が組み付け、葉が加工モジュールになります。

●モジュールが混入すると停滞が発生する

組立ラインに組み付けが混入すると、工程図を見てわかるように、順序的に組み付けが終了しないと組立てができませんから、主となる組立品を一度ストップさせて組み付けることになります。組付ラインに加工が混入した場合も同じ現象が起きます。

図の中にも、加工と組み付けの間、組み付けと組み立ての間に停滞の記号が入っています。この停滞記号の部分が主となる製品をストップさせることになります。

このストップは、ライン上では「仮置き」という現象で現われます。一度手にしていたものを置いて、違うものを手に取って作業しなければならなくなるのです。

この「仮置き」は作業リズムを乱す要因になり、それが同じ場所に2台以上となると、「作業忘れ」や「工程飛ばし」といったポカミスの原因になります。作業途中の「仮置き」を、作業終了と勘違いしてしまうからです。

仮置き発生は、工程設計に原因がある

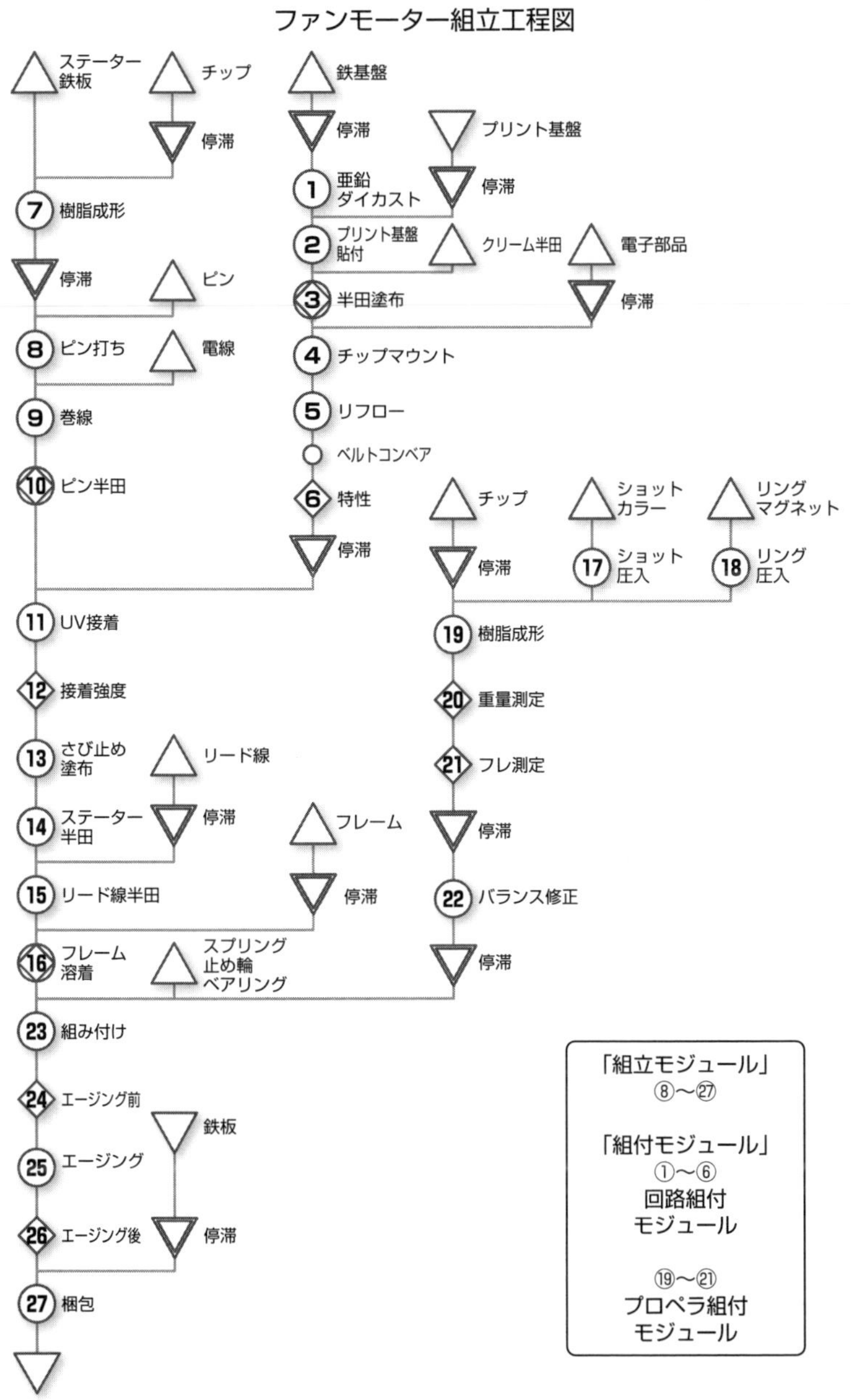

section 46
自動ラインで生産すればコストが安くなる?

専用ライン、共用ライン、汎用ラインの決め方

携帯電話のように、開発サイクルが短い商品を自動ラインで生産しようとすると失敗する。

●PQ分析

造船業の商品サイクルは約20年と言われています。また、携帯電話などは1年ごとに新製品が発売され、なかには毎年買い替える人もいますが、10年以上同じ携帯電話を使い続けている人もいます。

人の価値観も様々に変化しているので、ものづくりの現場では、設備投資のやり方を誤ると大変な結果になります。事実、私が暮らしている山形県は弱電メーカーが多く、自動化の設備投資が過剰となり、倒産したり、買収されたりする工場がみられました。商品サイクルの期間に合う設備償却の計画をきちんと立てなかったことが要因の一つです。

そこで、本書の読者の方には、そのようなミスをしないように、ぜひ「PQ分析」という手法を学んでほしいと思います。

左図を見てください。横軸にP（Products：製品）、縦軸にはQ（Quantity：数量）を取ります。製品の種類と生産量の2点から見て、どのようなライン設計をしたらいいのかを検討するための分析法が、このPQ分析です。

●大きく3つに分類する

左図は、多品種少量生産の典型的なパターンの図です。

Aのゾーンは、品種は少ないが、生産量が多い製品です。ライン設計で重要なのは、固定費と設備償却費とのコストバランスになります。このAゾーンのコストの目安をMT（マシーンタイム）とHT（ハンドリングタイム）との比率で表わすと、8：2ぐらいになります。生産量が多く品種が少ないので、自動化に適している「専用ライン」になります。

ただし前述したように、新規開発サイクルよりも償却期間が短い範囲での設備投資が条件になるので、自社開発の自動化がポイントになるでしょう。

続いてBゾーンでは、製品種類がAゾーンの2倍以上になります。このBゾーンでは、MT：HTの比率が5：5のライン設計となります。当然、段

工程設計、HTとMTの設定方法

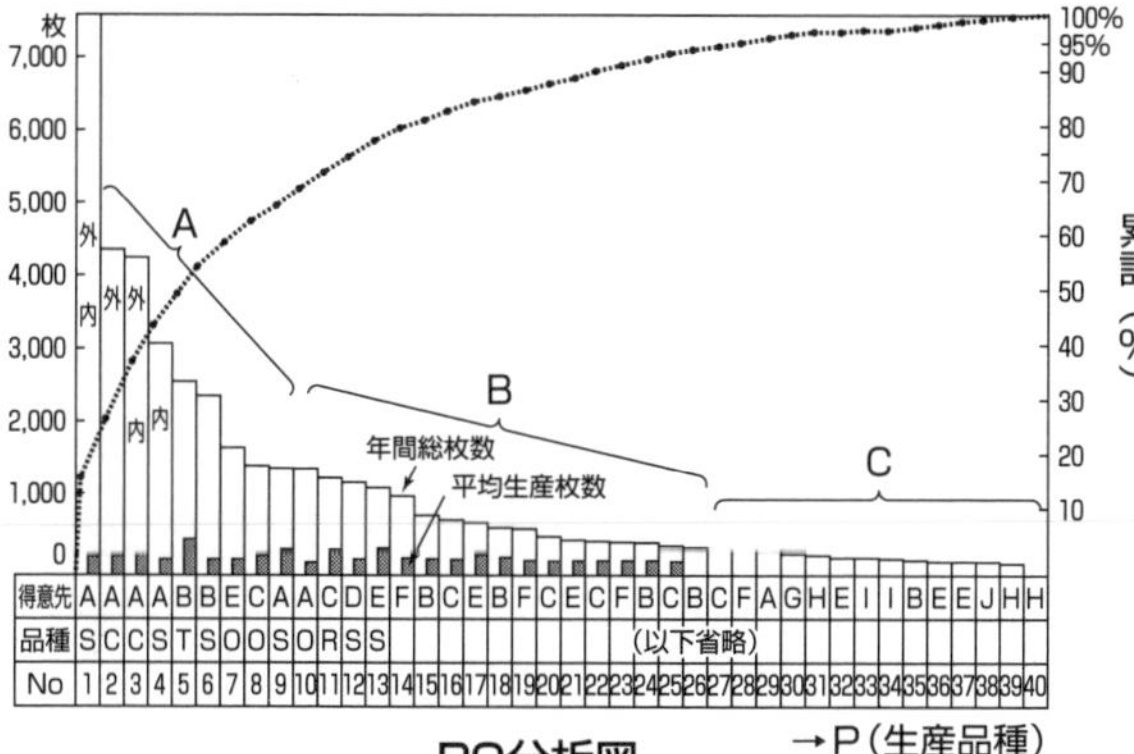

PQ分析図

Aゾーン(専用ラインの設計)
MT ： HT の比率
8 ： 2 くらいにする

Bゾーン(共用ラインの設計)
MT ： HT の比率
5 ： 5 くらいにする

Cゾーン(汎用ラインの設計)
MT ： HT の比率
2 ： 8 くらいにする

取り技術が必要となり、自動化を優先してしまうと失敗します。

　大きな自動化よりも、工程別の小さな簡易自動化と、それに使用される共用治具化がポイントになります。このゾーンは「共用ライン」になります。

　最後にCゾーンです。製品種類はBゾーンの4倍になります。これだけ多くの品種を生産する自動機を開発することは困難です。ですから、MT：HTの比率は2：8ぐらいになるでしょう。

　そこで自動機の代わりに「治具化」がポイントになります。手扱い作業がほとんどになるので、人による作業方法のバラツキを抑えるために、治具が必要になるのです。

　このゾーンは「汎用ライン」になります。

section 47

時間と数量の「標準化」

他社にまねできない。しかし自社では当たり前のこと。それが本当の標準化である。

●時間の標準化

時間の標準化は、ものづくりで一番重要なことです。

①始業時刻

始業時刻は、ものづくりをスタートする時刻のことで、付加価値を生むと同時に、コストも加算されていきます(給料が支払われる時間)。

セクション58でくわしく説明しますが、たとえば始業時刻になってから朝礼を開始する工場は、コストをムダに捨てていることになります。

②休憩時間

休憩時間の設定がなく、トイレに行くときも勝手に行き、勝手に喫煙室に行くのを許しているような工場がいまだにあります。

セクション41で説明したE＝１００％をめざすライン生産では考えられない工場です。

付加価値を生む時間とそうでない時間のメリハリをきちんとつけて生産活動をしたいものです。

③CT（サイクルタイム）の設定

セクション40で説明した、1台当たりの産出要求スピードのことです。現場で生産管理をするときに基本となる時間です。

④ΣHT（標準工数）の設定

1台当たりの総工数です。この工数は設計段階で決めるようにしましょう。

部品点数、加工要素（ネジ、ハンダ、接着など）から動作数を計算し、工数を設計するのです。そして、この工数をCTで割ると、必要理論人員が算出されます。

●数量の標準化

時間の次に重要なのが、数量の標準化です。

①ロットの大きさ

第1章で加工ロットについて説明しました。この加工ロットを基準として、運搬ロットの大きさを決める必要があります。

加工ロットの大きさは10台でも、運搬ロットは5台に設定すれば、停滞も半分になります。

同じように、部品を配膳する場合は、配膳ロットの大きさを決定する必

標準化の種類

時間の標準化

a. **始業時刻**　ものづくりのスタート時刻であること
b. **休憩時間**　2時間に1回は設定したい
c. **CTの設定**　要求スピードが明確になっている
d. **ΣHT**　標準工数が設定されている

数量の標準化

a. **1ロットの大きさ**　1度に加工する大きさが決まっている
b. **フルワーク設定**　仕掛かり数としての最大値
c. **ノーワーク設定**　〃　最小値
d. **容器設定**　数えるムダがない容器

ものの置き方の標準化（4S）　（セクション59参照）

決められた「場所」に
〃「もの」を
〃「順序・順番」に
〃「量」だけ置く

作業の標準化（4定）　（セクション60参照）

定位置での作業
定動作　〃
定時間　〃
定量　〃

要があります。

②フルワーク、ノーワーク
フローラックにものを並べて部品投入する場合、ラック上の量の管理をするしくみのことで、フル（いっぱい）ならば投入をストップし、ノー（ものがなくなる）ならば、投入指示のサインが出るようにします。

●ものの置き方の標準化

4S（4つのスタンダード）という標準化の方法があります。
くわしくは、セクション59で説明します。

●作業の標準化

4定という作業の基準があります。

くわしくはセクション60で説明しますが、アナログ的な表現をやめて、できる限りデジタル的に、「数値表現」でものごとを伝えるようにするのがポイントです。

section 48

シンクロナイズド・スイミングのようにものを流したい

「同期化」を実現する

全工程が同じスピードで流れれば、異常がすぐに見える。

●T自動車の組立工場

高級セダン車種CのM組立工場では、全工程のCT（サイクルタイム）が同じに設定されています。たとえば自動車1台を90秒ごとに産出するのであれば、タイヤが4本運搬されるタイミングも90秒、ドア4枚も90秒ごとに、エンジン搭載も90秒ごとにと、すべての工程のCTが90秒設定で生産管理されています。

そうすることによって、異常が時間遅れとして現われてくるので管理しやすくなります。

ある日、M工場を見学していると、艤装《ぎそう》工程（総組立工程）でトラブルが発生したらしく、ブザー音と同時にパトライト（回転灯）が点灯しました。

班長がすぐに現場に駆けつけ、処置を行なっています。しかし、なかなか再稼働しません。90秒経過すると、前後の工程もストップしました。さらに90秒後には、組立工程すべてがストップしました。また、さらに90秒後、今度は前工程である、ドア組付工程もストップしてしまいました。実に、素晴らしい光景でした。

●同期化は一番わかりやすい異常発見システム

同期化でライン連結していれば、異常発生時、自然とラインが止まります。なぜならば工程と工程の間には、仕掛かりが1台もないからです。ラインとラインの間に1台の仕掛かりをバッファとして持っているだけです。「すぐに処置をしないと、他のラインに迷惑をかけてしまう」。そのような気持ちが班長の目を現場や現物から離さないようにしているのです。

●同期化は設計と生産技術が一緒に活動することが必要

同期化を実現するには、現場の改善だけでは無理です。CTに合わせて、工程の設計を、加工、組み付け、組み立てと行なう必要があります。

まず、設計で部品点数から大きな同期化をし、次に生産技術で、HTとMTの使い分けで工数のバランスを取っていきます。最後に現場で秒単位の改善を繰り返していくのです。

同期化することによって異常が目立つ

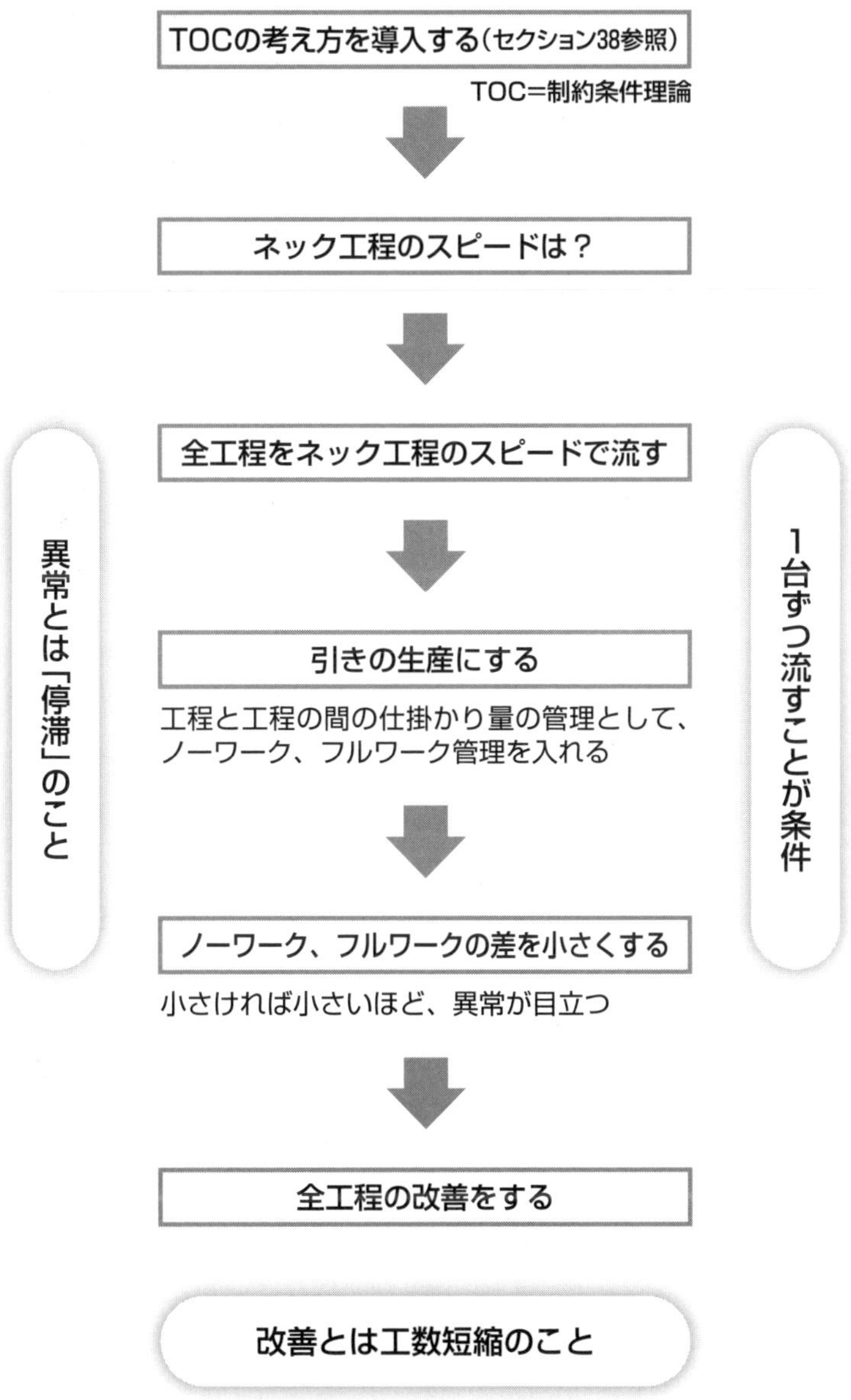
TOCの考え方を導入する（セクション38参照）
TOC＝制約条件理論
ネック工程のスピードは？
全工程をネック工程のスピードで流す
引きの生産にする
工程と工程の間の仕掛かり量の管理として、
ノーワーク、フルワーク管理を入れる
ノーワーク、フルワークの差を小さくする
小さければ小さいほど、異常が目立つ
全工程の改善をする
改善とは工数短縮のこと
異常とは「停滞」のこと
1台ずつ流すことが条件

section 49

受注が変動するので、平準化はムリ？

「差し立て」による平準化

お客様が待ってくれない商品を生産している現場は工夫が必要。

●平準化はコストを左右する

平準化生産は製品を安く作る方法の1つです。

種類と量のバラツキをなくし、少ない仕掛かりを達成することができれば、品質も見えやすくなります。

とくに、最終工程の平準化が重要になります。

最終工程にバラツキがあると、前工程は変動するピーク（生産量が多いとき）に対応できるよう在庫、設備、人員の準備が必要になります。前工程にいけばいくほど、それは大きくなるのです。

●自動車は平準化生産

自動車は、1日当たりの生産数を毎日同じに設定しています。週や、月によっては生産計画の見直しが入り、変動するかもしれませんが、毎日変動することはありません。

ですから、かんばん生産方式も成り立つのです。

受注量は変動するのに、生産量が変動しないのはなぜでしょう。それはお客様が商品の納品を待ってくれるからです。

自動車は、納車が半年後だろうが、お客様が辛抱強く待ってくれます。だから、自動車工場は平準化生産ができるのです。

●お客様が待ってくれない商品を生産する場合

今日受注したものを、今日生産して、今日出荷することを100％実現するには、受注のバラツキがないことが必要です。

しかし、現実には受注は毎日変動します。ですが受注と納期との間に2日以上の間隔があれば、ある程度の平準化は可能です。

左の写真は、1時間ごとに受注が変動する工場での生産計画のやり方をイメージしたものです。

「差し立て」といって、変動する受注の量を生産計画で平準化し、生産指示を1時間ごとに変えています。

この「差し立て」を見ていれば工場全体の進捗状況もわかります。

平準化生産ができる自動車工場

自動車工場は
１日当たりの生産量に変動がない

＋

部品の標準化が進んでいる

＝

かんばん生産ができる

ストアーの中にあらかじめ加工・組付品を確保している
組立工程で使用した分（かんばん）だけ、前工程で生産され、またストアーに入る

「変種変量生産の工場は？」
100%平準化生産は不可能である
しかし、受注のバラツキがそのまま生産のバラツキにならないようにする方法はある

↓

差し立て

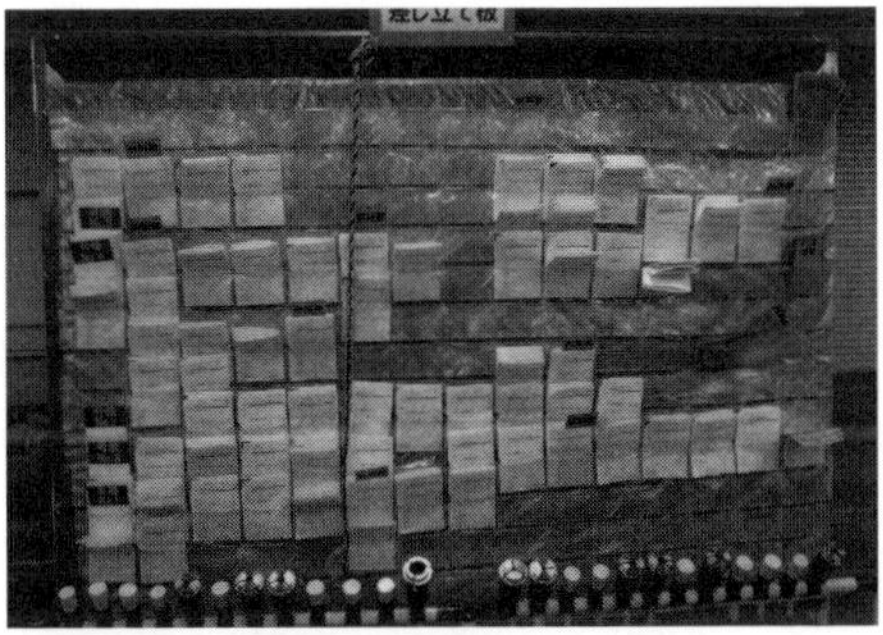

写真はS社工場の差立板である。
受注は日々変動する。出荷日も受注ごとにバラツキがある。しかし、出荷日別に整理して、着手管理していくと、生産量のバラツキが少なくなっていく。

COLUMN 5

鉄は夜明け前が、機嫌がいい

東京スカイツリー。全長634mの最上部は、150m近くが電波塔になっています。電波塔部分は、一番最後に、地上からリフトアップといわれる方式でじわりじわり持ち上げられていきました。

まっすぐ垂直に持ち上げていかないと、鉄柱にぶつかり不良になってしまいます。しかし、1日の気温差は10度以上あります。かつ、直射日光を受ける鉄柱の部分は膨張し、スカイツリーは傾きはじめます。その傾きも東から西に向かって方向が変化していきます。

垂直にリフトアップするためには、ガイドを取り付けるのですが、そのタイミングは太陽が昇ってからでは、どこを基準にしていいのか、わからなくなってしまいます。

そこで、一番鉄が変化しない時間を選んで作業が行なわれます。その時間は、夜明け前の午前3時から4時の間のようです。その時間帯にガイドを取り付け、リフトアップされます。

ガイドは、5㎝の円の中に常に中心がないといけないほどの精度だということです。それも634mの先端の精度です。

造船の「炙り曲げ」の工程でも同様のことを聞きました。前述した60歳を過ぎた職場長からです。

「曲げはいつやるのが一番やりやすいのですか」と私が尋ねたところ、答えは、スカイツリーとまったく同じ、午前4時とのことでした。

「日中熱くなって、勝手に鉄が暴れはじめるまえに、細胞をぶっ壊してしまえば楽なんだよ」とのことです。

日中の気温の変化に加え、日本には四季があり、1年間の気温変化は40度以上にもなります。そんな加工条件が変化する中、世界に誇れる製品を生み出すには、日本人ならではの几帳面さと自然から学んだ感覚が欠かせません。

造船所を訪れるたびに、現場の重要性を再認識させられます。

「鉄は呼吸する」ことをイメージしながら、エレベーターで最上階に立ったとき、神秘的な気分になることができると思います。壁に耳を当てたら、呼吸している音を聞くこともできるかもしれません。

第6章

品質は段取りのよし悪しで決まる

段取りは付加価値を生まない

段取り替え損失時間の実態把握

複雑な段取りを終えると何となく仕事をした感じになるが……。

●工程の源流側は設備中心の加工モジュール

前章までに、加工ロットの大きさを小さく、かつ停滞なく流すことが、異常を見えやすくするために有効な手段であることを述べてきました。

しかし、源流に近づくほど、設備は大型化し、後工程の要求に対応するためには、段取りは避けて通ることができません。

品質の悪い現場に共通していることに、1回当たりの段取り時間が長いことがあげられます。段取り時間が長いと稼働率が低下するので、一度にたくさん産出しようとします。そこから品質管理の悪循環がはじまるのです。

●段取りのムダの時間を数字で表わしてみる

左ページの「段取り替え時間実態調査表」を参考に、自社の段取り替えの実態を調査してみてください。ある一定の期間を決めて、設備別に調べるのです。一定の期間とは、作る製品が一巡する期間にすることが望ましいでしょう。

段取り発生の原因は、多品種少量の生産にあるので、前章で勉強したPQ分析も一緒に作成することをお勧めします。

とくに日本の製造業は、過去、円高とともに生産拠点が海外にシフトされていきました。PQ分析のAグループは海外に移管され、日本国内はB、Cグループの生産になってきました。

強い製造業の条件に、段取り技術が進歩していることが追加されるようになりました。

受注の大きさは小さくなり、納期は短納期になってきました。そこで、受注するたびに段取りを繰り返すことが当たり前の生産体制になることは確実でしょう。

左表を見てもわかりますが、加工時間の累計よりも、段取り時間の累計のほうが大きくなっている場合があるのです。

現場では一所懸命に働いているように見えても、中身は付加価値が生まれない動作の時間のほうが大きいのです。

段取り替えの時間

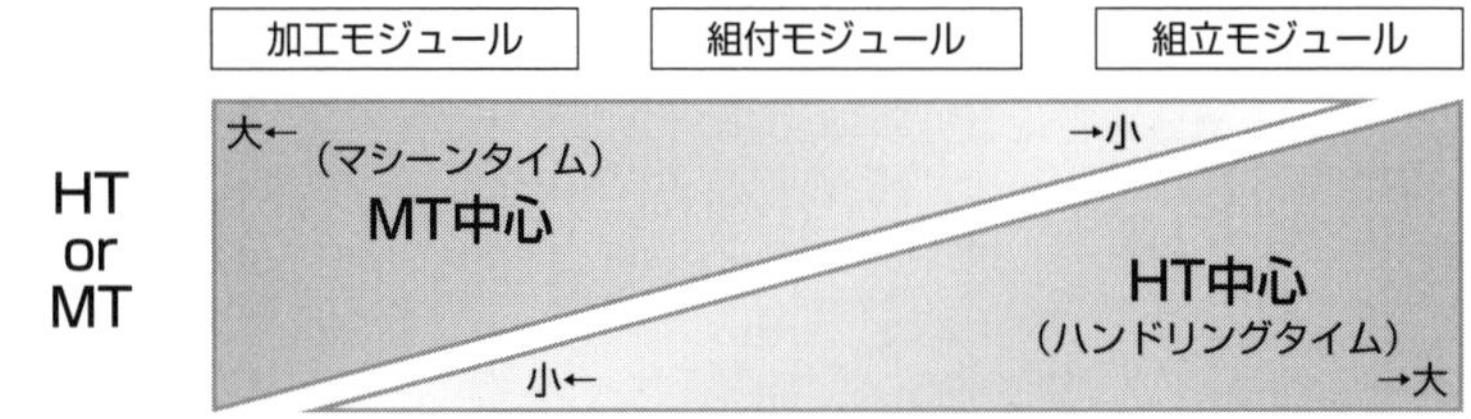

源流の加工モジュールは設備中心の生産活動、かつ大型になる（プレス機、成形機など）

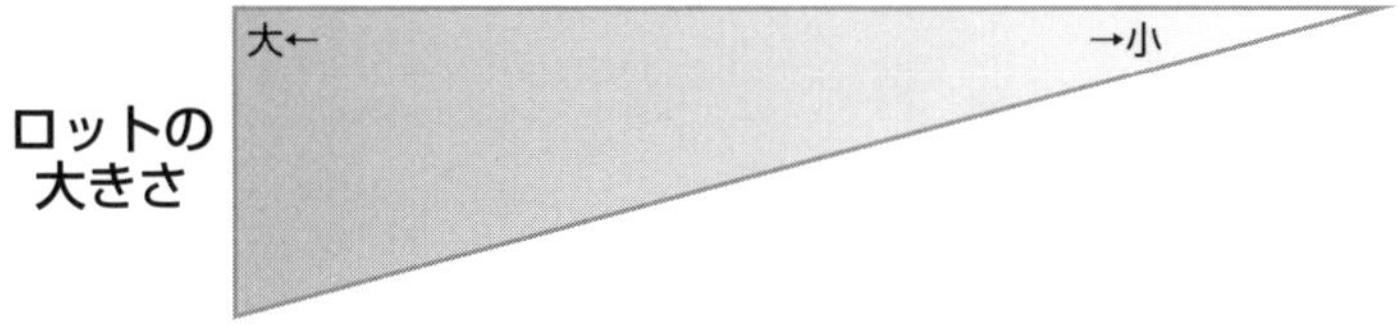

ロットの大きさも、設備が大型になるほど大きくなる。
段取りに時間を要するからである

段取り替え時間実態調査表（７日間）

調査項目／設備名	(A) 加工時間の累計	(B) 所要時間の累計	(C) 段取り時間の累計	(D) 段取り回数		(I)
M_1	1,033分	1,700分	1,151分	41		
M_2	968	1,370	1,336	56		
M_3	1,304	1,454	1,553	72		
M_4	880	1,028	1,743	54		
M_5	1,429	2,016	631	43		
M_6	1,831	2,679	352	83		
M_7	1,575	2,323	288	45		
M_8	1,956	2,528	374	39		
M_{29}	2,365	3,371	90	15		

(B)所要時間の累計は、加工時間＋段取り時間を除いたその他の時間

section 51

「長」の決意表明と改善推進チーム編成

改善はトップダウンでやろう！

改善活動がうまくいっていない会社は「長」の決意表明が必要である。

●「なぜ、段取り改善が必要なのか」をトップに理解してもらう

製造業なのに、なぜか会社のトップである社長がものづくりの現場を見ない……そんな傾向が十数年前から増えています。現場を見ていないのに、昔の大量生産時代そのままの考え方で、「生産性を上げるには、機械を止めないで連続で動かすに限る」と思っているトップがいまだに存在するのです。ものづくりのすべてのムダの原因が、不要な生産にあることも理解していません。在庫のムダが運搬のムダを生み、管理のムダを生み、そして、ポカミスまで生むのです。

そんなトップの会社であれば、一度、ぜひ現場に社長を案内して、悪いところを見てもらうツアーを企画しましょう。そして、段取り改善の必要性を理解してもらうべきです。

●段取り改善チームの編成

では、実際に段取り改善を実現するには、どうしたらいいでしょうか。それにはトップの指示のもとに、まず「段取り改善チーム」を作ることです。

チームリーダーは工場長がいいでしょう。サブリーダーは、生産技術部長（課長）、そのほかメンバーは、実際に段取りを行なう班長と作業員2～3名の、合計5～6名でチーム編成します。改善専任者は設けません。専任者がいることで、必ず改善ができると思いがちですが、ものづくりあっての改善です。ものづくりをせずに改善だけは不可能です。実際、私がサラリーマン時代、1個作り推進役となり、改善専任の任務を任されたことがありますが、現場を担当していたときのほうが、改善は進みました。

では、段取り改善の手順はどうしたらいいのでしょうか。

①「ライン別公開段取り」を計画し実施する

できる限り現場の人間を参加させて、公開段取りを実施しましょう。公開ですから、日頃の段取りを実際にみんなに見てもらうのです。生産活動中は、なかなか他人の仕事ぶりを見ることはできません。この公開段取りは、

段取りを改善する

1. 会社トップの決意表明
- 段取り時間と不良発生率は比例する！

2. 段取り改善チームの編成
- 専任化しない
- 1チーム5～6名

3. ライン別公開段取りを実施
- できる限り現場の人を参加させる
- みんなが生徒、みんなが先生

4. 週1回、公開段取りを実施
- 各ラインローテーションで実施
- 「見られる」ことは刺激になる

5. 月1回、いいとこ取り
- 横展開の実施

6. 3ヶ月に一度、模範公開段取りの実施
- 横展開のレベルアップ

段取り改善チーム

F社の公開段取り

新しい発見の場でもあります。みんなが生徒、みんなが先生になれます。お互いに現場観察をして、段取りのムダとりをするのです。

②週1回は公開段取りを実施する

みんなに見られる刺激は、人の動きを活性化します。公開段取りを実施するたびにそれぞれのラインで工夫するようになります。

③月1回、共通の段取り替え改善事項を協議し、横展開を計画する

人には、なぜか他人と同じことをしたがらない、他人の成功を素直に喜ばない傾向があります。改善も似たようなところがあります。そこで改善を工場全体の成果にするためには、チームリーダーの指示で横展開することが必要です。

④小改善の改善提案をする

⑤3ヶ月に一度、模範公開段取りを実施する

section 52

ビデオで公開段取りを撮影すると、同じ画面に集中できる

公開段取り時に現場観察、稼働分析をする

「段取り替えはすべてムダである」をもう一度、全員に周知させる。

①稼働分析のやり方

「稼働分析」のやり方を、プレス機の段取り替えを事例に、用語の説明もかねて解説しましょう。

①段取り時間とは、生産終了した金型を取り外し、これから生産するための金型を取り付け、試し加工後、1個目の良品が生産されるまでの時間をいいます。

試し加工に注目すると問題点がわかりやすいでしょう。

②稼働分析とは、段取り中の主体作業者（MAN）と、機械（MACHINE）の稼働状況を要素作業別に時間観測していくやり方です。

③分析のフォーマットは左ページの分析表を見てください。

④内段取りとは、プレス機の稼働を止めないとできない段取りのことをいいます。たとえば、金型の取り外し、取り付けなどです。

外段取りとは、プレス機が稼働中でもできる段取りのことで、次に使用する金型や材料の準備のことをいいます。

段取り改善のポイントの1つは、内段取りを外段取りに変換させることにあります。

ムダな動作とは、打ち合わせや、ものを探す動作、同じ動作を何度も繰り返す調整作業のことです。

⑤観察中、気がついた改善着眼（このようにすればいいかもしれない）は、必ずメモしておきましょう。

⑥慣れないときは、2人でやったほうがいいでしょう。1人は時間観測、もう1人は改善着眼の担当です。

繰り返すうちに1人でできるようになります。

②ビデオ撮影による分析

公開段取り中に、ビデオカメラを回しておきましょう。

10人集まって段取りを見ても、10人みんな違うところを見るでしょう。

そのような見方も重要ですが、狭い場所で細かい動作を分析する場合は、ビデオ撮影が有効です。

同じ画面をみんなで見ることができ、巻き戻して繰り返し見ることも可能だからです。

段取り替えはすべてムダである（段取り替えそのものは付加価値を生まない）

段取り時間

生産終了→旧金型取り外し→新金型取り付け→試し加工→良品産出

←→ これが段取り時間

内段取りと外段取り

内段取り……設備を止めないとできない段取り
外段取り……設備を止めなくてもできる段取り

稼働分析

プレス稼働分析表

No.	要素作業	読み時間 分秒	正味時間	分類 内	分類 外	分類 ムダ	改善着眼
(1)	スイッチを切る	24.02		○			金型へ取付ける ワンタッチ化
(2)	エアホースを外す	24.12		○			
(3)	エアホースを整理	24.40				○	
(4)	材料を金型から外す	25.15		○			
(5)	ストロークを下げる	25.23		○			
(6)	ボルトをゆるめる	25.43		○			
(7)	上型中央ボルトをゆるめる	26.08		○			
(8)	注油ホースを外す	26.22		○			
(9)	上型を外す	26.38		○			
(10)	下型のボルトをゆるめる	26.54		○			ボルトは外さない
(11)	下型ボルトを外す	27.19				○	
(12)	台車を用意、運ぶ	27.45				○	2人段替えの工夫
(13)	台車をボルスターに接続	28.07			○		

正味時間とは読み時間の差になる
「(2)エアホースを外す」は、
24.12－24.02
なので、10秒が正味時間になる

ビデオ撮影

分析に慣れるまでは、作業に追い付かないので、ビデオ撮影をしておく

section 53

段取りは複雑な動作をしているからむずかしい？

段取りを3つのムダに分類する

「準備」「交換」「調整」の3つのムダに整理するとわかりやすい。

●3つのムダとは

どんな段取りでも同じですが、とくにプレス機や成形機など、金型で加工する場合は、段取り内容を大きく3つに分類することができます。

それは、準備、交換、調整のムダです。

●準備のムダ

段取りは、準備することからはじまります。しかし、機械が止まってから、次に取り付ける金型を準備することはムダです。

ムダとりのポイントは、前項でも説明しましたが、内段取りと外段取りを区別して、できる限り外段取り化することにあります。

たとえば、次に取り付ける金型は、プレス機が稼働中に準備しておきます。材料も金型とセットで準備できるように、プレス配膳台車などを自社で工夫するようにします。

「準備できるものは前もってすべて準備せよ」が準備のムダとりのキーワードです。

●交換のムダ

交換とは、取り外し、取り付けの作業のことです。

生産の終了した金型を取り外し、次に生産する金型を取り付ける交換時間のムダを、最小にする必要があります。

金型は、ボルトナットをはじめ、ブロックやマッパ、スペーサーなど、さまざまな部品で固定されています（ブロックやスペーサーは、金型ごとの基準が明確に定まっていないために使用されている部品です）。そうした固定具を取り外したら、メインである金型を交換します。

このときに、準備のムダとりと合わせて、交換のムダをとるための改善案を出すとよいでしょう。

たとえば左ページ図のような段替え専門台車の製作を提案します。生産が終了した金型を取り出したら、台車を180度回転させ、新金型を押し出すようにするものです。

台車に高さ調整のための油圧ジャッキ機能を付加すれば、プレス機ごとの高さのバラツキも吸収できます。

「段取り」のムダを分類する

段取りのムダ

3つのムダに分類

準備のムダ　交換のムダ　調整のムダ

交換のムダとり実施事例

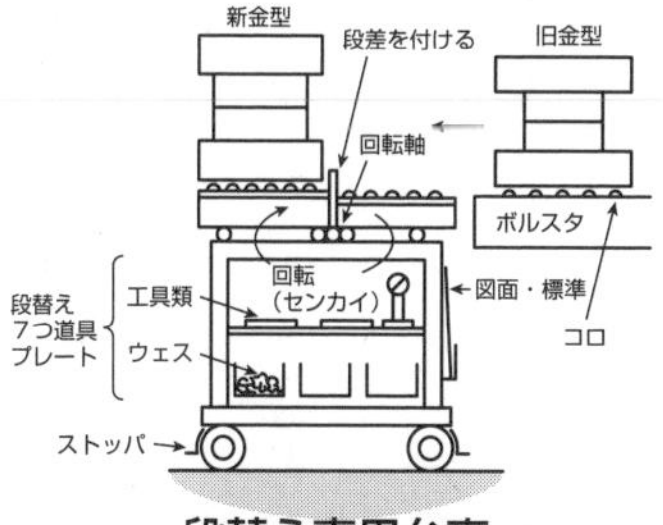

段替え専用台車

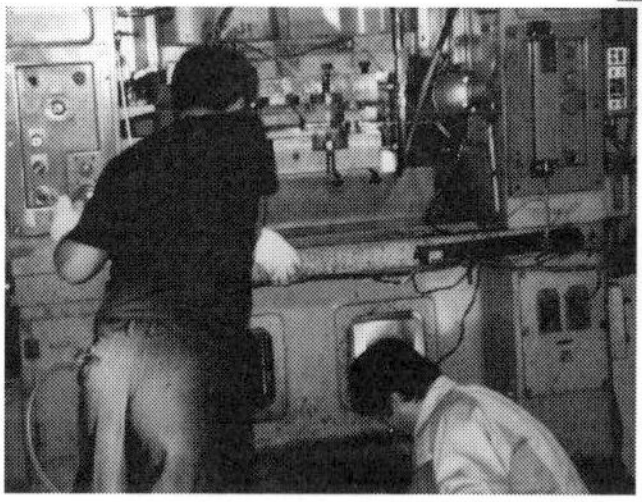

調整のムダ
「金型の交換は終了したが、良品が出てこない」

●調整のムダ

交換が終わり、新しい金型を載せることができたとしても、段取りはまだ終了していません。良品1個産出するまでが段取り時間だからです。

金型を取り付けてから、1個良品を産出するまでの時間が、調整時間になります。

この時間が大きければ大きいほど、不良品の発生する確率と、ポカミス不良の発生する確率が高くなります。

交換のムダで説明したスペーサーなどは、人によって選択するものが違ったりします。ブロックも同じです。ブロックとスペーサーの組み合わせで金型の高さを微調整するからです（くわしくはセクション57で説明します）。

段取りの3つのムダに、セクション30で勉強した「7つのムダ」を組み合わせていけば、ムダとりのレベルは向上していきます。

section 54

ムダとりは結論発想法で

「そんな改善はムリ」はどこから出てくる？

「できない」理由を考えるより、やるためにはどうしたらいいかを考えよう。

●できない理由が改善点である

私は、全国の工場で現場を指導していますが、改善目標については、多少ムリと思われるような目標を掲げるようにしています。

たとえば、これまで1時間以上要していた段取り時間を、「来月までに3分を切ろう」と提案します。とたんに現場のスタッフから、「そんなのムリですよ」と声が上がります。

「なぜ、ムリなんです？」と切り返すと、

①「だって、金型置場は隣の工場棟にあって運搬に時間がかかります」

②「金型を固定するときにスペーサーで高さ調整しないといけません」

③「材料交換は2人じゃないとできません。重いから」

④「1個目の試し打ちの後、投影機で検査するのですが、投影機が1台しかないので、試し打ちが重なると待つしかありません」

⑤「そんなに急いで段取りしたら、ケガや不良が発生しますよ」

と、脅しに近い発言まで出たりします。

しかし実は、これらの発言こそが改善すべき答えなのです。

●「やめられないか」と発想する

結論発想法とは、「やるためにはどうするか」と考えることです。この「やるため」とは、「段取り時間を短くすること」です。「短くするため」に一番有効なのは、「やめること」です。やる必要をなくせばいいのです。

①の金型置場が隣の工場棟にあることの改善点について解説してみましょう。

結論は金型の運搬をやめることにあります。運搬をやめるためには、プレス機のそばに金型を置けばいいのです。しかし多くの工場では、金型を1箇所に置きたがります。メンテナンスしやすくするためです。生産のタイミングよりもメンテナンスを重要視しているのです。現実は、メンテナンスのタイミングは生産のタイミングに合わせればいいので、「生産時の運搬のムダとメンテナンスの運搬のムダのどち

「結論発想法」の考え方

「できない」は禁句

↓

「やるためにはどうするか」というのが結論発想法

①の[改善前]
金型置場が隣の工場棟にあり、メンバーからの意見は、「3分での運搬はムリ」

↓

[改善後]
工場内のプレス工程そばに金型置場を設け、外段取り化した

③の[改善後]
フープ材は立てて保管するようにしたことで、1人での交換が可能となった

らをなくすべきか」と考えれば、当然、生産時のムダをなくすことが優先されます。その結果、金型置場のレイアウト変更が改善案となります。

③の材料が重い問題については、以下のように解決していくといいでしょう。

「2人で持つ」ことに注目します。持つ行為は、高さや向きに変化が必要なときに行なわれます。この工場では、材料置場にあるフープ材（鉄板が巻きつけられたもの）が倒れないように横置きに置かれているものを、台車に移し替え、さらにプレス機に取り付けるときは、それを縦向きに変え、かつ台車から材料リールに持ち上げるという行為が見られました。

改善案としては、材料置場の改善と、運搬する台車を、材料を持ちあげる行為をしなくてすむように改良することです（写真㊦参照）。

section 55

よし！ 次は交換のムダをなくそう

全員参加の改善実施計画

改善は1人ではできない。全員参加の計画を立てよう。

●みんなでやる改善実施計画

改善は全員参加が成功のコツです。結論発想法によって具体的な改善案が出そろったら、次の3つに分類しましょう。

(a)すぐにできる改善案……**小改善**

(b)少々お金や時間がかかるもの……**中改善**

(c)設備改善や技術的検討を要するもの……………**大改善**

(a)は、数時間程度あればできる改善で、スイッチの位置を変更して動作のムダをとったりする程度のレベルです。

(b)は、セクション54の③の改善レベルです。材料運搬台車の製作には、2日から3日の時間を必要とするでしょう。金額も7～8万円かかります。

(c)は、日数も金額も桁が1つ増えるくらいのレベルです。

これらを実現するためには、たとえば、左の表1の「段替えムダとり表」を、表2の「改善実施計画」に展開していくのです。当然、全員で実施するための計画です。

目標を明示し、その実行プランを明確にします。大きな紙（模造紙程度）に書いて、現場の改善準備室に貼り出しておくといいでしょう。

●改善実施はトップダウン

計画が整ったら、実施です。実施の順番は、ムリなく実行するために小改善から実施します。小改善に慣れてくると、中改善も案を出したときよりも、さらによい案に生まれ変わる場合があります。

改善を実施したら、実施日を記入して計画表を消し込んでいきます。この消込状況をリーダー（工場長）はしっかりと確認することです。もし、実行が遅れていたら、すぐに助言しながら実施させます。

よく改善は、ボトムアップがいいといいますが、それは嘘です。改善はトップダウンで進めるのがポイントです。

適切な助言をしながら、命令はしない、指示をするトップダウン型にしましょう。

改善実施へのステップ

表1　段替えムダとり表

分類	比率	ムダの種類	小改善	中改善	大改善
準備	9%	○材料のバンドをほどくムダ ○金型を2回選ぶムダ ○検査道具を用意していないムダ ○製品受箱を用意していないムダ ○外段取りをしていないムダ	○外段取りと内段取りとを区分する	○回転台車を製作する ○通い箱化にする ○材料保管箱の作成 クランプ（材料）の作成	
交換	20%	○型位置合わせをするムダ ○機械の後ろへ回るムダ ○締め付け金具の多いムダ ○ボルトの種類が多いムダ ○シュートを取り付けるムダ ○シャンクがかたいムダ	○押え金にスプリングを入れる ○シュートをフックで取り付ける ○六角ボルトに統一する	○シャンクホルダーの改造 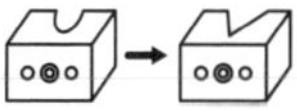	○金型設計標準の作成 ○ダイハイトの高さを統一する ○ダイセットの中心基準を設定する ○位置決めの統一 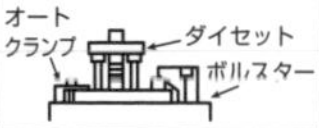
調整他	71%	○送り長さを何回も調整するムダ ○試し打ちを何回もするムダ ○検査を何回もするムダ ○加工油の位置合わせをするムダ ○刃先確認をするムダ ○レリーズ用ネジを回すムダ ○スタートストップがなく調整するムダ ○手送りをするムダ ○型を取り外し取り付けて台車の高さを変えるムダ ○線を多くつなぐムダ	○運搬時に高さをそろえておく ○コネクタに変更する	○バンパーブロックを作る  ○送り長さ調整ゲージを作る 	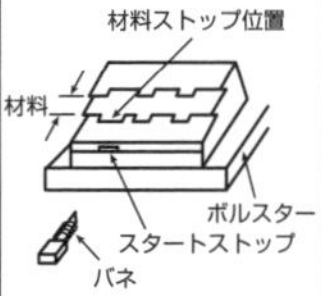

表2　改善実施計画

中改善					大改善					摘要
No.	項目	期限	担当	寄与率（期待効果）	No.	項目	期限	担当	寄与率（期待効果）	
4 5	工具の専用台車（150トンプレス用）製作 金型の前出し前入れ法の検討 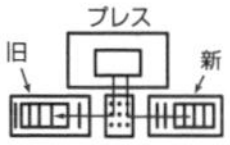	11/20 10/31	LL LL	3 5	6	2輪式フープ台の設置（予算化）	'12年2月	GL	10	
4 5	Lクランプの製作 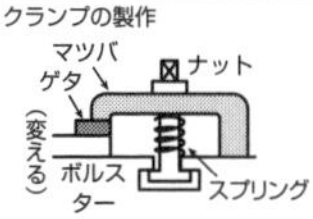 枠の接合部のレバー式ワンタッチ締付具の製作	10/31 11/15	TL TL	5 2	6	ギヤ予備に1set購入し、次の送りに合わせ、プリセットする	工場長 '12年3月	GL	5	
3 4	金型中心位置決め（V型ストッパーの設置）  締付部高さ統一 型等にゲタをつける	12/E	LL	15						

※期限と担当を明確にすること

section 56

手は動かしてもよいが、足は動かすな

実際の作業時間より、歩いているほうが長い？

「歩く」に注目すると、準備、交換、調整の3つのムダがもっと見えるようになる。

●段替え立ち回り図

作業者が動き回っていると活動的に見えますが、段取りの場合は、できる限り動かないでことをすませるのがポイントです。

左ページの左側が改善前の立ち回り図です（歩行図ともいう）。金型を載せたり、材料を交換したり、調整をしたり、図には描ききれないほど歩行しています。1歩0・6秒としても、歩行だけでも2～3分費やしているのがわかります。

実際に自社工場の実態を図で示してみてください。

この図は、加工の段取りだけでなく、組立工程の人の動きや、ものの流れについての分析にも有効です。

●足は動かすな

では、実際に改善の解説をしましょう。もう一度、左ページの図を見てください。

「改善の切口」は、「歩行のムダとり」です。「着眼点」は、U型に歩くようにすることです。U型に歩くということは、空歩きをなくすということです。

たとえば、ファミリーレストランのウエイトレスのようにするのです。食事をテーブルに運んだら、空手で帰るのではなく、終わった食器を持って帰るようにします。

改善前の図では、約半分が空歩きになっています。

「ムダとりの発想」には、①専用台車の開発、②2人の編成などがあります。

金型の載せ替え、材料交換などは、一度ですむように専用台車を開発します。そして、1人は金型側で、もう1人は材料側で段取りをします。1人で10分かかる段取りならば、2人なら3分でできます。

右側の図を見てください。改善後の図です。○が主作業者で、金型側を担当しています。△はお助けマンで、材料側を担当しています。どちらもU型に歩行するようにしています。

一周すれば段取りが終わるように歩行するのがポイントです。

人間の動きを図に表わして改善しよう

段替え立ち回り図（歩行分析）

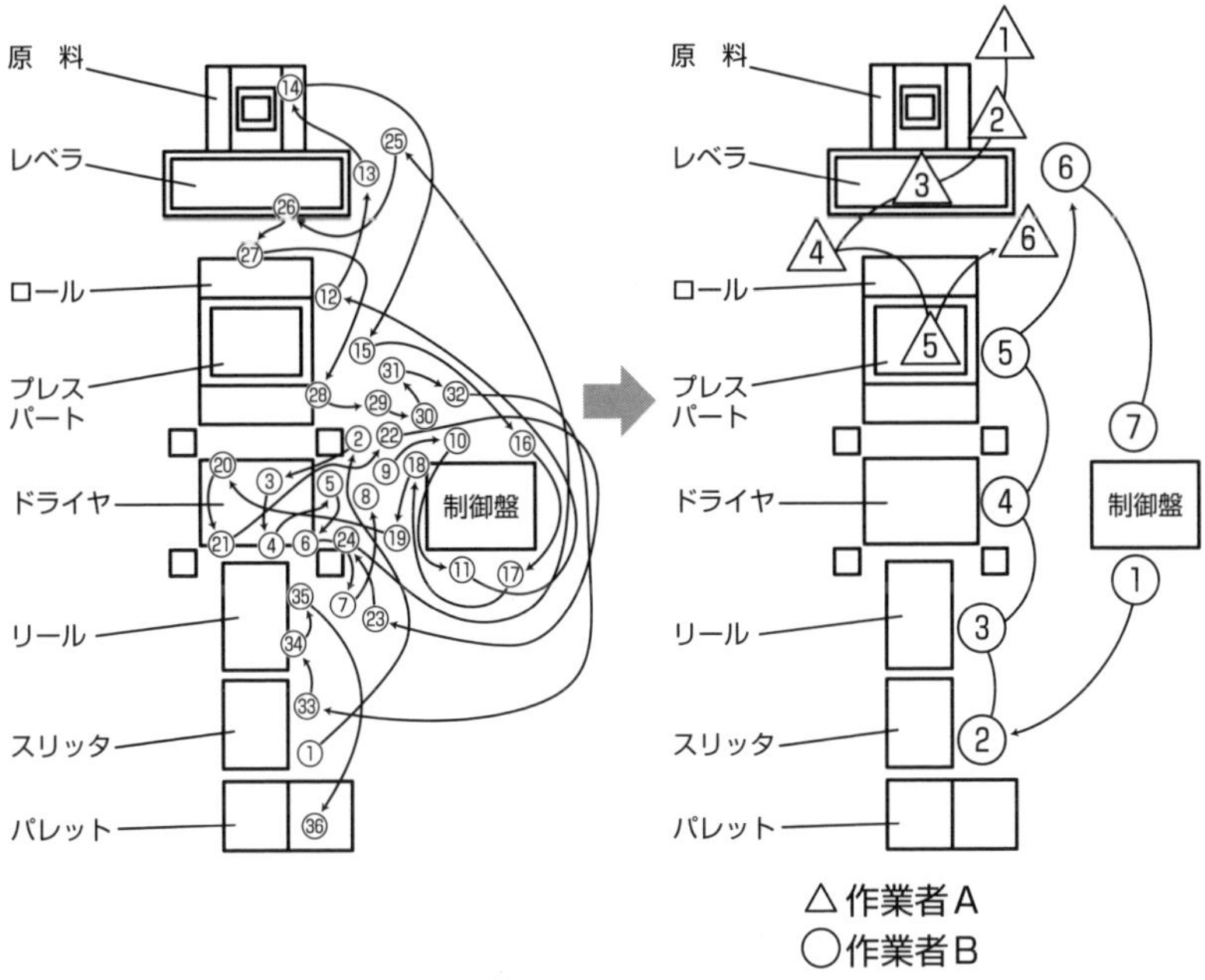

［改善前］

１人段取り

［改善後］

２人段取り
Aさんは原料中心に作業。
Bさんは設備中心に作業。
２人ともU型に歩くことによって「空歩き」のムダをとることができる

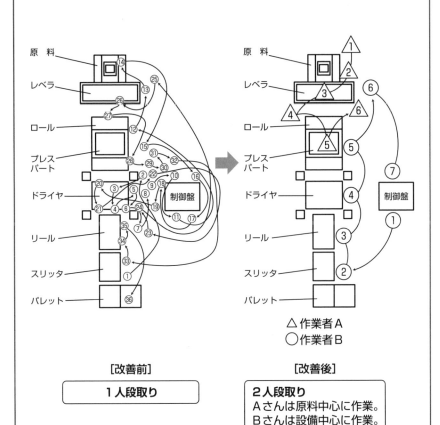

section 57

基準設定をきちんとしているか

「調整作業はムダ」といい切れ！

金型は載せ替えた。しかし、なかなか1個目の良品が出てこない……。

●調整のベテランをつくらないこと

「プレス作業歴20年、彼ならば、どんな調整も一発でOKなんですよ。彼は、うちの工場のマイスターになっています」

金型に合わせて調整ポイントを把握しているのでしょう。回を重ねているうちに体に染みついたのでしょうが、このようなマイスターをつくってはなりません。

彼がいなければ生産が成り立たなくなってしまうからです。

ポイントは誰でも調整なしで、一発で良品を産出することです。調整そのものが悪なのです。

●調整のムダとり

調整の原因は、段取り替え作業時、基準設定をきちんとやっていないことにあります。適当に位置決めをして、試し打ちをする。検査をしてみて寸法が定まっていないと、調整をする。そして、また試し打ち。そして検査……。

これを繰り返していると、あっという間に1時間くらい経過してしまいます。こうしたことは、すべて基準設定が作業者任せになっているから起こるのです。

プレス機の場合、次のような調整作業が発生します。

①ダイハイトの高さ調整
②金型の位置調整
③材料送りローラーの調整
④製品シュートの高さ調整

このような調整作業は高度な作業に見えますが、何度もいうように、基準設定をしていないことが原因のムダです。

●型や治具の基準は動かすな

調整のムダを改善するポイントは、「型や治具の基準を動かすな」です。別名、「加工基準不動の原則」ともいいます。

プレス機金型段取りには、4つの基準があります。

①センター位置基準（X、Y方向）
②ダイハイトの基準（Z方向）。高さ方向。ストロークの基準合わせ
③金型締め付け部の基準。締め付け

調整のムダの原因は位置決めにあり

⬅プレス機に金型ダイセットを設置した状態

奥に下図のように2本のシャフトが立っているので、一発で位置決めが可能

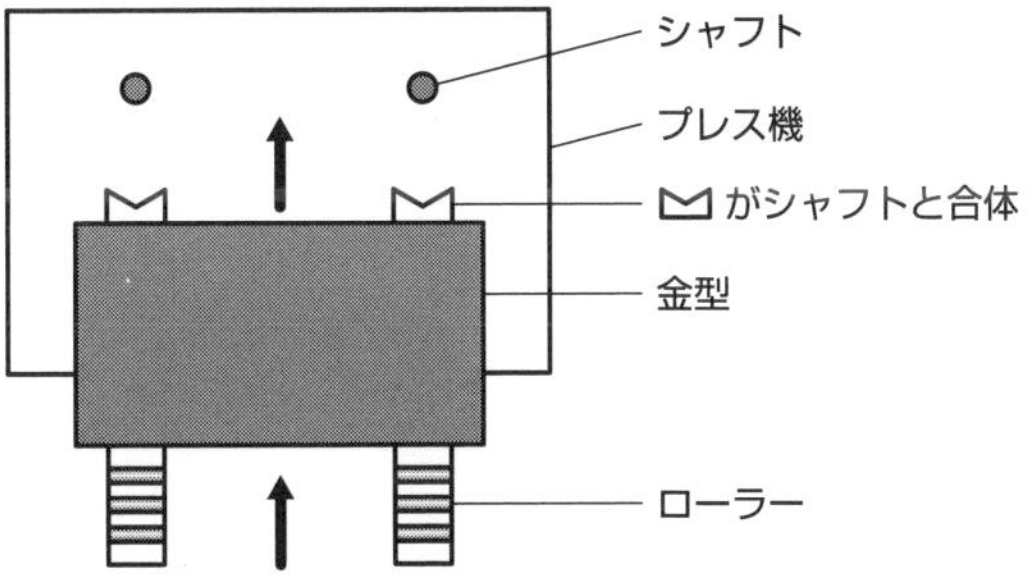

⬆写真を上から見た状態で金型を移動させる

場所と高さ

④上型と下型の基準合わせ。とくに打ち抜く刃先の先端合わせ

①のセンター位置基準の調整をなくす場合は、次のようになります。

「改善の切口」は、金型位置のバラツキです。「着眼点」は、金型が変化しても、プレス機の中心に金型の中心がくるようにすることにあります。

「ムダとりの発想」は、

①プレス機の基準を明確にするために、上図のように2本のシャフトを立てる

②金型のダイセット（上型下型がセットになっているもの）は製品ごとに大きさが違う。その違う大きさ分の芯出し用治具を製作する

③①のシャフトに②の治具を合体させる

このようにすれば、誰でも一発で金型の位置決めができます。

COLUMN 6

ウルトラマンの活動時間は3分

白黒テレビの画面にウルトラマンが映っています。怪獣と闘っています。人間の姿からウルトラマンに変身できる制限時間は3分。その3分の間に怪獣を退治しないといけないのです。

胸についているカラータイマーが点滅しはじめると、見ていて思わず「がんばれ」と心で叫びます。「残り時間がないぞ。大丈夫か、ウルトラマン!」。

私の子ども時代の思い出です。

この「3分」という時間ですが、当時、チキンラーメンが流行していたからとか、巨人軍の長嶋茂雄選手の背番号が「3」だったからとか、番組の放送時間30分の1割で「3分」とか、いろいろなことが重なって「3分」になったようです。

段取り時間の呼び方にも同じようなことがあります。「30分の段取り時間をシングルにしよう」。このシングルとは、ゴルフのハンディのカウントと同じで、ひと桁の時間（分）にすることを意味します。30分を9分以下にしようということです。

「ゼロ段取りにしよう」の場合の「ゼロ」とは、「3分」のことを意味します。なぜ、「3分」なのか。

「動かないでじっとしていて」と人にいってみたとしましょう。ほとんどの人が、「3分」たったころに「まだ?」と質問してきます。この「動かない限界の時間を『ゼロ』とした」と先輩から聞いたことがあります。

確かにチキンラーメンやカップラーメンも、「まだかな?」と食べたくなる時間が「3分」なのかもしれません。

そこで、提案があります。段取りしたい設備に、残り30秒で点滅し出す「カラータイマー」を取り付けてみてはどうでしょうか。

公開段取りでムダとりしているメンバーから、「がんばれ!」の声が飛ぶようになるのではないでしょうか。こんな少々遊び心を持った改善もいいと思います。

陸上選手をコーチしている人も、必ずストップウォッチを持ち、「OK、今は○○秒だぞ、もう少しだ」と時間を選手に伝えながら育てています。現場での改善も同じです。

ムダな時間を1秒でも減らすことが、不良発生を防ぐ大きな手段となります。

第7章

ポカミス不良が発生しない環境づくり

section 58

朝礼は就業時刻前に終わっているか

工場が一斉に生産をスタートしているか

不良が発生する工場は、時間に関するルールが決められていない場合が多い。

●工場全体が同じスタートを切る

これまでに異常を発見する手段として、時間のバラツキを見て、それを切口として解決していく方法を解説してきました。それは朝礼の開始時刻についても同じことがいえます。

職場によって朝礼の開始時刻にバラツキがあり、生産開始時刻がバラバラな工場は、改善以前の問題があります。バラバラな状態からはバラツキを発見するなどできません。生産開始時刻は、あくまで始業時刻でなければなりません。

30数年前、アメリカが日本のものづくりを勉強しはじめたことがあります。日本の工場が行なっていることを、すべて真似することからスタートしました。朝一番に社歌を全員で歌い、ラジオ体操をし、それから職場に入ります。そして、始業時刻前にラインでスタンバイします。

そんな日本のものづくりは、「クレージー、そこまでやる必要があるのか」とまでいわれたものです。

しかし残念ながら、いつの間にか日本のものづくり現場は、生温い状態になってしまいました。「朝礼の開始時刻は始業時刻になってから」と定めている工場が目立つようになってきたのです。朝礼ひとつきちんとできていない工場で、品質管理などとても不可能です。朝礼は、生産がはじまる始業時刻前に終了していなければなりません。

●毎日、初物管理をする

工場全体が、始業時刻と同時に生産を開始するようになったら、朝の1台目が、生産開始からどのくらいの時間で産出されたのかを管理するようにします。これを「初物管理」といいます。

目標時間は、就業開始時刻にCT（サイクルタイム）を加えた時間です。たとえば、午前8時30分が就業開始時刻で、CTが6分だとすれば、初物は、8時36分に産出されなければなりません。ところが、品質が不安定な職場では、なかなか目標どおりには産出されないのです。

毎日、この初物管理をするだけでも異常が見えるようになります。

スタートのよし悪しが１日のよし悪しを決める

どっちが正しい？

Ⓐ 始業時刻から朝礼を開始

⬇

朝礼後、生産活動に入る

（朝礼の時間は、職場ごとに決められていない。時間が長いところもあれば、短いところもある）

or

Ⓑ 始業時刻前に朝礼を開始

⬇

始業時刻と同時に生産活動に入る

答　え　**Ⓑ**

始業時刻から、人件費が発生する。人件費は付加価値を生む行為に対する報酬である。朝礼に報酬を出す会社はシュガー会社（甘い）である。いいものづくりはできない

⬇

初物管理をしよう

工場内全職場が同時に生産活動に入れるようになったら、初物管理を実施する

⬇

初物時間 ＝ 就業開始時刻 ＋ CT

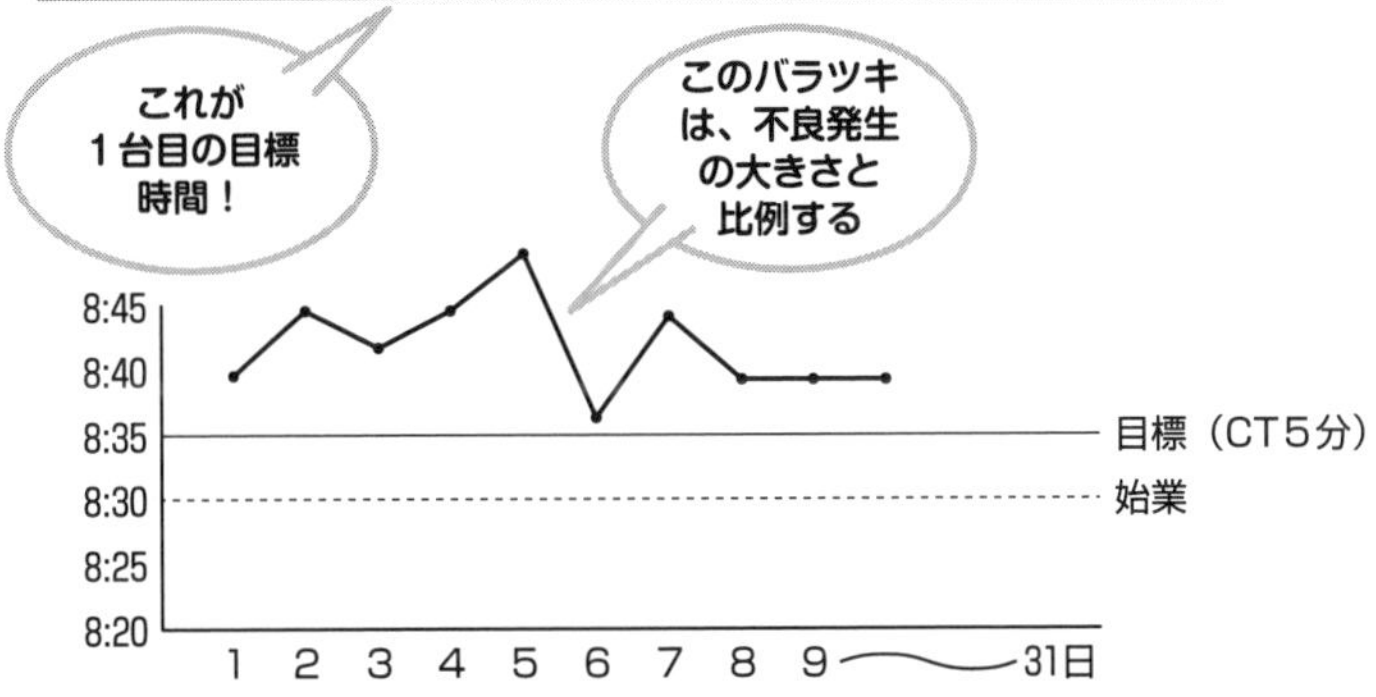

初物管理表

section 59

「場所」「もの」「順序・順番」「量」というスタンダード

ものの置き方の4S

ものづくりで重要なのは、ものの置き方である。

●ものの置き方の基準

ポカミスの最大の原因は、ものの置き方にバラツキがあるからだといってもいいでしょう。

Z社の工場診断中、S工場長と一緒に工場内を回りました。

ふと不審に思い、「S工場長、これは何ですか?」と聞いてみました。どう見ても現在使用中の部品には見えなかったからです。

すると工場長は、「T班長、ちょっとこっちに来て！　この部品は何?」と、T班長に聞いています。

班長もわからないらしく、ライン内のオペレーターFさんに質問しています……。

こんなことは最近、珍しくありません。不良の多い工場ほど、ものの置き方のルールが決まっていないのです。

●4つの基準「4S」

「4S」とは、ものの置き方の4つのスタンダードのことです。ものを見ただけで、次に行なわれる作業、動作、工程をわかるようにすることが目的です。

やってはいけないことは、紙に文字を書いて表示することです。

バラバラな置き方であるために、どこに何があるか、見てもわからないので、表示すればわかるだろうと実施している現場があります。しかし、表示は不可です。

①決められた場所にものを置く

1つめのスタンダードは「場所」です。まず置場を決めること。その置場に行けば、必ず同じものが取れるようにします。

場所を決めることで、コンピュータ上の番地データベースが構築できるようにもなります。

②決められたものを置く

2つめのスタンダードは、「もの」です。場所を決めても、そこにさまざまなものが置かれていては意味がありません。

③決められた順序・順番にものを置く

3つめは、「順序」「順番」を決めることです（「順序」とは、何が先で、何が後にくるのかという物事の相互関

写真のような環境になっていませんか？

⬆K国S社のプレス工場

４Sとは

決められた「場所」に
〃　　「もの」を
〃　　「順序・順番」に
〃　　「量」だけ
置くこと

しかし、写真は……

①床に直置き
②置き場所は決まっていない
③加工された順番も不明
④数量は、数えないとわからない

⬇

１個不良を発見した場合、全数不良になる可能性が大の環境である

係のこと。「順番」とは、かわるがわるそのことに当たることをいう）。

ものの置かれている順序のルールが決められていれば、誰でもA部品→B部品→C部品の順にものを取ることができます。

また、順番が決められていれば、ある部品の数量を見ているだけで、生産の進度が管理できます。

④決められた量だけものを置く

最後は「量」です。１ロットの生産数量が10台ならば、10個の部品を配膳します。それが決められた場所に、決められた順序に置いてあることです。

そうすれば、取り付け忘れがあれば部品が余り、後工程に流れる前に気がつくはずです。

以上の４つのSを徹底してルール化することによって、不良原因の20％以上をとることができます。

section 60

「4定」という作業の基準

「定位置」「定動作」「定時間」「定量」で動く

ものの置き方の基準が決まったら、次は動きの基準を決めよう。

作業の基準に「4定」というものがあります。

1つめの「定」は「位置」です。これは組立工程での部品の組み付けに注目してみるとわかりやすいでしょう。

●定位置

主なる製品をネジで固定するとします。

このときに、主なる製品の状態はどうなっているでしょうか。右手でネジを締めます。で左手は?

左手で製品を固定しているのならば不合格です。作業者が変われば持ち方も変化するでしょう。ネジの締め付け角度も変わるかもしれません。

定位置で作業するのに必要な道具があります。それは「治具」です。治具とは「良品を治める道具」のことです。

この治具を使用して、定位置化の改善を実施することです。

●定動作

定位置ができると、動作が決まってきます。位置が決まっていないときは、空中で作業する場合もあったかもしれません。

中国の工場では、オペレーターは手が器用で、視力がいいこともあって、左手に製品を持ち、右手にはハンダごて、ニッパ、ピンセットと3つの工具を持って作業をしていました。

しかし、位置が決まっていない「空中作業」は、品質が不安定になるため要注意です。

●定時間

定位置、定動作ができてくると、「時間」のバラツキが少なくなってきます。逆にいえば、作業時間にバラツキが生じているときは、位置や動作にバラツキがあることになります。

この3つの「定」で標準工数設定が可能になります。

●定量

最後は「量」です。接着の場合は、定位置、定量が品質管理のポイントになります。

ネジを締め付ける場合も力量の管理は重要です。ですから一般家庭で使用しているような手動工具を使用してはいけません。

「4定」の作業基準を決める

定位置×定動作×定時間×定量＝定品質

４Ｓと４定をペアにして生産活動すると効果抜群

不良発生時の原因調査にも応用できる

品質管理とは、バラツキ管理のこと。不良品が発生しているときは、必ず４定の中のいずれかにバラツキが発生している

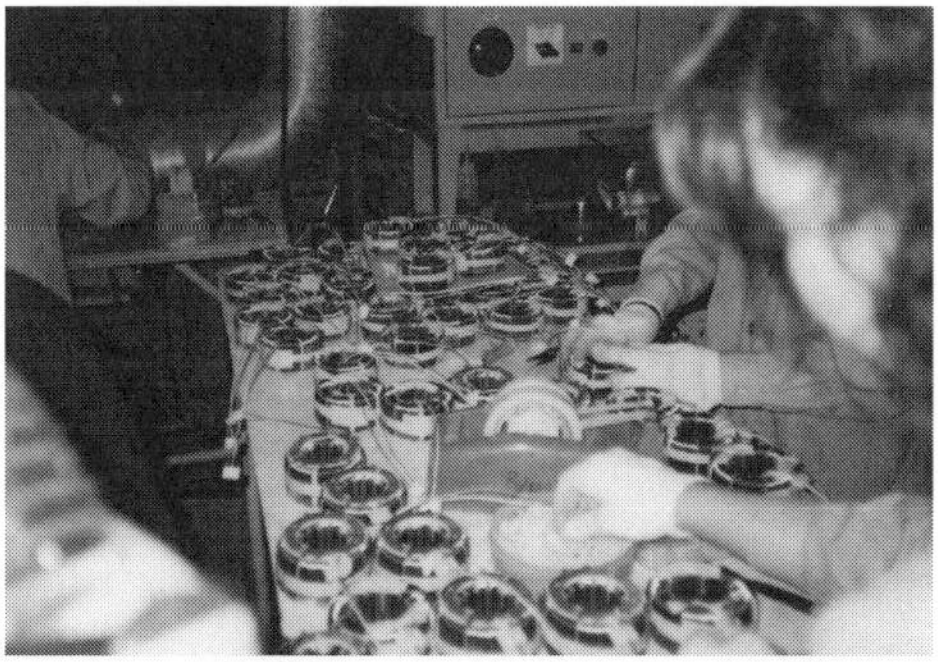

左の２枚の写真はＫ国Ｓ社モーター工場のものである
４Ｓも４定も決まっていないため、工程内不良率は４～５％と高く、原因追及もむずかしい

ラインをつなぐことの意味

「ライン化技術力」で異常がわかる

工程をつなぐことによって、広い視野での品質管理が可能になる。

●ラインとは

「流れ」のある工程をラインといいます。ところが最近の工場では、流れのない単工程でも「〜ライン」という表示をしていることがあります。本物のラインは停滞なく流れている工程のことを言います。

ラインの目的は、一度着手したら完成するまで離さない（止めない）ことにあります。止めてしまうと、停滞、運搬が起こり、その停滞と運搬の間にポカミスの原因となる、選ぶ、探す、数えるという作業が増えてしまうからです。

●まず、ラインをつなぐ

ラインは、ただつなげばいいというものではありません。

これまで述べてきたように、モジュール別につなぐことがポイントになります。つなぐことによって、レイアウト上、ラインの入口と出口が1つになってくるので、遊休的な面積が増えてきます。

現場が狭いと愚痴をこぼしている工場ほど、作業面積よりも、ものの置場面積のほうが大きいものです。

●バランスをとる

ラインをつなげばつなぐほど、工程も人員も増加します。このときに実践したいのが、セクション29の「1個造り生産方式」、セクション38の「TOCを活用する」と、セクション48の「同期化」です。

ラインの生産性はネック工程のスピードで決まってしまうので、まずはネック工程の改善からスタートします。

●異常が見えるようになる

そして、「1」で流しながら、「同期化」を見ていけば、異常が見えるようになってきます。単工程では異常と感じなかったことも、ラインでは異常と感じられるようになります。

ある工程で不具合が生じれば、その工程の前に「1」よりも大きい数字の仕掛かりが発生します。また、その工程の後ろは「1」よりも小さい数字である「0」になります。

「1」以外はすべて異常と判断できるのです。

ラインでつなぐメリット

ライン＝LINE＝川＝流れ

工程を連結して「流れ」をつくる

↓

異常は「停滞」として姿を現わす

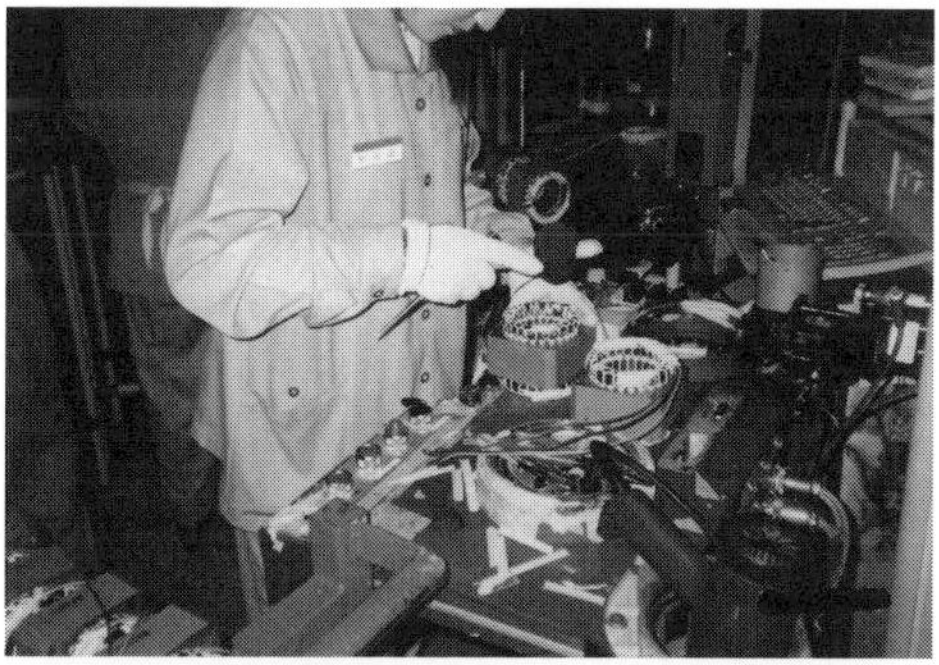

K国S社のセクション60の写真から約１年後の姿
製品を１個ずつ流す「１個造りライン」に改善することに成功したことで、工程内不良率は、４～５％から0.3％に減少した

section 62

受注からすべてイコールの生産方式

「受注＝計画＝購買＝産出＝出荷」という工場は5％

ラインから工場全体の品質管理に役立つ生産方式。

●生産管理とは品質管理のこと

受注から出荷までの順序計画のことを生産管理と呼びますが、その生産管理が、ときにポカミスの原因になる場合があります。

お客様への納期を優先するために、不良発生時の欠品をおそれ、あらかじめ多めの生産計画を立てるからです。

ラインの品質管理は、セクション61のように、時間のバラツキが仕掛かりのバラツキに現われて管理できるようになります。生産管理で品質を管理するには、生産指示数が管理ポイントになってきます。

ポカミスが発生する生産管理は、前記のように「多めの生産」が原因になっているので、この「多め」を「イコール」にすることで異常が見えるようになります。

●イコールとは

生産活動は、受注、計画、購買、産出、出荷と大きく5つに分けられます。この5つの活動すべての数量をイコールにするのです。

ほとんどの工場では、受注数と出荷数ぐらいはイコールになっていますが、5つすべてイコールになっている工場は5％ぐらいしかないでしょう。

●受注数＝計画数＝購買数＝産出数＝出荷数にしたい

95％近い工場は「≒」なのです。受注数よりも計画数を多めにし、計画数よりも材料の購買数を多めにしています。「不良が発生しても困らないように」を言い訳にしていますが、本来の管理とは、「異常が発生したら困る」ことなのです。多めに生産している工場は、異常が発生しても困らないようになっています。

受注数と同じ数量で計画以降の活動を行なえば、1台不良が発生しただけで活動がストップしてしまいます。それが体質を強化することになるのです。

組立工程で不良が発生したら、前工程に頭を下げて、「すみません。不良を出してしまったので1台分の部品を加工してください」とお願いするしかありません。不良を出すと大変だと実感するでしょう。

「工程連結の応用」として「生産活動を連結しよう！」

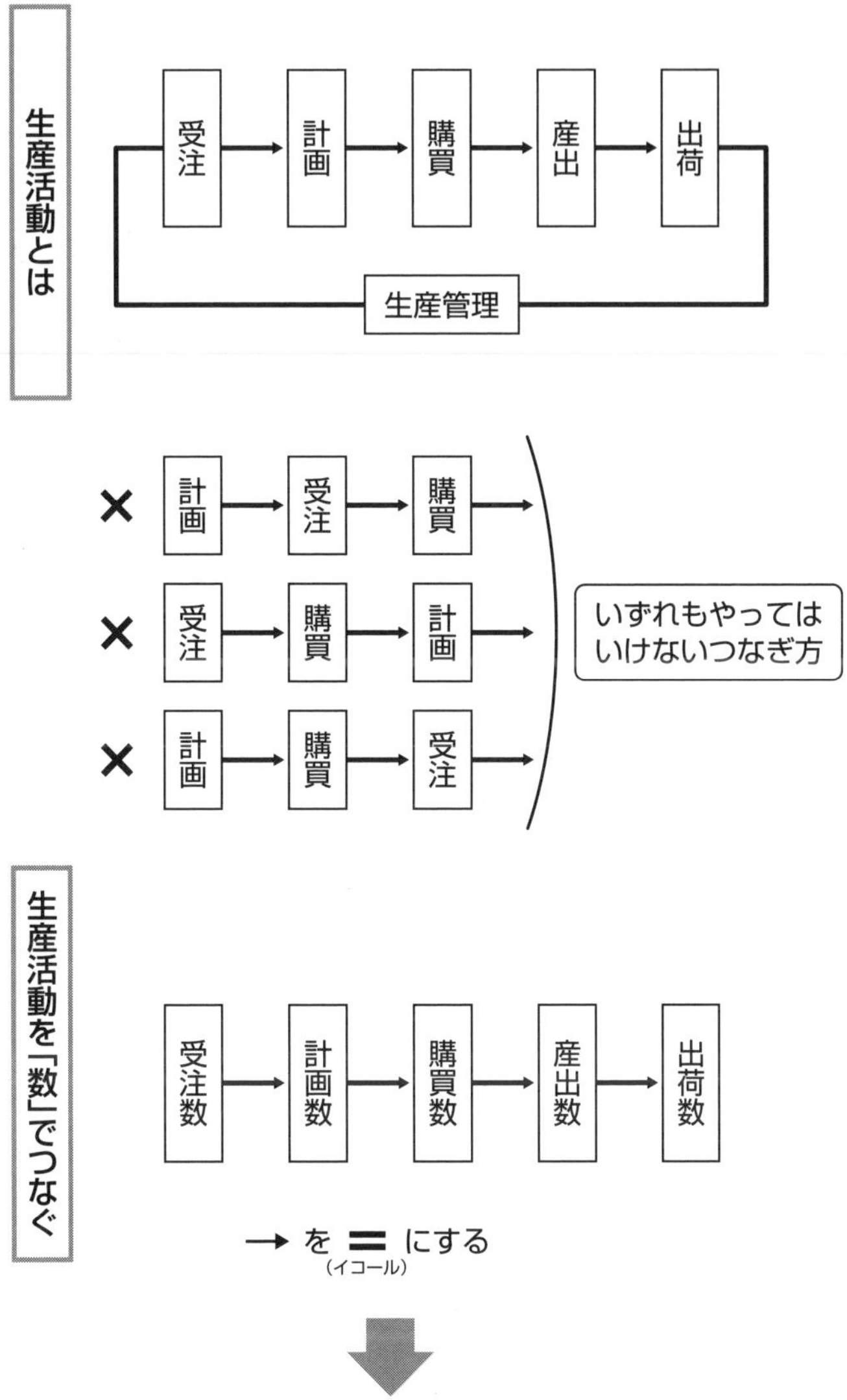

不良品が発生すると、＝（イコール）が崩れて生産活動が中止される。これが本当の生産管理の基本である。不良品の発生が多い工場ほど、生産活動が止まらない。それは、必要数以上に投入しているからである

section 63

なぜか、作業員が手順書を差し替えている生産現場

手順書が必要な生産現場は失格！

ポカミスが発生する確率が高い環境の典型。

●スピーカー組立ラインでの出来事

音響メーカーとして日本でも有名な会社の話です。ムダとりの依頼を受け、ラインの現場を見て、ショックを受けました。

ちょうど、スピーカーの機種変更をしている最中でした。1ラインの長さが20m以上あります。その作業台の仕掛かりをすべてなくしています。このやり方は一斉段取りといわれる方式です。そこまではあまりショックではありませんでした。「ムダな段取りをしているなあ」くらいのものでした。

仕掛かりをなくしてから、次に治具の交換がはじまりました。「共用治具に改造すれば交換しなくてもいいのに」と思いながら見ていると、正面に貼ってあるクリアケースの中から、オペレーターが作業手順書を取り出したのです。1名当たり2枚は貼ってあります。それを次に生産するスピーカー用の作業手順書と交換したのです。

●手順書を見ないと生産できない？

すべての手順書の交換が終了して、10分後に生産が開始されました。「はたして、交換した手順書は活用されるのだろうか？」そう思ってしばらく現場を見ていました。しかし、手順書を見ながら生産している人はいません。

もし、手順書を見ながらでないと生産できないのなら、原因は3つ考えられます。1つは、作業者の技能訓練不足です。入社して間もないのに、いきなりラインに入れられた場合です。リーダーからは「手順書が貼ってあるから大丈夫。わからない場合は、手順書を見てください」といわれています。悪いのは教育、訓練の手を抜いた育生プログラムです。

そして、2つ目は、設計です。複雑怪奇な設計のために、部品点数が多く、かつ接着などの特殊加工がある場合、「組み立て注意事項」と、設計で特記するのです。

そして最後に、クレーム再発防止策として作業手順書に「注意！　再確認する事」と記入することです。オペレーターに作業の品質責任を押し付ける、一番やってはいけないことです。

ものづくりの現場に『…書』は不要である（生産指示書と図面は別）

⬅Ｃ国Ｍ社の電源装置組立ライン

各作業台の上部にＡ４サイズの作業手順書が貼ってある。工場長の話では、ISO9002を取得する際に、「作業手順書をラインに付けてください」といわれるという。

しかし作業者は誰１人、この作業手順書を見ながら作業をしていなかった

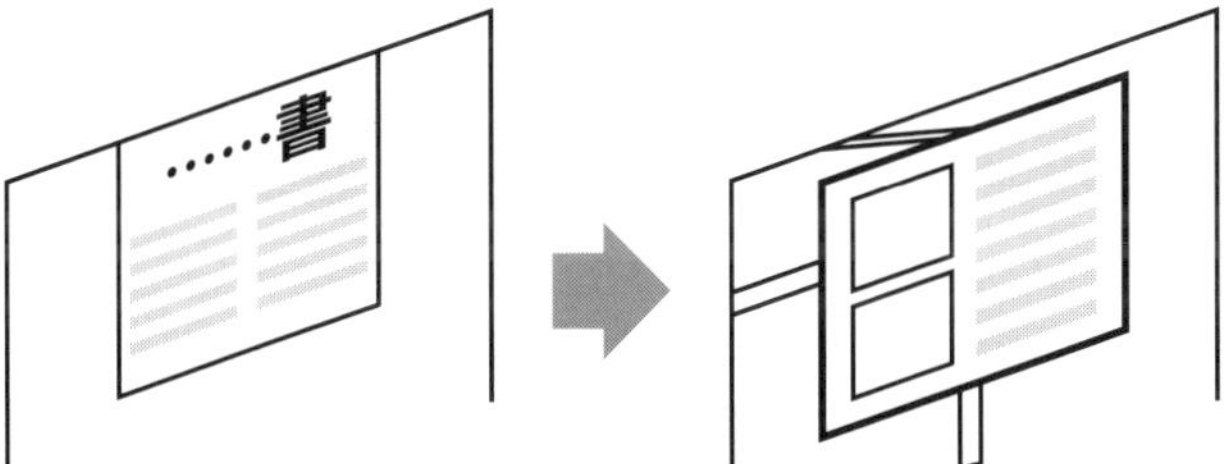

最近では、紙をPCの画面に置き換えて作業手順を表示しているメーカーが目立つ。
しかし４Ｓ、４定が徹底されていれば、紙もPCも不要である

section 64

「もの」の流れが見えるレイアウト

工場のレイアウトの考え方

風水の考え方は、工場にも必要である。

●風水は空気と水の流れ。レイアウトは「もの」の流れ

風水とは、主に人の健康を中心に玄関の位置や部屋の間取りを観ます。日の当たり方、風の抜け方、上水、下水の方向によっては、空気のよどみや湿気などから、病気の原因となる菌が繁殖しやすくなります。

工場でもこの風水の考え方は重要なのです。

「もの」の流れが悪いところに、不良の原因となる「停滞菌」が繁殖しやすいからです。

●健康なレイアウトに改善する手順

［手順1　通路を決める］

通路を後から決めると、ものの流れが見えなくなります。都市の開発と同じで、まずは通路（道路）から決めます。

通路は3種類に分けます。

メイン通路、グループ（工程）間通路、ライン間通路です。

メイン通路は常にものの流れがある通路です。

左図のように工場の中央に位置するようにします。

グループ間通路は、設備メンテナンスを考慮して道幅を決めておきます。

ライン間通路は、ラインの入口と出口が面する通路です。

［手順2　工場の入口から配置する］

工場の面積に余裕があるからといって、工程をバラバラに配置したのでは意味がありません。

入口から、加工工程、組付工程、組立工程、オプション工程の順に、流れに沿って位置決めをします。

［手順3　ライン間通路に面して、ラインの入口と出口が位置するようにレイアウトする］

ライン間通路には、必ずラインの入口・出口が面するようにします。

そこには、標準作業票、生産指示票、SPH管理表などの情報源があります。

管理者は、ライン間通路を通れば、各ラインの稼働状況を確認できるようにするのがポイントです。

［手順4　現場の「長」の机は現場に

工場レイアウトが悪いと不良が発生しても気がつかない

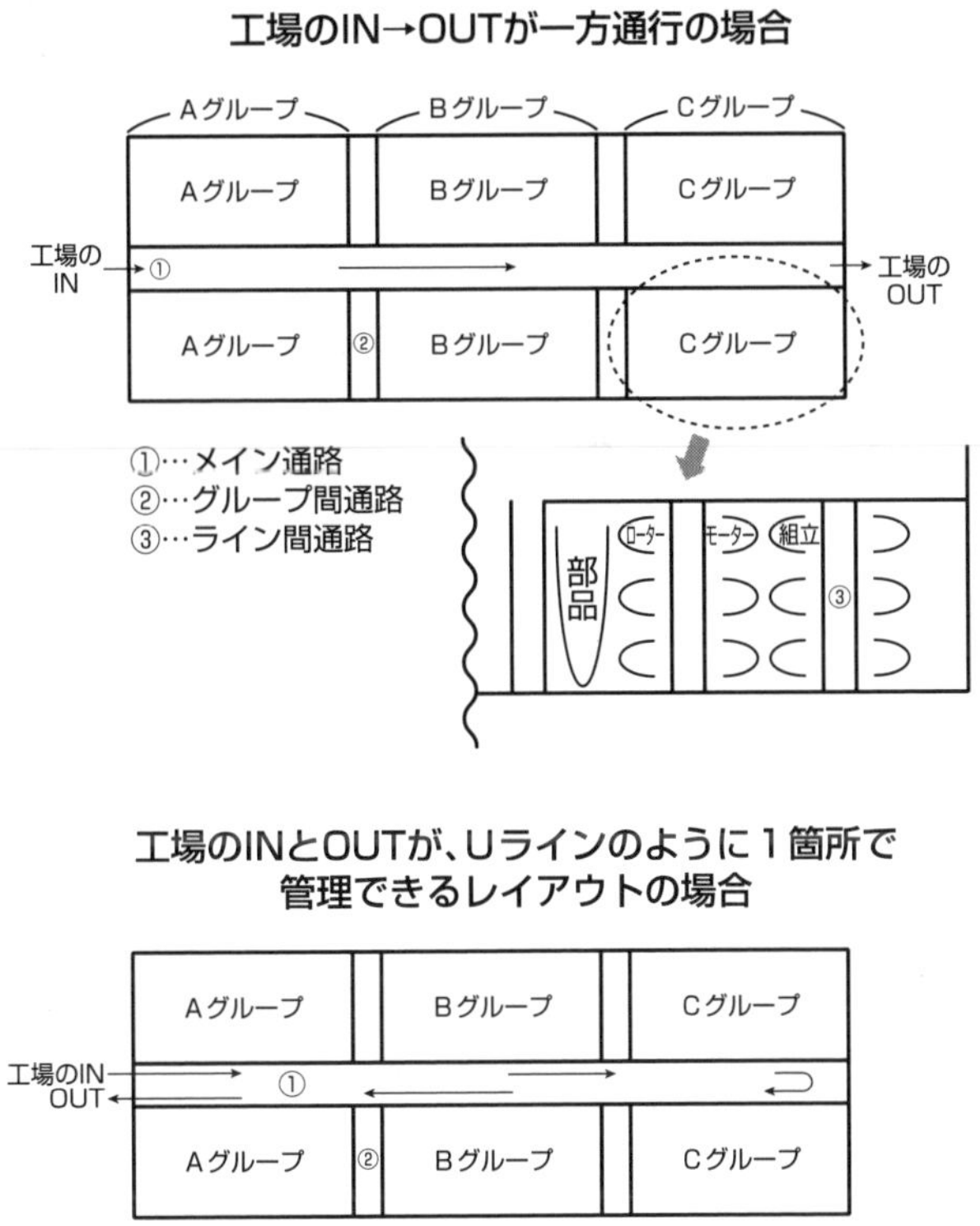

置く」

最近の工場には、「長」の肩書きがつく人の机が現場にないケースが多く見られます。

「長」は別室で眠い目をしてパソコンを見ているだけです。

生産活動中、パソコンは不要です（各設備がパソコンとつながっていれば別ですが）。

現場の「長」の机は現場に置き、常に現場の空気、音、人の動き、ものの流れを感じてほしいものです。

●壁側レイアウト禁止

絶対やってはいけないレイアウトがあります。

それは壁に沿って設備を配置することや、壁に作業台を向けたレイアウトです。

部品の前取りが不可能になり、かつ、ものの流れる動線の距離が増加するからです。

section 65

現場改善ははじめてなので、どうすればいいのかわからない

Uラインの定石Ⅰ

不良ゼロラインとして有名なUラインの作り方、10の定石を紹介する。

●定石1 「CT(サイクルタイム)生産になっていること」

CT生産とは、CTにしたがって1個ずつ流し、1個ずつ加工し、1個ずつ検査することをいいます。「一度つかんだら完成するまで離さない」を思想として、だんご生産（同じ作業を何台も繰り返し、次工程に複数で流すやり方）をやめることがポイントです。異常（不良）が出やすい個所は、「1個」の数字が1以外になるので発見しやすくなります。

しかし、リーダー不在の環境では、1以外の数字になっても対処できなくなり、異常の正常化現象が発生してしまいます。そこではだんご生産よりも悪いラインになるので要注意です。

●定石2 「動く立ち作業であること」

「Uライン＝立ち作業」と勘違いしている工場がよくあります。動かないで立っているだけの場合があるのです。

立つ目的は、

①助け合い。ラインを複数の人間で担当する場合、常に全員が同じ時間で作業することは困難である。そこでお互いに助け合い、CTにしたがってものを流すようにする。

②多工程持ち。1人で複数の工程を担当する場合、歩行して工程を移動する必要がある。

ある1つの工程で、作業時間が長く、動かないで作業する場合は、無理に立たせる必要はありません。バーのカウンターにあるような椅子を利用して、移動しやすいようにするといいでしょう。ただし、いつまでもそのままにしないことです。椅子を使用している工程は、ネック工程と見なしてよく、改善が必要です。

●定石3 「入口と出口を1人で担当すること」

入口で良品部品投入、出口で良品製品産出。それをCTにしたがって1個（1台）ずつ行ないます。1人で入口と出口を担当することで、ライン内の仕掛かり数が変動しなくなります。

仕掛かり数が変動すると、CT生産の動作が変化し、ポカミス発生の原因になります。

狭く速く流す

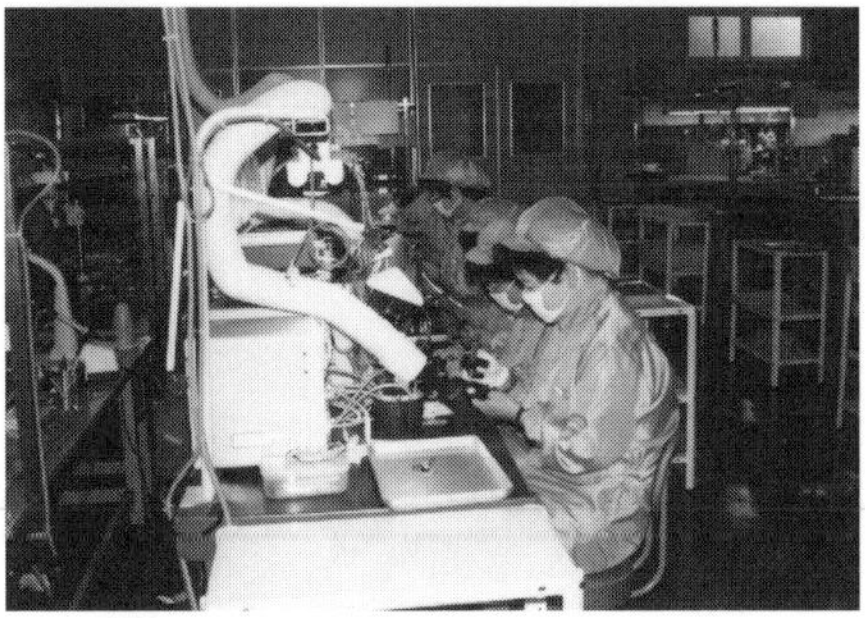

◆S社クリーンルーム内での
精密機器の組立作業

[改善前]

1人1工程の座り作業によるだんご生産

[改善後]

1人Uライン。当然、INとOUTを1人で担当

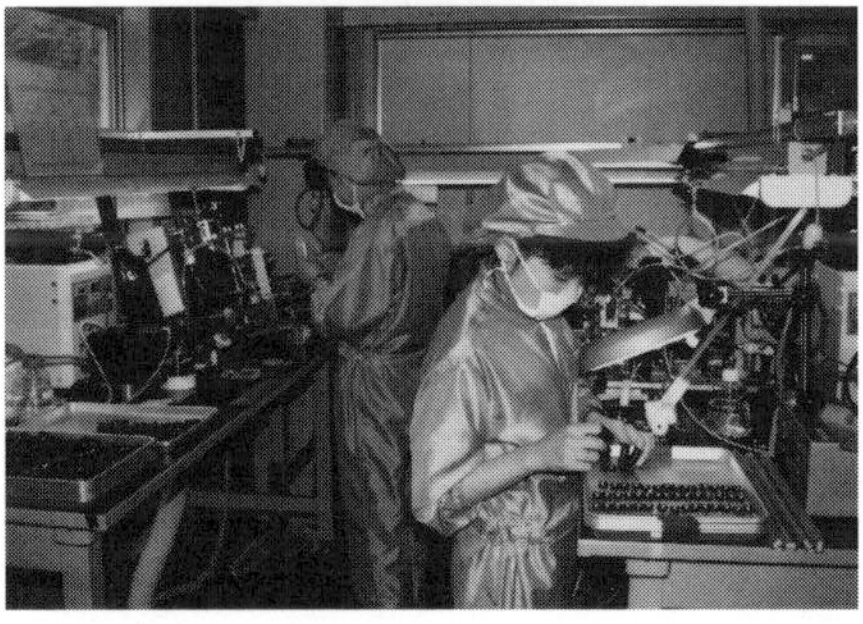

2人Uライン。右側の女性がINとOUTを担当する

section
66

Uラインの定石Ⅱ

常にラインを見ていることはできない。他に管理のやり方はないか？

異常が発見しやすい管理手法を紹介する。

●定石4「SPHの達成。SPHとは良品100%の時間当たりの出来高をいう」

現場に1mの円を描いて、その中で動かずにラインを見ていられるのなら一番いいのですが、それではコストが合いません。

そこでまずは、1時間当たりの出来高管理から説明をはじめましょう。

SPH管理がそのやり方です。SPHとは「Stroke Per Hour」の略で、1時間ごとにPDCAを繰り返す管理のことです（セクション36参照）。

まずSPH管理では、1時間の目標を立てます。常に同じCT（サイクルタイム）の製品を生産しているのであれば問題ありませんが、多品種少量、変種変量生産の場合は、常にCTが変化するので、目標も変化させる必要があります。

1時間後、出来高をチェックして、目標の数値と比較します。なお目標は、これまでのベストタイムで立てるのがポイントです。

異常や不良発生をすべて時間に置き換えて管理するのです。それらは、「遅れ」となって現われます。

次の1時間に、同じ原因での遅れが発生しないように応急処置をします。以上のことを1日8回繰り返します。そしてラインの稼働終了後、応急処置で間に合わせた個所の恒久対策を打ちます。

1日8回の現場チェックと改善。月に160回のチェックと20回の恒久対策と改善。このSPHをコツコツと1年実施すれば、強い現場がよみがえることは間違いありません。

●定石5「トラブル発生時、ラインをストップし、長と一緒に原因を調べて除去する」

異常や不良が発生しても、ラインをストップしない現場が増えています。止まらないラインは同じ不良を発生し続け、やがて異常を異常と感じなくなります。

不良を出したくなければ、まずはラインを止めることです。

現場に、トラブル発生を知らせるス

「標準作業票」とは作業図面のこと

1 時間の標準	2 作業者数の標準
3 手持ちの標準	4 歩行の標準

4つの標準を1枚の図で表現する

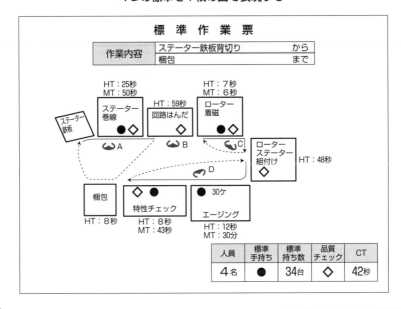

標　準　作　業　票

作業内容	ステーター鉄板背切り	から
	梱包	まで

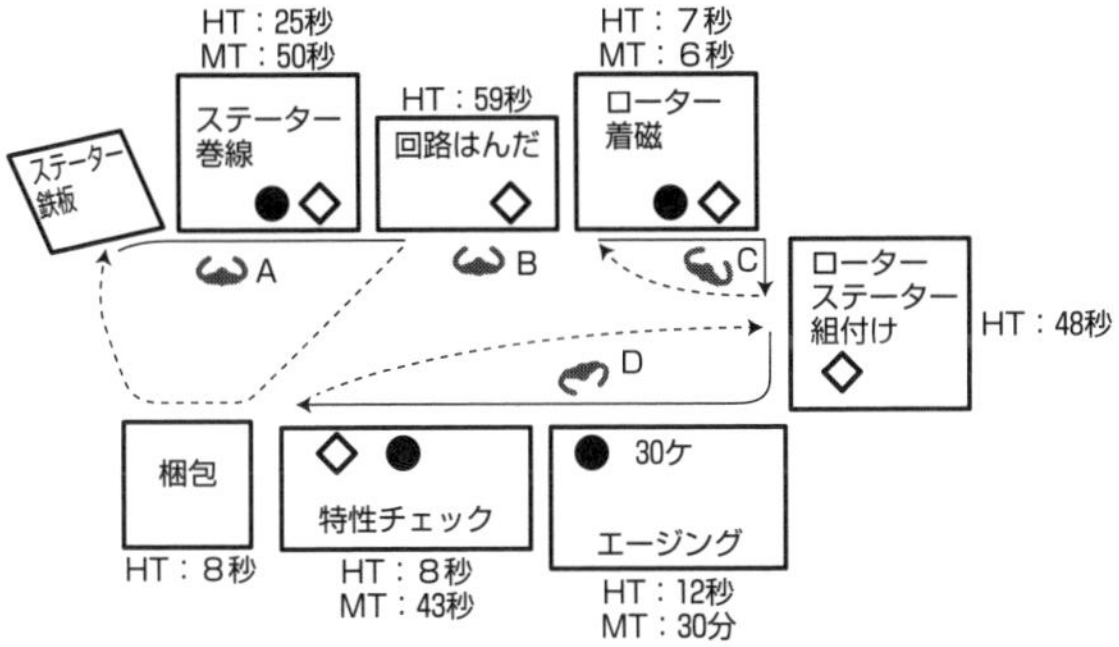

人員	標準手持ち	標準持ち数	品質チェック	CT
4名	●	34台	◇	42秒

イッチを設置し、異常が発生したら作業者はそのスイッチを押すようにします。同時にライトを点灯し、サイレンを鳴らします。その解除は現場に駆けつけた「長」が行ないます。当然、スイッチを押すと同時に作業はストップします。そして「長」と一緒に原因を除去した後に再稼働させるのです。

●定石6「標準作業票（歩行図）を守らせ、実行させる」

ライン入口に唯一貼り出す必要があるものがあります。それは「標準作業票」です。

標準作業票とは、上図のようにラインレイアウトと人員配置、標準手持ちなどの設計を表わしたもので、ライン内のものの流れや人の動きが、決められたとおりに実行されているかどうかをチェックするための図です。

使用するのは「長」で、SPHと一緒に活用します。

section 67

順調に生産できるようになったら、次に何をすればいいか?

Uラインの定石Ⅲ

生産性を向上させるには不良ゼロは絶対条件である。

●定石7「リズムに乗ってCT生産ができるようにすること」

生産性を向上させるためには、リズムを崩す記録作業、図面を見て考える動作、部品を見てよし悪しを判断する作業などをなくすようにします。

以上のようなムダな動作をなくしてもリズムが取れていないように感じられる場合は、時系列分析を行なうといいでしょう。縦軸にCTを取り、横軸に生産数を取ります。そして1台1台連続してCTに対するバラツキのデータを取ります。CTをオーバーしているときに、どんな動作をしているのかをよく観察しましょう。

●定石8「手扱い作業時間(HT)を自動送り、自動停止にし、着々化にする」

加工、組み付け、組み立ての順に工程は進んでいきますが、加工側は設備機械中心の作業になり、一方、組み立て側は、人間による手扱い作業が中心になります。しかし、多くの人を投入することは固定費を増やし、経営を圧迫する要因になります。そこで、手扱い作業を自動化する必要が出てきます。それには前述した治具化からスタートするのがコツです。治具による定位置化ができれば、自動化設計の50%は完成します。

そして、もう1つのポイントは「着々化」にすることです。「自動機械に取り付け、加工後、取り外す。着脱を繰り返す」。この着脱の「脱」の部分を機械にやらせるようにするのです。そのためには、左の写真のように、取り付け(取り外し)ステージと加工ステージを分ける設計が必要になります(セクション76参照)。

●定石9「ポカミスが発生したら、ポカヨケを設置せよ。ポカヨケはメカトロニクスのほうがよい」

人間の注意力だけではポカミスは防げないことは、繰り返し述べました。そこで注意力に頼らない、メカの力を借りてポカミスを防ぐようにしましょう(くわしくは第8章で述べます)。

●定石10「3分未満のゼロ段取りにせよ」(第6章参照)

Uライン用の設備設計条件

Uラインの定石Ⅲ

安全（S）

品質（Q）

- 全数検査が組み入れられた設備
- ポカヨケ
- 不良が出たら止まる
- チョコ停がない
- 必要精度が出る

コスト（C）

- Uラインのためのコンパクトな設備…大艦巨砲の設備はダメ
- 加工経路からファミリー化された設備…専用機械もダメ
- CTにあった設備…CTが長い設備はダメ
- 着々方式になりやすい
- 1個しか入らない…多数個加工はダメ
- 保全しやすい…日常保全がしやすい　ゴミがたまらない　異物が取りやすい
- 切粉処理のついた…切粉がからまない装置をつける

納期（D）

- ゼロ段取りが考慮された設備
- 取扱いが簡単
- 故障しにくい
- 故障が目で見てわかる

⬅写真左側は加工ステージ
右側は取り外しステージ

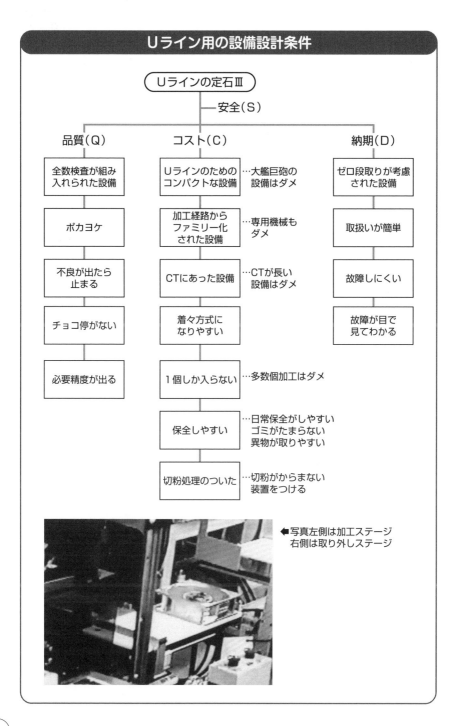

section 68

今、生産している製品のお客様の姿は見えるか？

「確定」と「未確定」という受注の種類

活動のスタートである受注の種類によって生産活動の精度が左右される。

●確定受注と未確定受注

受注の種類は2つあります。確定と未確定です。確定とは、お客様、納期、数量が決まっている受注のことです。生産時に使用する生産指示票には、その情報が明記されています。

ですから作った製品は必ず売れます。在庫として保管する必要はありません。

納期に合わせて生産に着手するタイミングを管理すれば、工場内の物流のムダも最小限にすることができます。

一方、未確定受注とは、お客様も納期も数量も決まっていない受注です。別名、予測受注ともいい、その生産を予測生産と呼んでいます。

その場合、生産数量は主に営業部門が決定します。売れる数量よりも、営業が見込んだ、売りたい数量を工場側にオーダーする場合がほとんどです。

この未確定受注の場合は、当然、在庫として製品を管理するようになるので、倉庫費用、物流費用としてコストも増加し、ポカミスの原因となる在庫を保管することになります。

●未確定を確定に変化させよう

ではなぜ、売れるかどうかわからないのに、生産に着手するのでしょうか？

ある会社の営業部の答えはこうです。

「売る玉がなければ受注は取れませんよ。だから在庫は必要でしょう。違いますか？」

この会社の製品は医療機器です。受注してから納品まで、短くても1ヶ月間はあります。とくに開業医の場合は、半年前から注文が入ります。注文を受けてから生産しても、納期には十分間に合います。しかし営業は、「もの」がないと心配らしいのです。

未確定の状態で生産に着手する要因は、受注リードタイムと生産リードタイムの関係にあります（第1章参照）。お客様から指定された納期に間に合わないと機会損失になってしまうおそれから、生産に着手してしまうのです。

確定受注として生産するには、生産リードタイムを受注リードタイムより短くすればよいのです。

受注のやり方で品質管理も変わる

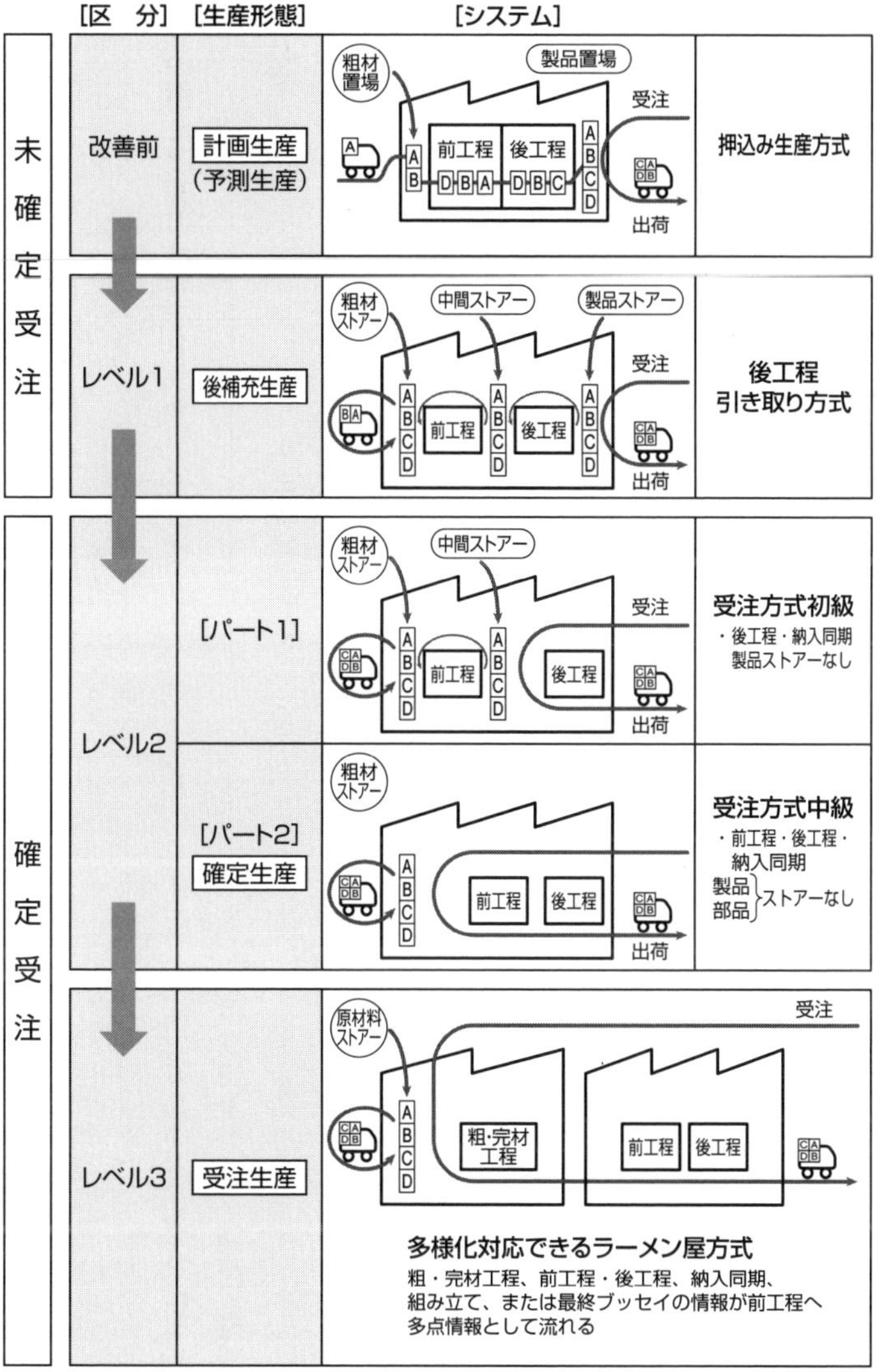

section 69

次の工程にものを運搬するのに棚から棚へと移し替えていないか?

フローラック台車の活用法

フローラックの棚と運搬の台車をドッキングする。

●フローラックとは

ラインで生産するには、部材の供給が必要です。品質を管理しやすいように、できれば前工程の生産順に後工程でも生産したいものです。そうすれば、検査データの管理も容易になり、時系列的に変化やバラツキの追跡ができます。

それが部材の供給方法1つで可能になるのです。コンビニエンスストアのペットボトル売場を想像してみてください。冷えている順に商品を定位置で取ることができます。これがフローラックです。

生産現場にこのシステムを導入するのです。

●フローラックと台車をドッキングする

ラインの入口には部材のフローラックを、出口には工程完成品のフローラックを設置します。そこまでは一般の工場でも行なっていると思います。

そして次の工程に移動するときには、フローラックから台車に移し替え、その台車から次の工程のラインの入口にあるフローラックに再び移し替えるということをしているでしょう。

しかし、その移し替えの行為はムダです。

そこで、フローラックにキャスターをつけて台車に改造するのです。

工程で完成したら、次の工程にはフローラックごと移動させましょう。これで移し替えは不要になります。

●フローラック台車に付加したい機能

さらにフローラックには、ポカミスを防ぐために次の機能を付加します。

1つは、「フルワーク機能」です。工程間の運搬量をコントロールするために、フローラック上に載せられる量の最大を決め、それ以上は載せることができないようにするのです。

もう1つは、「ノーワーク機能」です。工程の入口についているフローラック台車に必要で、「このまま生産すると部材(ワーク)がなくなり、ラインストップしますよ」と、サインが出る機能です。

フローラックの活用

ステップ1　フローラック（固定）

ステップ2　フローラック＋フルワーク機能

ステップ3　フローラック＋フルワーク機能＋台車

ステップ2
決められた量以上は投入できない

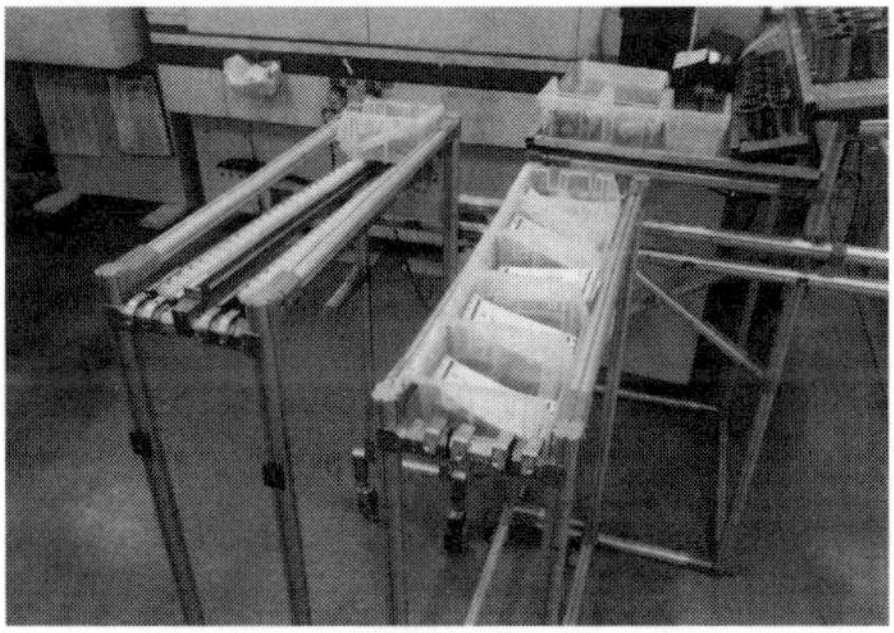

ステップ3
工程と工程を直接フローラック台車でつなぐ

section 70

確定数量のセット配膳にする

取り付け忘れというポカミスを防ぐための手法である。

●常備部品と配膳部品を区別する

配膳とは、生産に使用する部材をラインに配る行為をいいます。配膳のやり方次第で、ポカミスの増加をコントロールできるのです。

共通品や標準品のネジなどは、ライン常備品として数量を限定することなくラインに置いてもいいでしょう。

ただし、製品機能上、組み立て時にネジの「取り付け忘れ」が生じそうな場合は、使用数のみの配膳が必要になります。

●必要数のみ配膳する

「取り付け忘れ」を防止するのですから、必要数と同じ数量を配膳します。生産台数が98台の場合は、98個の部材を準備し、配膳します。購入単位が１００個だからといって、１００個配膳してはいけません。

ではなぜ、必要数だけ配膳するのでしょうか。それは、「取り付け忘れ」があれば部材が余り、目で見てわかるようになるからです。もし、余りが発生したら、その製造ロットをすべて再検査する必要があります。その中に必ず不良があるからです。

●セット配膳は取り付けられる向きに部材をセットする

加工、組付モジュールの場合は、同じ部材を整列させて、必要数量を配膳すればいいのですが、組立モジュールの場合は、もうひと工夫必要になります。

その１つは、配膳された部材を見れば、組立順序がわかるようにすることです。たとえば、左から右に向かって部材を取っていけば、組立順になるように配膳すれば、ポカミスも発生しにくくなります。

もう１つは、配膳された部材の向きです。きれいに整列させて配膳したつもりでも、作業者にしてみれば迷惑な場合があります。部材を手に取ってから、「持ち替え」の動作をしなくてはならない場合がそうです。

取り付けたい向きに部材が置かれていないと、「持ち替え」が発生します。配膳部材は取り付けられる向きにセットすることがポイントです。

取り付け忘れ防止のための配膳

確定数量セット配膳

（注意：セット配膳は、配膳工数が増加するため、改善と工夫が必要になる）

小物部品のセット配膳（セクション43と同じ）
組立ＣＴと配膳ＣＴが同期されており、部品を見れば正常と異常の区別がつけられる

大物部品のセット配膳
完成品は高さ２m以上のレントゲン装置

［写真提供：㈱MDI］

section 71

外観のキズ不良にはどんな対処をすればいいか?

「パスラインチェック」でキズを追跡調査する

キズ不良は「もの」と「もの」が接触することが原因。接触箇所を徹底的に洗い出せ!

●長ものの製品に注意

外観上、キズが発生しやすい製品があります。たとえば電源コードです。100ボルト用3mの延長コードを製造していることをイメージしてください。まず、数百m単位でコードが生産されます。そして、そのコードを3m用に切断します。そこまでは、キズはあまり発生しません。問題は次の工程からです。

コードの先端に、それぞれコンセントとプラグの加工が必要になります。そこで端子の圧着と絶縁部の成形工程が追加されます。そのとき両先端の加工部は気をつけますが、加工に関係ないコード部分は、いろいろなところにぶつかってキズが発生するのです。

では、どこでキズがついたのでしょう? これまでの工程で、ものが接触した部分を順に追ってチェックしてみましょう。そして接触した順に番号札を付けましょう。この方法を「パスラインチェック」といいます。

●接触箇所は治具のみにする

接触する箇所が多ければ多いほど、キズは発生しやすくなります。そこでパスラインチェックで付けた番号札を「取る」ような改善をしましょう。「取る」とは、接触をなくすことです。

コードはブラブラしています。ですから設備や運搬台車などに知らないうちにぶつかることがあります。このブラブラがダメなのです。前述した「定位置」を思い出しましょう。両先端以外のコード部分がブラブラしないような治具を製作して、キズ防止にトライしてみることです。

●ワンタッチカバーでキズと作りすぎを防止する

続いて、治具を物流の道具としてバージョンアップさせます。前工程の切断工程からその治具を取り付けます。工数改善も考慮して、治具はワンタッチ取り付け、取り外しができるようにします。そして、その治具の数量を管理します。成形工程が終了すれば、製品から治具が外れます。外れたら、その治具を切断工程に回し、切断を開始するようにするのです。

パスラインチェックとは？

外観キズ不良対策→パスラインチェック

その1 ４Ｓを徹底する（セクション59参照）

その2 決められた場所の『場所』を治具に限定する。治具のみがワークと接触するようにする

その3 ワークにカバーを取り付ける

その4 ワークのカバーと治具をワンタッチで取り付けられるようにする

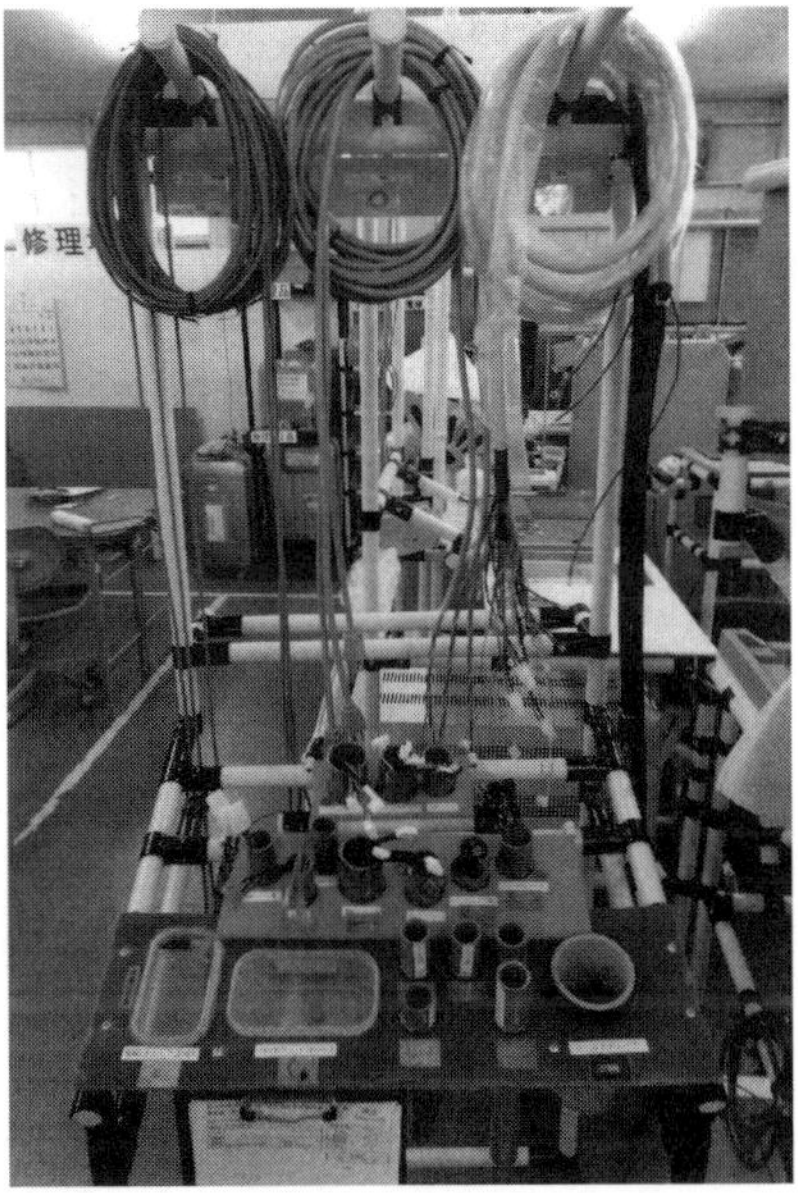

写真は、コード組付終了後、組立工程に配膳される前の状態。
多少ストライクゾーンから外れるが、他の部材と接触しないように上部に付けている。
組み立てで使用するコネクター部はストライクゾーン内にある

[写真提供：㈱MDI]

section 72

次の工程の部品が欠品しているとき、生産を続けるか？

欠品時には必ずラインを止める

「工程途中での停滞」を防止するためのルール。

●半完成品状態にしない

ポカミスが発生しやすい環境の1つに「半完成品状態」での停滞があります。このことはセクション25で解説したとおりです。

そこで、その停滞を防ぐためのルールづくりが必要になります。それは欠品の場合は、ラインでの生産活動をストップすることです。製造ロットごとの品質管理をするのならば、ロットごと部材がそろっていない場合、生産をスタートさせないようにしましょう。

●「長」は部材がそろっていることを確認すること

そして、その部材の管理をするのは現場の「長」です。生産を進行させるごとに、ロットごとに部材がそろっていることを確認します。

その中で、やってはいけないことがあります。次のようなことです。

今のロットで部材がそろっていないことを発見したが、次のロットを確認したところ、今、使用したい部材を発見しました。「あっ、この部材を使える！」。この行為は絶対やってはいけません。部材の「虫食い状態」を招いてしまい、部材から組み立てまでのトレーサビリティ（追跡可能性）が崩れてしまいます。

●購買部署はラインに良品部品を投入するまで管理を怠らない

購買部署の職務は、良品部品をラインに投入することが前提条件です。ところが最近の大手製造業を見てみると、コストダウンを第一の目的としている会社が目立ちます。

購買部門が土足で現場に入り込み、勝手にコスト計算をし、「○○のコストで生産可能ですよ」と提案し、その値段より高い場合は、よそから購入しますからと半分脅しをかける……こんな取引をしていて、はたして良品100％の部材を購入することができるでしょうか？ V（価値）＝Q（品質）／C（コスト）です。品質がよく、かつ安ければ、価値は大きいでしょうが、いくら安くてもラインに不良部材を投入してしまえば、3倍の法則で損失は増加してしまいます。

欠品対策

「部品欠品も不良である」

▽ **停滞**

は

工　　程

の

IN or OUTのみにすること

『工程途中の停滞は、ポカミスの原因になる』

（半完成品状態）

ルールとして

①始業前に現場長は部材がそろっていることを確認すること
②部品欠品の場合は、第１工程からラインを停止させること
③欠品した部材が、他の製造ロット分として準備されていたとしても、横取りしないこと

『部品欠品は購買部署の責任である』

購買部署の任務とは

①コストダウンは部品単体よりも、その部品を使用することによる、工場全体のコストとすること
②良品部品100%の購買であること
③協力工場の品質管理担当であること
④協力工場の現場改善担当であること

section 73

ここに置かれているものは何？

「仮置き禁止」を徹底する

異常（不良）発生時の「仮置き」が次の異常（不良）を生む。

●仮置き表示していませんか？

現場には間接部門の「仮置き」が多くあります。

先日もある工場を診断していると、「試作のため、○月○日まで仮置き技術部」とA4の紙になぐり書きしてありました。

仮置きしてあるものは、ほとんど動きのないものです。現場の稼働が終了してから、技術部のメンバーで試作をするのでしょう。ならば、「現場に放置しないで、技術部に持ち帰れ！」といいたいところです。

現場は神聖な場所です。表示さえすれば何でも置いていいと思っているとしたら大きな間違いです。

表示しようがしまいが、現場での仮置きは禁止です。「選ぶ、探す、考える」という行為が発生し、ポカミスの原因になります。

●4Sをルール化、システム化する

もう一度、4Sを徹底しましょう。「決められた場所に、決められたものを、決められた順序・順番に、決められた量だけ置く」。この4つのスタンダードを工場内ルールとして決めましょう。

ただし、ポスターに4Sの文章を書いて貼り出すことだけはしないこと。ポスターに書いて貼っても、ルールとはいいません。

まずハード的に環境を整えることが重要です。精神的な思いだけでは現場は変化しません。これまでに述べてきたことを4Sに注入しましょう。

セクション43の「ストアーはフローラックにする」で『決められた場所』をつくる。

そして、セクション44の「容器の工夫」で『決められたもの』を置く（入れる）。

最後に、セクション69「フローラック台車の活用」とセクション70「確定数量セット配膳」の合わせ技で、『決められた順序』に、『決められた量』だけ置くシステムを構築するのです。

それ以外の所へ置こうとすると、直置き状態になり、誰の目にも異常として見えるようになります。

仮置きから発生するポカミスメカニズム

[正常]

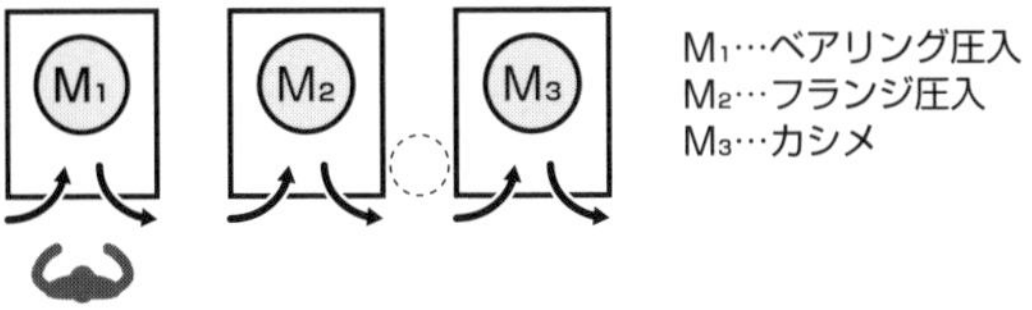

[正常な場合の作業]

①M_1から加工品を取り出す（右手）
②M_1に新しいワークを取り付ける（左手）
③M_1の加工品を持ち、M_2に移動する（持ち替え）
④M_2から加工品を取り出す（右手）
⑤M_1の加工品を持ち、M_2に取り付ける（左手）
⑥M_2の加工品を持ち、M_3に移動する（持ち替え）
⑦M_3から加工品を取り出す（右手）
⑧M_2の加工品をM_3に取り付ける（左手）

[トラブルが発生し、M_2とM_3の間に仮置きがある場合]

①〜⑤まで同じ
⑥M_2の加工品を、一度M_2とM_3の間に置く（仮置き発生）
　ここで瞬間的にM_2加工品が２台となる（左手）
⑦M_3から加工品を取り出す（右手）はずが、なぜか仮置きしてある１台を手に取ってしまう
⑧M_3の加工なしの製品がOUTPUTされる

[仮置き発生]

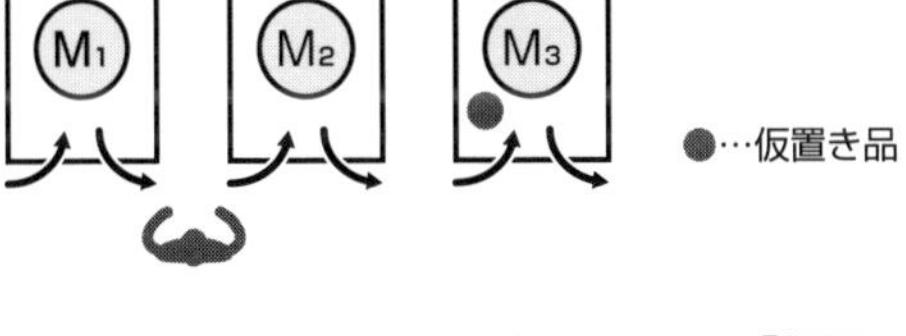

作業者は正常なときの動作で作業している。「仮置き品」の取り置きの行為が、M_3での取り置きと勘違いしてしまい、『工程とばし』というポカミスが発生する

section 74

休憩時間終了後、どの作業から開始するか？

定位置停止のルールづくり

休憩時間終了後、「取り付け忘れ」のポカミスが発生しやすい。

●CTが1分未満の場合のルール

休憩のチャイムが鳴ります。そのときにオペレーターはどんな行動をとるでしょうか？　工場の中で休憩に入るルールはきちんと設定しているでしょうか。

チャイムは作業中に鳴ります。いつも同じ作業をしているときに鳴るのならば問題ありませんが、たぶん、いつも違う作業をしているときに鳴るはずです。すると、休憩時間が終了して作業を開始するときに、バラツキが発生することになります。休憩ごとに作業の着手順にバラツキが発生すると、「次は何だっけ？」と考える動作、探す動作、選ぶ動作のムダが生まれ、ポカミスの原因になるのです。それを防止するのが「定位置停止」のルールです。

CT（サイクルタイム）が1分未満の場合は、チャイムが鳴っても1サイクルが終了するまで作業を続けます。こうすると「定位置停止」の位置は、サイクル終了時のものになります。そして、休憩終了後はサイクルの最初の作業からスタートします。

●CTが1分以上の場合のルール

CTが長い場合は、サイクル終了までいかない場合があります。たとえば、10分休憩のチャイムのときにCTが5分の生産をしていれば、最悪、休憩が半分なくなってしまいます。「定位置停止」のルールにしてしまったら、組合から非難の嵐でしょう。

そこでCTが1分以上の場合は、左ページ下図のような、「定位置停止」のカードを作成します。そして、そのカードをチャイムが鳴ったときに、作業していた位置に付けるようにするのです。休憩終了後、そのカードを取り、休憩前の作業を確認します。確認後、次の作業に入ります。したがってCTが1分以上の「定位置停止」の位置は、不特定になります。自動車組み立てのように常にCTが一定ならば、1分未満のルールを活用できますが、変種変量受注の場合は、不特定の「定位置停止」ルールになるでしょう。そのときにカード作成のルールの効果は意外に大きいことがわかります。

休憩時間後のポカミスを防ぐ

「定位置停止」ルールの実施

[標準作業票]

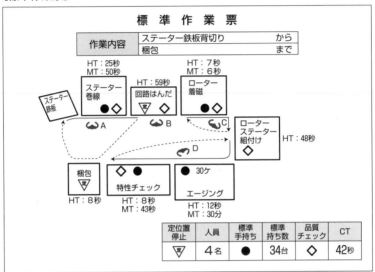

標　準　作　業　票

作業内容	ステーター鉄板背切り　から
	梱包　まで

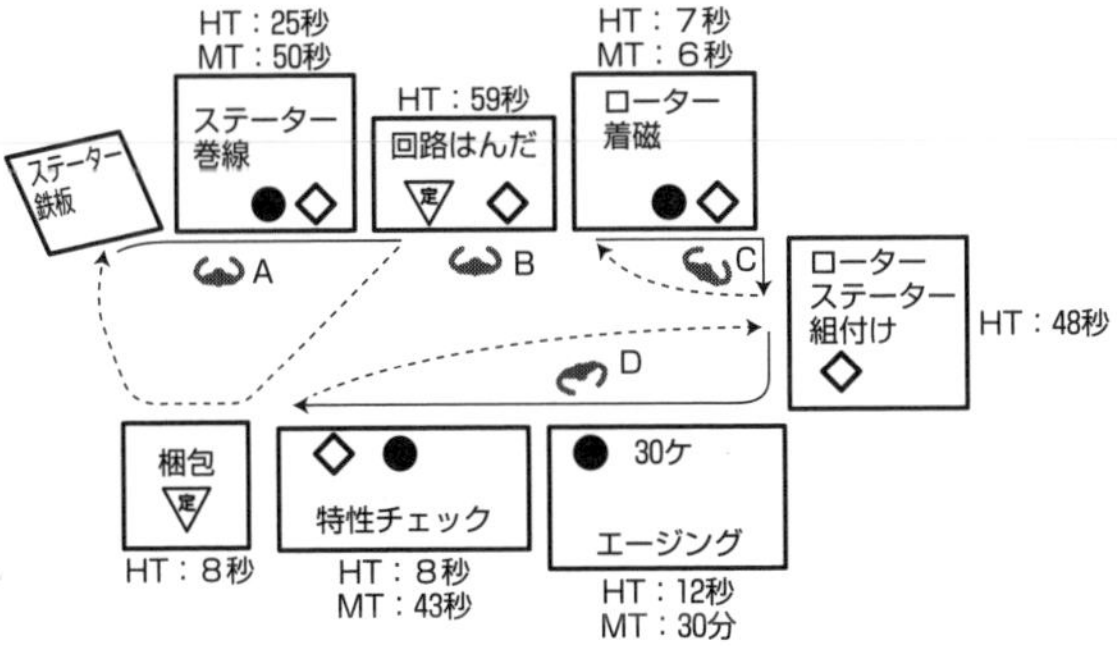

定位置停止	人員	標準手持ち	標準持ち数	品質チェック	CT
▽（定）	4名	●	34台	◇	42秒

[ラインの中では]

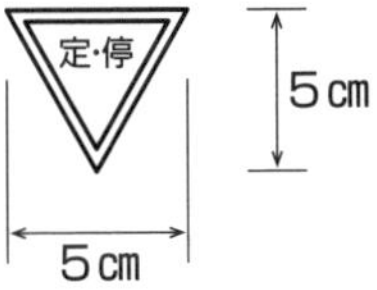

このようなステッカーを製作して、治具に貼り付ける

[１分以上の場合]

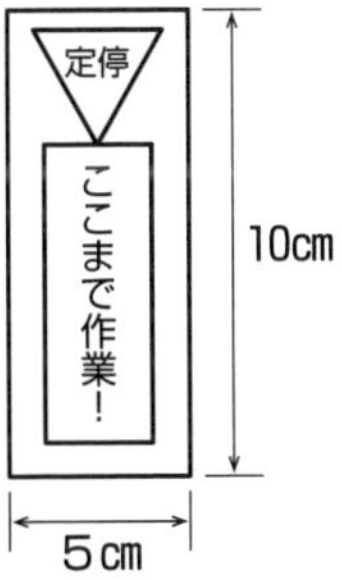

このようなカードを製作して、休憩後、休憩前の作業を確認してから次作業に移る

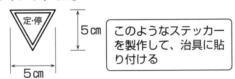

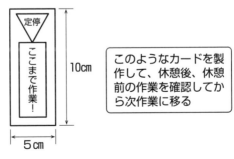

COLUMN 7

中国工場の休み時間

1990年代の後半、中国の広東省東莞市にある電気製品の組立工場を指導していたときの話です。その会社は韓国で有名なS社で、日本の携帯音楽プレーヤーを生産していました。

日本国内では、コスト削減に限界を感じた企業が、人件費の安い韓国にOEMを依頼します。同じように韓国企業は、さらに安い中国で生産します。「設計は自国で行なうから技術力は維持できる」などと傲慢なことをいう企業が増えてきた時代でもありました。ものづくりを放棄した会社が、設計技術を維持するなど神業に近いことも知らずに、です。

話を本題に戻しましょう。その携帯音楽プレーヤーの生産は、1ライン30名ぐらいで、ベルトコンベアの前に座って作業しています。レーザー光線を発射受光するピックアップ部を、別のラインで組み付け、最終の組立ラインに投入します。細いリードワイヤーを拡大鏡なしでハンダ付けしています。

工場で作業している中国人女性の視力は、3・0近くあるといいます。私が拡大鏡で見てはじめて気がつくキズ不良も、彼女たちは肉眼で確認できます。

そして右手には、ピンセットとニッパとハンダごてを同時に持っているのです。写真でお見せできないのが残念です。まるで阿修羅のようです。

その手はロボットのように動き、作業をしていきます。目がよくて器用。

「設備投資するよりも、100人の中から1名の優秀な人材を雇用したほうがいい」、それが1990年代の中国だったのです。

ところが休憩時間になったとき、衝撃の行動を目にすることになりました。

チャイムが鳴った瞬間に、全員が席を一斉に立ち、走り出したのです。

トイレに行く人、水分補給をする人とさまざまですが、全員走っています。

ここまで話せば、次に発生する現象は想像できるでしょう。休憩終了後、連続して10台以上、不良品が発生するのです。

最終工程の女性がどんどん赤箱に不良品を放り込んでいきます。不良が発生しても、ぜんぜん自分には無関係のような顔をして。

第8章

ポカミスを防ぐための対策

ポカヨケはメカで行なう

注意力だけではポカミスは防げない。電気、機械の力を活用しよう。

●不良数「1」「0」の管理機能を設備に入れる

自動機を信頼しすぎると、こんなことが起こるケースが考えられます。

ラインでの生産が終了しました。しかし、出荷直前の1ロット20台全数で「A部品圧入不良」が発見されました。A部品の圧入をしているのは圧入自動機です。人間はワークを機械にセットした後、起動スイッチを押したら次工程に移動します。それを20台分繰り返し、CT生産していました。

その時点では、圧入不良には気がつきませんでした。残念ながら、工程内の検査工程でも不良を発見することはできませんでした。

人間が手扱いで圧入作業をしていたら、気がついていたかもしれません。しかし、加工を機械に任せっきりにし、圧入はすべて良好と思い込んでいたのです。というより、自動機は完璧なものと思い込んでしまっていたのです……。

●自動機設計の条件

自動機設計の絶対条件として、不良品「0」か「1」で管理できることを盛り込むことが求められます。不良が発生したら機械が止まることです。そして、止まったら人間がチェックするまで、機械を停止状態のままにしておきます。

異常を解除しない限り、起動スイッチを押しても起動しないように、メカ的に回路を組むようにしましょう。

●不良を感知する機能を入れる

不良が発生したら、機械、設備を止めます。そのためには、不良品を不良と検知する機能が必要になります。

①圧入自動機の場合

部品を圧入する場合は、セクション10で説明したように、ハメアイの寸法公差が重要になります。しかし、圧入の自動機内でオスとメスの寸法をチェックすることは困難です。

そこで寸法の精度を圧入圧力で判定する技術が必要になります。その圧力を数値で管理できる機能を、自動機の中に組み込むのです。ロードセル（圧力センサー）を組み入れれば、それは

不良品をMAX１台で止める

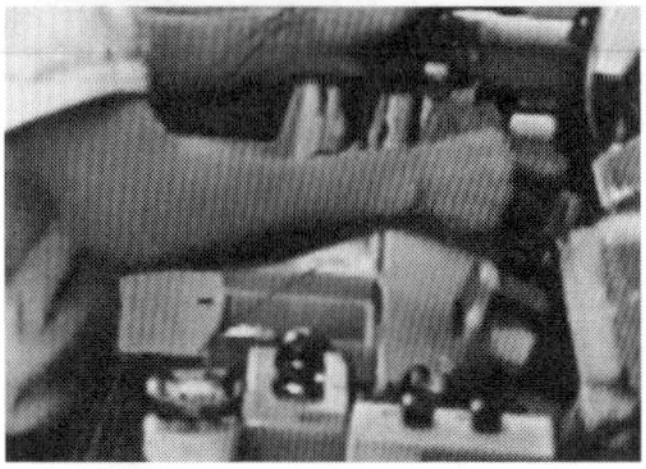

写真上部左手には、これから設備に取り付けるワークを持ち、右手には加工後のワークを持っている

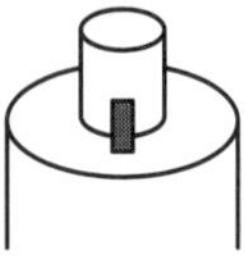

右手の下にあるこの部品は、ポカヨケ治具で、右手に持っている加工後のワークをこの治具に載せると、加工の良否を判定してくれる。下の写真は治具に載せている状態である。このシステムはシーケンス回路上ではAND（アンド）回路で制御する

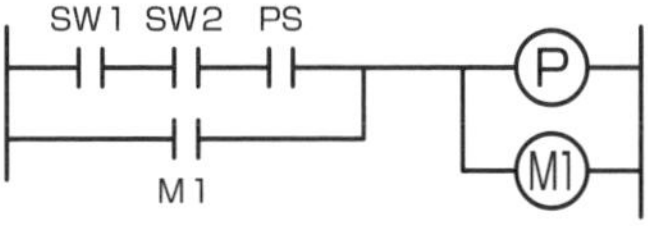

ANDシーケンス回路

SW1…プレス両手スイッチの左
SW2…　　　〃　　　　右
PS …ポカヨケ治具のスイッチ
M1 …自己保持用スイッチ
P …プレス動力

SW1とSW2を両手で押す。加えて、ポカヨケのPSスイッチがONになると

となり、

信号がつながり、Pの動力が動く
不良の場合は、PSがONにならないので、Pは動かない

可能です。

②接着自動機の場合

自動機の中でも、接着剤の自動塗布はむずかしい技術です。気温や湿度の変化で接着剤の粘度が変化し、その変化に伴って塗布量も変化するからです。

本来、接着の評価は、接着強度で行なわれるべきですが、接着工程内で瞬時に硬化しないため、強度試験はむずかしくなります。

その代わりになるのが条件管理です。接着で大切な条件とは、「定位置」と「定量」です。そこでセクション60で述べた「4定」をこの自動機にも導入します。

定位置については、センサーまたはリミットスイッチで管理し、量については、接着前の製品重量と接着後の重量を比較して良否を判定します。

当然、接着剤の定温管理も忘れてはいけません。

自動機でのものの置き方

脱着ステージと加工ステージを区別することがポイント。

●治具の精度をチェックする

自動機の検査機構設計の手段として、セクション75の例の他に、もう1つ紹介しましょう。それは、ワークをセットする治具設計です。自動機で加工しようとするワークの良否を判定して、良品ならば加工をスタートさせるしくみを治具で行なうのです。

たとえば、左図のように円筒状のワークを、何らかの加工をするために自動機にセットするとしましょう。そのワークがセットされる治具に、ワークの製品設計精度を測るしくみを組み込むのです。「もし、円筒状のワークの外径が大きければ、治具にセットすることができない」……ただそれだけのことで、前工程の不良品を発見することができます（順次検査ともいう）。

また、もし不良と知らずに加工した場合は、その加工の付加価値もムダになりますが、そのムダも事前に防ぐことができます。

セクション75の自動機設計と、この治具設計を組み合わせると、前工程の流出不良を最小限に抑え、かつ次工程の不良も最小限にできます。

治具とは、良品を治める道具であることを再認識してください。

●脱着ステージと加工ステージ

続いて、自動機内での加工ステージ設計について解説しましょう。

治具にワークをセットした後、その場で加工するか、それともその治具が奥に移動して加工するかの違いについてです。

おすすめは、奥に移動してから加工する方式です。脱着するステージと加工するステージを区別することによって、将来、自動機と自動機を連結する場合に有利になるからです。

加工ステージと加工ステージを連結することは機構上むずかしいですが、脱着ステージ同士ならば可能です（セクション67参照）。

●不良品はステージの外に出す

さらに不良品が発生した場合は、自動機の外に排出する機構を付加できれば上できです。自動機の治具の上は、「良品」のみになります。

自動機は「いってこい」方式にする

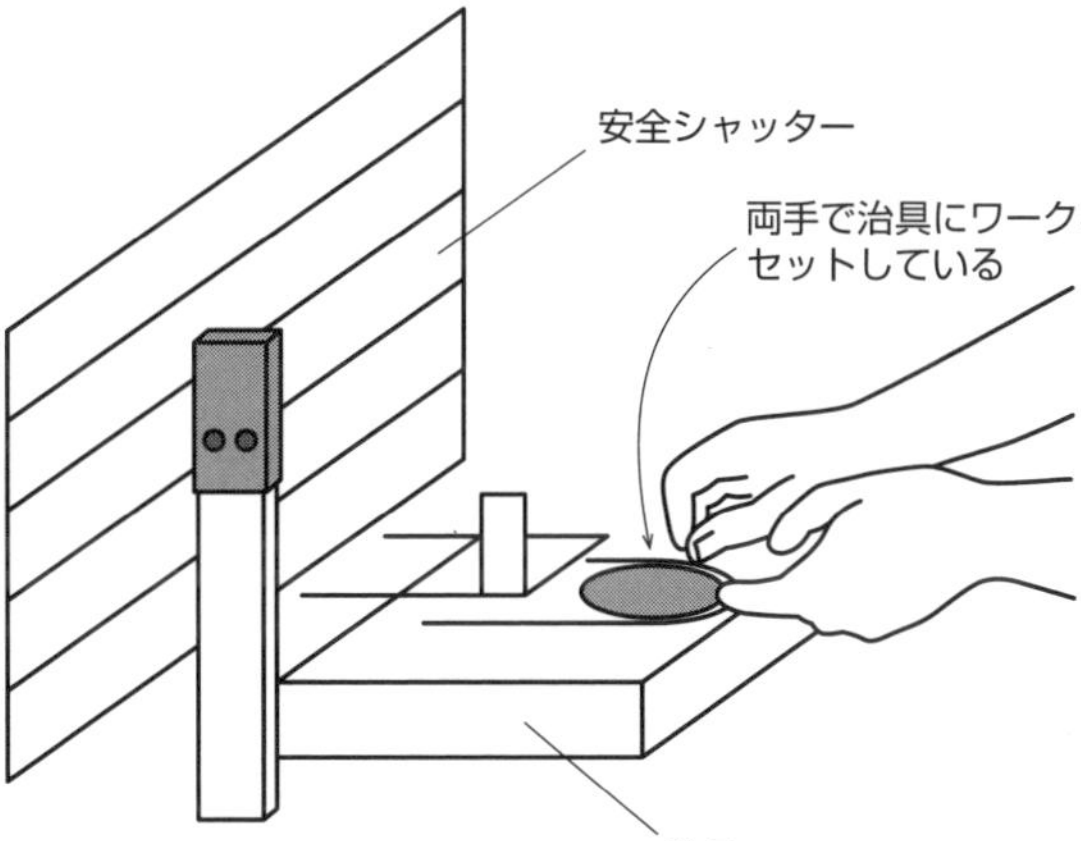

①両手でワークをセットする→②スイッチON→③治具が左側の加工ステージに移動する→④安全シャッターが下降する→⑤自動機の加工がスタートする→⑥加工終了→⑦安全シャッターが上昇する→⑧治具が右側に移動→⑨ワークを取る

section 77

物流センターでのポカミスを防ぐ方法1

「品物ちがい」を防ぐアナログとデジタル

指定された品物をピックしたはずなのに？

●正しくピッキングしたつもりでも

物流センターだけだなく、ものづくりの現場でも製造ラインへの部品配膳などで間違って違うものをピッキング（棚などから品物を取り出す作業を言います）したり、配膳してしまうことがあります。作業している本人は、注文書や作業指示書などに記載されている通りにピッキングしているつもりでも、実際は、1列違う棚からだったりします。特に物流センターでは、1件のピッキング作業ではなく、一度在庫倉庫に入ったら数10件の作業を繰り返し行われます。1件のピッキングに10秒足らずのサイクルタイムが要求されていたら、間違いが発生しても不思議ではないのかもしれません。

●同類のもので棚を構成する必要はない

なぜ、間違っていることに気が付かないのでしょうか。それには理由があります。ベテランになればなるほど商品知識が向上し、注文書を見た瞬間に形状をイメージします。棚の列に同類のものが複数、たとえばネジ類ならば、長さが1ミリ単位で並んでいます。本人が「これだ！」と、思い、素早くピッキングした品物が実は1ミリ短いものだったりするのです。

そのような勘違いミスを防ぐには、あえて棚の列は、形状の違うもので構成することです。そして、ピッキングの指示は、商品名ではなく、棚番地指定するとミスを防ぐことができます。

●アナログとデジタルのポカヨケ

棚番地基準のピッキングに変更しても完全にミスを防ぐことは難しいかもしれません。ポカヨケの設置をしましょう。左のページ上の写真は、アナログとデジタルのミックスされたポカヨケです。指定された棚番地の扉をオペレーターが開き、開かれた扉の裏側についているバーコードを読み取り正しいことを確認します。下の写真は、扉の開閉もバーコードで制御されているデジタルのポカヨケ事例です。

アナログとデジタルのミックス改善事例

商品をピッキングするには必ず扉を開く。開くとバーコードが現れる。そのバーコードとピッキング指示書のバーコードを照合させる

デジタルの改善事例

ピッキング指示書のバーコードを読むと指定された扉が開く。

[写真提供：㈱ミスミ中日本物流センター]

section
78

物流センターでのポカミスを防ぐ方法2

一桁の数量でも数え間違いは発生する

数量間違いを防ぐ方法

●手作業だけではミスを防げない

セクション77では、「品物ちがい」を防ぐ方法にて正しく商品をピッキングできるようになりました。次は、「数量」です。写真提供していただいている（株）ミスミの物流センターで10数年物流センターの現場改善のコンサルティングを行っています。海外の物流センターを含めると、6拠点の現場改善を行っていますが、全て拠点に共通しているポカミスが「数量ちがい」です。

改善前はピッキングする時に手作業で数量を確認し、次工程の梱包工程でも梱包する前に数量を確認します。ダブルチェックと言われる検査手法です。このやり方は、数量の大きさの大小で作業時間が変動するため、次工程との同期化が困難になってくるなど、お勧めできる方法ではありません。また、1万件に1件の割合で「数量ちがい」のポカミスも発生していました。

●1個1グラム以上の商品は重量測定

左中段の写真は、改善後の様子です。ピッキングと同時に数量を確認している場面です。写真の右側では、電子秤の上に商品が載せられています。実際の数値は、個数ではなく重量を表しています。事前に商品1個あたりの重量データーベースを記憶させておき、出荷指示書に要求個数から総重量を計算します。その結果、写真の左側に「OK」「NG」の判定が出てきます。

商品は主に金属加工品です。寸法公差がある切削加工品などは、ロットによって微妙に重量が変化しますので、検査するごとに重量データーベースの更新をしています。

●1個1グラム未満の商品は画像認定

小さくて軽い商品はどうすればいいでしょうか。左下段の写真を見てください。1個の大きさは直径5㎜、重量は0・2gです。画像から数量を確認システムを開発し軽量商品群に活用されています。これを重量で測定するには精密計測秤と環境面では、除振などが必要になり、移動しながらのピッキングは困難でした。

数量を重量や画像に変換する

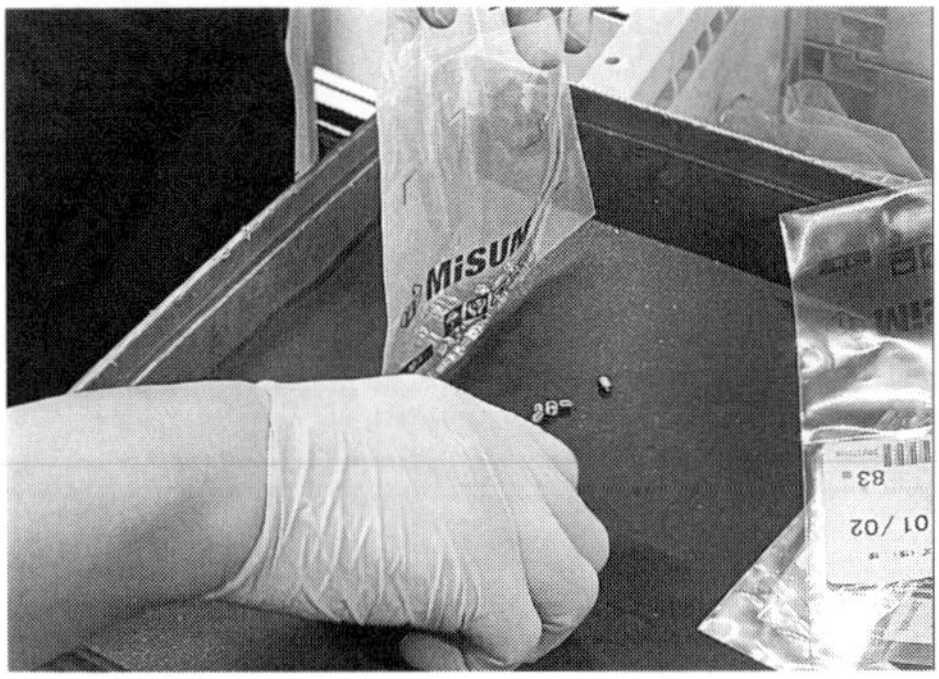

手作業で数量を確認している様子

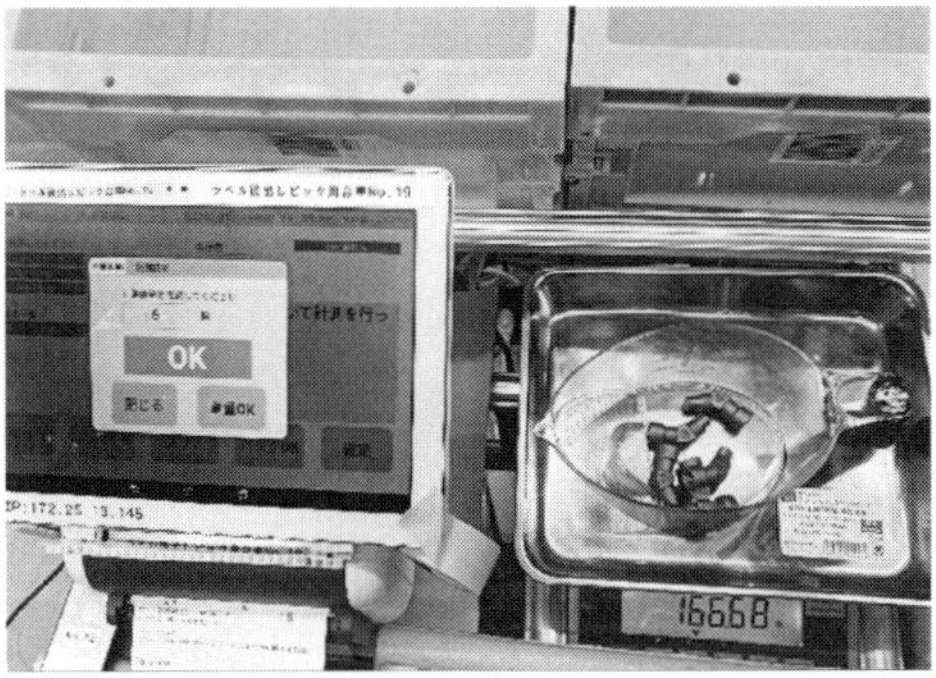

指示書のバーコードを読み取り指定された数量を右側のトレイに入れる。正しければモニター画面に「OK」と表示される

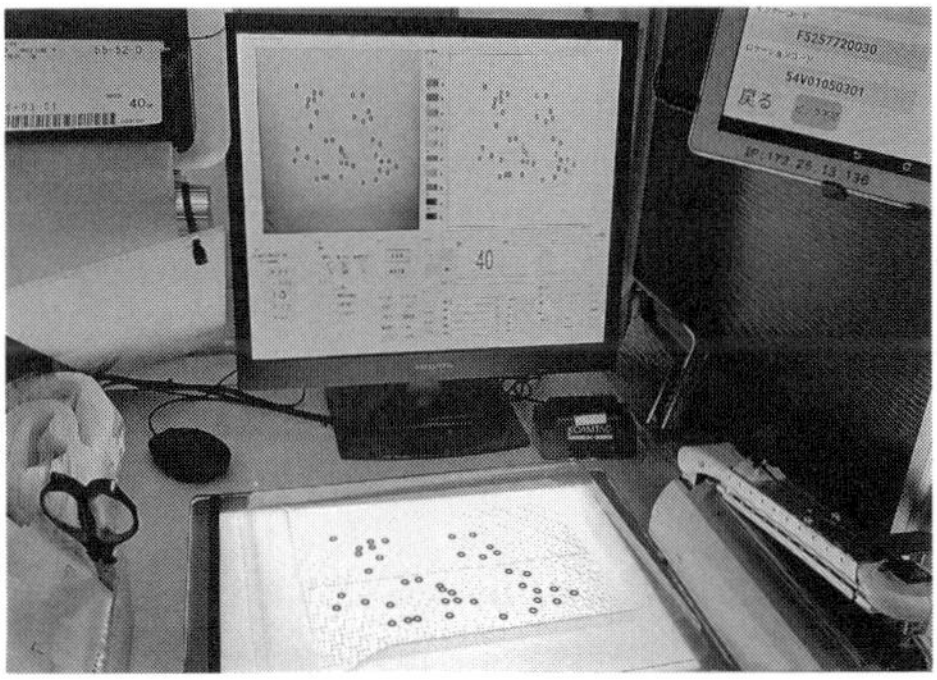

画像認識システムを自社開発。今後は、「OK」後自動梱包まで進化させる予定

[写真提供：㈱ミスミ中日本物流センター]

section 79

メンテナンスをしくみにする方法はあるか?

全員参加の「TBMS」の実施

メンテナンスの目的は故障ゼロ。全員参加がポイントになる。

●メンテナンスのランク

これから説明するTBMS(タイムベース・メンテナンスシステム)とは、私が実際にサラリーマン時代に経験して、効果が確認できているしくみです。

最近、現場を見ていて残念なのが、自分の職場の設備なのに、自分でメンテナンスができない「長」が増えているという現実です。

受注は営業任せ、計画は生産管理、部品管理は購買、設備は製造技術に任せっきりの現場の「長」は、人の管理もできないタイプが多いようです。

そんな現場を少しでも改善するために、TBMSはとてもよいきっかけになるでしょう。

まず、TBMSは全員参加が絶対条件です。全員でメンテナンスを行ないます。

そのためにメンテナンス内容をランク別に分けます。

Aランクはオペレーターでもできるメンテナンス。Bランクはラインリーダーが行なうメンテナンス。Cランクは高度なメンテナンスで、設備にくわしい製造技術、または生産技術のメンバーが行ないます。

●タイムベースを決める

メンテナンスをランク分けしたら、次は実施のタイミングを決めます。

毎日実施する場合は「D」、毎週ならば「W」、毎月であれば「M」というように決めます。

●メンテナンスカードの発行

次に、メンテナンスランクと内容、ライン名、設備名、タイムベースと実施日を明記したカードを発行します。裏には備考として、メンテナンスを実施した際に気がついたことを記入してもらうようにします。

そのカードをメンテナンス差立板に差し入れます。

メンテナンス終了後は、生産技術がメンテナンスカードを回収します(発行も生産技術が担当する)。これもインとアウトの管理です。メンテナンスのデータを設備台帳に記録していくと、「設備カルテ」になります。

「備えあれば憂いなし」全員参加でTBMSを！

1．メンテナンスカードを発行する

2．メンテナンスカードを差し立てる

差立板を製作して、発行したカードを差し立てる

3．実施する

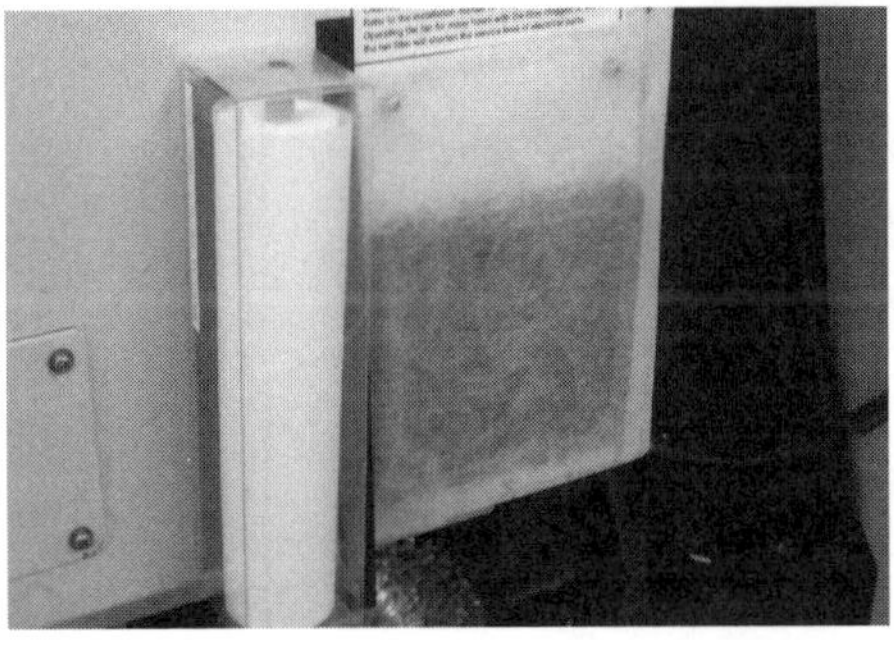

セクション77で汚れていたファンのガードは、写真のようにワンタッチで清掃ができるように改善された

旋盤加工の切粉が引き起こす設備故障

切粉処理の大切さ

切粉は製品も設備も不良にする。

●機械加工実習での思い出

私が学生時代、電気工学科に在籍していたとき、週に2時間、機械加工の実習がありました。

汎用旋盤で、今はなつかしいトイレのハンドルを加工したり、鋳物に使用する木型も作ったりしました。汎用というアナログの加工機に触れることで、NCの制御も理解できるようになりました。

その実習で一番思い出として残っているのが、切粉《きりこ》の清掃です。

クラスのみんなが材料の加工だけに気を取られ、チャイムが鳴った瞬間、加工品を持って帰ろうとしたとき、担当教官に怒鳴られました。「貴様ら、旋盤を見ろ！　このままで帰るのか！」と。

旋盤は、われわれが削った切粉で汚れていました。「こんな状態でいいものが作れるか。バカやろうども」とさらに追撃を受けました。

その後、昼休みもなく、ピカピカになるまで旋盤をきれいにする作業を続けました。

●摺動面に切粉を近づけるな

とくに切粉について注意しなければならない箇所は、設備の摺動《しゅうどう》面です。旋盤のテーブルを移動させるために、内部にボールネジが入っていますが、そのネジになっているシャフトのことです。そこに切粉が付着すると、ネジ山と谷の部分に入り込みます。そしてキズを発生させ、キズが進行すると摩耗がはじまります。

切粉の付着、キズの発生、摩耗を繰り返すと、テーブルを移動させるハンドルを回しても、目盛で回した分、移動しなくなります。「遊び」が生じるのです。

また、非常に細かい切粉をそのままにしておくと、切削中のオイルミストと一緒になって設備にこびりつきます。

NC工作機などは、内部にリミットスイッチを多く取り付けていますが、切粉とオイルミストの付着によって動作不良を起こすようになります。

日々の清掃とともに、切粉飛散防止のためのカバーも工夫してください。

品質はクリーンな職場から

写真は、金属加工会社Ｓ社のようすを撮影したものである。フライス盤、旋盤等NC機含め50台近く保有する工場であるが、ほとんどの加工機は、写真のように切粉が山のようになっていた。新しい設備が導入されても、１年も経過すると故障が目立つようになり、機械の加工精度も「遊び」のため調整が必要なり、加工時間が増加するようになってしまった

社長自らクリーン大作戦を決行

毎日、加工終了後、全員で清掃を開始

「床にちらばった切粉を全員でホウキで清掃していたが……」

「「忙しい」を理由に、いつの間にかまた写真のような状態に……」

「切粉が飛散しないようにすれば清掃は不要だ」

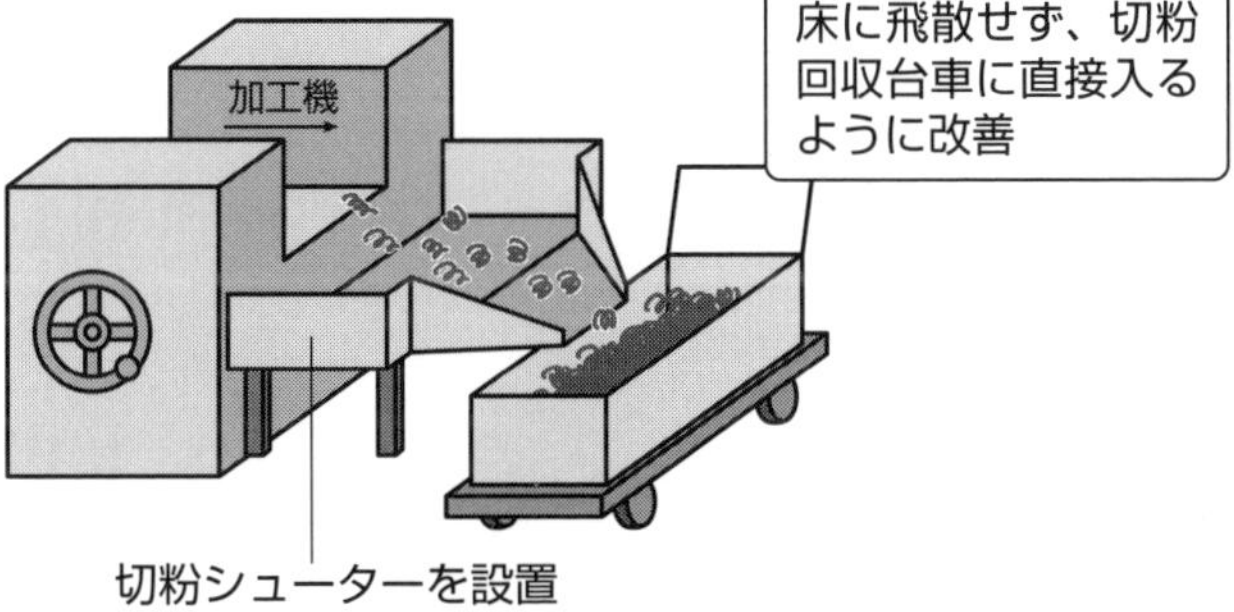
加工機
床に飛散せず、切粉回収台車に直接入るように改善
切粉シューターを設置

稼働率を100%にすることに意味はない

「稼働率」より「可動率」が大事

製造現場で必要なのは、可動率（べきどうりつ）。

●稼働率は改善するほど低下する

変種変量の受注に対して生産計画を立てたとしても、毎日の生産数を同じにすることはむずかしいでしょう。

しかし現場では、何も実情を把握してない「長」が、設備が止まっていると、怖い顔をして怒鳴ることがあります。

「この設備は高いんだぞ。なぜ止める。早く加工しろ」と。

その結果、在庫が膨れ上がり、そこから不良が生まれてきます。

改善が進み、確定受注生産比率が高まってくると、「売れるときに、売れるものを、売れるだけ作る」方式に変化してきます。受注が少ないときは、その量に100%比例しないまでも、稼働率も下がるのが普通です。稼働率は、工場の現場で管理するよりも、受注管理として営業側で管理したい数字です。

また加工方法を改善して、1台当たりの加工時間が短縮されても、稼働率は下がることになります。稼働率の数字が下がること自体は悪いとはいえないのです。

稼働率が下がるということは、設備の生産能力が向上していることになるので、「さらに営業活動を活発化しなさい」という数字なのです。

●可動率を100%にしよう

稼働率は必ずしも100%にする必要はありませんが、可動率は100%をめざさないといけません。

可動率とは、「あるべき時間に対する、実際に費やした時間のこと」です。100%を切っているときは、標準から外れている行為がどこかに発生していることになります。加工機であれば、段取り時間が決められたとおりでなかったり、組立ラインでは、不良によるラインストップがあったり、といったことです。

T自動車の組立ラインでは、可動率が97%から99%で推移しています。10分に一度ラインストップがあると、97%にダウンするようです。その計算式が左ページにありますので、参考にしてください。

「稼働率」と「可動率」と「実働率」

$$稼働率 = \frac{後工程の要求数}{定時間での加工能力数^{※}} \times 100$$

$$^{※}加工能力数 = \frac{稼働時間（定時間）－段取り替え時間}{1台当たり所要時間}$$

所要時間は HT ＋ MT
（ハンドリングタイム）（マシーンタイム）

$$可動率 = \frac{1台当たり所要時間 \times 後工程の要求数}{実績所要時間} \times 100$$

$$\left(可動率 = \frac{あるべき時間}{実際の時間} \times 100\right)$$

たとえば、1台当たりの所要時間が2分として、要求数は200台だったが、生産した実際の時間は510分だったとする。この場合の可動率は、

$$\frac{2 \times 200}{510} \times 100$$

＝ 78.4% となる。

実働率とは、1台当たりの所要時間の中で、どれだけ設備機械が実際に働いたか（付加価値を生んでいるか）を割合にしたものである

$$実働率 = \frac{付加価値時間}{1台当たり所要時間} \times 100$$

たとえば、1台当たり所要時間が下記の場合は、

①完成品を取り外す…3秒
②部品を取り付ける…5秒
③スイッチON…2秒
④機械加工…10秒

所要時間は合計20秒。付加価値時間は実際に加工している時間の10秒であるから、この設備の実働率は50%になる

section 82

安全装置を万全にする設計を

稼働中の設備を手で止めることはできない

人間の不良(ケガ)を防ごう。

●韓国の工場での出来事

韓国S社のモーター工場で、アルミダイキャスト工程を指導していたときに、事故が発生したことがあります。作業者の右手の人さし指から薬指までの、第2関節から先が切断されたのです。私は現場から5mほど離れたところにいましたが、悲鳴で気がつき、その場に駆けつけました。血が噴き出している手を上にあげて肘で縛り、止血を行ないました。ほかのオペレーターには、切断された指を拾ってもらい、「氷漬けにしろ」と指示を出しました。

なぜ、事故が発生したのでしょうか。発生した工程は、ダイキャストの後工程で、アルミのゲート(溶けたアルミをキャビティーに流し込む道)をカットする機械で事故は起きました。

ダイキャストされたワークをゲートカット機にセットし、スイッチを押します。すると上部から円筒状の鋭い刃が下降し、ゲート部を切り落とすようになっています。作業者によると、そのときにワークが治具に収まらず、傾いたのだそうです。スイッチを押してから、それを直そうとして指を切断されたらしいのです。残念ながら、安全装置は付いていませんでした。

●安全装置はセンサーよりもカバー(シャッター)で

安全装置にもよし悪しがあります。センサー類による停止装置は、できる限り使用しないことです。

日本でも、自動回転ドアに体を挟まれて、幼い子供が死亡した事故がありました。センサーは、範囲を100%カバーしてくれないのです。死角が発生するのです。死角をなくすようにすれば、今度は、可動範囲が取れなくなります。

加工設備における安全装置は、カバーとシャッターを織り交ぜて設計します。まずカバーで、オペレーター以外の人が設備に触れることができないようにします。そして作業者の作業範囲には、シャッターを取り付けます。スイッチを押したらシャッターが下り、その後、設備の加工部が稼働するようにするのです。

安全も品質のひとつ

写真1

左手でワークをセットする。安全シャッターは上部にある

写真2

セットしたのち、スイッチを押すと、シャッターが下降する。
オペレーター正面はシャッター、側面は透明なアクリル板で覆われており、設備稼働中は絶対に手が入らないようになっている

写真3

韓国S社の指切断事故の原因となったダイキャストの金型。
メンテナンス不足からゲートのまわりにバリが発生するようになり、そのバリが、ゲートカットマシンのワーク取り付け治具をつまらせた

COLUMN 8

「動かない立ち作業」のうんざり顔

音響メーカーA社の工場診断でのことです。新しいUラインが完成したので、ぜひ診断してほしいとの連絡を受けました。『日経ものづくり』という月刊誌に3ヶ月連載されるほどの工場なので、とても楽しみにしていました。

社長とのあいさつを終え、早速、現場に入りました。雑誌は写真での紹介ですが、現場は「生」です。その現場の事実を見て驚きました。Uラインのはずが、そうではなかったのです。

ラインの形は「コの字」になっていて、ラインの中間に大きな空間がありました。「ここは、今後、何かに使用するのですか？」と尋ねると、「いや、このままです」と工場長はいいます。「そうですか、非常にもったいないですね」と、思わず嫌みをいってしまいました。

驚きはそればかりではありません。1ライン7名体制で生産していて、入口と出口をそれぞれ違う人が担当しているのです。ラインの形が「コの字」なので、入口と出口を1人で担当することは困難です。

「このままでは、ライン内の仕掛かり数が変動して、ポカミスが発生しますよ」とアドバイスしましたが、工場長は、ムッとした顔をして、「そんなことはありません。見てください。検査機器を積んだ台車を動かしている女性がいるでしょう。彼女は、ここの3ラインを移動しながら、検査しているのですよ。検査の達人です」と説明しながら、徐々に自慢げな顔に変わっていました。「私、加工する人、あなた、検査する人」の、最悪の工程設計になっているにもかかわらず、です。

そして、とどめの驚きは、7名の女性が全員、一歩も動かないことでした。座り作業ではありません。みんな、立っています。それなのに、一歩も動きません。Uラインの定石が何ひとつ守られていないラインです。

「どうだ」といわんばかりに説明する工場幹部とは対照的に、動かない立ち作業の女性たちのうんざり顔が、今でも忘れられません。

このような状態で生産している工場は、A社に限ったことではありません。よかれと思って行なっていることが、実は大きな間違いであることもあるのです。間違いを知らせるサインは、現場で働いている作業者が出してくれます。そのサインを見逃さないよう、リーダーは努力してほしいと思います。

第9章

ものづくりは人づくり

始業のベルは生産活動の合図

ものづくり工場としての規則

ものづくりの工場は慈善事業ではない。利益を追求する場なのだ。

●学校と職場との違い

始業ぎりぎりでタイムカードを押します。その後、始業時刻になってすぐに業務につくことができるでしょうか。

始業と同時に付加価値生産の活動が開始されます。そこから1分○○円の給料の支払いが生じるのです。生産活動に対しての報酬です。

しかし、何ら活動もしていないのに、報酬を要求するのは詐欺に近いことでしょう。

学校ならば、お金を払って授業を受けます。授業を休もうが、授業中に弁当を食べようが、周りに迷惑をかけなければ自由です。

しかし、会社はお金を受け取る場です。

お金をもらうということは、プロということです。会社に所属する人は、プロとしての自覚を持ってほしいと思います。

●ベルが鳴る前に配置につく

業務がはじまる前に配置につくのは、始業時に限ったことではありません。10時やお昼の休憩後でもいえることです。

「そんなことでは、休み時間が短くなってしまう」と思われるかもしれません。

そうなのです。休み時間は短くなります。それが正解なのです。

基本は、付加価値を生む、生産活動時間が最優先されるのです。

ただ会社としては、有効に休憩時間が確保されるように、休憩場所の位置などを考慮する必要があります。

●月曜日に休む人は不要である

週休2日になってから、月曜日に休む人が増えています。事前に休暇願を出しての休みならば問題ありません。連休にして家族サービスもいいでしょう。

問題なのは、月曜日の朝、会社に電話をかけてきて「すみません、体調がよくないので今日は休ませてください」というパターンです。

これは、本人ひとりの問題ではありません。人員計画が決まってからの変更は、職場全体に迷惑がかかります。

ラインに入る前のルールも大切

自　宅

通勤

通勤手当てというお金を受け取っているのだから、当然、通勤上での行動は、会社から一部拘束を受ける

工場

ロッカールーム

始業30分前にはユニホームに着替えたい

タイムカード

着替えが終了し、作業に入れる状態になってから押したい
始業15分前には、ラインサイドで待機して生産準備

朝礼

始業５分前に朝礼

生産スタート

初物管理

間接部門は？

ものづくりでは、現場の人たちが主役。間接部門の人間はスタッフである。ならば、主役が現場に到着する前に、スタッフも準備が必要である

製造技術部門

現場の人と一緒にラインを一周して、設備の始業点検をする

購買部門

始業時の製造ロット部材がそろっていることを確認する

品質管理部門

始業から30分は、現場で４Ｍをチェックする

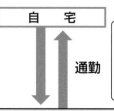

「その人しかできない」という問題点

みんなが多能工になる訓練

毎日、同じ作業を繰り返している作業者を単能工という。

●単能工が引き起こす不良

毎日同じ人が、同じ工程で同じ作業をしていると、いつの間にかその作業者しかわからないことが増えてきます。設備の操作方法、異常が発生したときの処置のやり方、工具の置いてある場所などです。

そのような人が休んでしまうと大変です。代わりに慣れていない人が、慣れていないことをやるのですから、当然、不良が発生する原因になります。

事前に休むことがわかっている場合も、異常が発生することがあります。「Aさん、3日後は休暇でしたね。ならば、休暇の生産分を今から貯めておいてください」と、的外れな指示を出す上司がいるからです。

3日後、Aさんの作業場には、人はいないのに、ものは1日分山になっています。

●まずは多能工の訓練を

そのような停滞を生む生産が不可であることは、すでに何度も述べました。オペレーターは、単能工から多能工に変身する必要があるのです。そのためには、訓練が必要です。

今日、いつもと同じ受注量がないとすれば、受注が少ないそんなときに多能工となる訓練をするようにしたいものです。

その場合の訓練は、決まったラインと決まった指導者にすることだけは忘れないことです。

●多能工が改善を加速する

多能工率が向上してきたならば、実施してほしいことがあります。それは、1日1工程ずつ、作業者をローテーションさせることです。そして、ラインを1から2サイクルするタイミングで、改善の時間を設けます。

単能工の場合の問題は、担当する作業を本人以外、知る人がいないことです。しかし、多能工のローテーション化を実施すると、「○○工程の△△作業はやりにくいと思わない？」とムダを共有化することができるのです。この共有化は重要です。

業務の改善が楽しくなるタイミングだからです。

多能工表を作成し、工場全体の多能工化を推進しよう

多　能　工　表

工程／氏名	工程１	工程２	工程３	工程４	多能工率
ソラノタロウ					69%
ミナミジロウ					
キタノハナコ					
多能工率	67%				

 …… レベル1 トレーナーに指導されながら作業できる

 …… レベル2 トレーナーがいなくても作業ができる

 …… レベル3 標準工数のスピードで作業ができる

 …… レベル4 トレーナーとして指導ができる

多能工の目標設定

『工程の多能工率』

事例の工程１を見てみると、３名でトータル12レベルあり、達成度は８レベルである。ゆえに多能工率は67%となる

『人の多能工率』

ソラノタロウさんの場合、工程１～４まで、16レベル中11レベル達成しているので69%となる

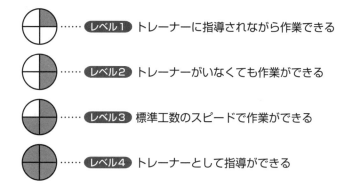

section 85

「変化しない現場」に進歩はない

現状維持が一番評価されない

目的を達成せずに途中であきらめる人間は、ものづくりの現場には不要である。

●目的はひとつ。手段は無限

不良が発生するのは、今のやり方が悪いからです。現状の生産方法に問題がないならば、不良は発生しません。しかし不良の多い現場に限って、現状を維持したがるものです。

「このやり方を、このように変更しましょう」とアドバイスしても、「でも、きっとダメですよ。以前にも同じようなことをしましたが、成功しませんでした」という返事が返ってきます。では、周りの環境も以前と同じなのでしょうか。そうではないのです。設備も新しくなり、作業者も新人が加わり、変化しているのです。問題は、リーダーのやる気があるかどうかです。

とにかく、現状に変化を与えることが重要なのです。目的は1つですが、方法、手段はたくさんあります。やりながら、現状の生産にマッチする方法を選択すればいいのです。

●失敗するから、改善するのだ

本当のことをいえば、改善には失敗はありません。目標を達成しなくても、変化を与えただけで成功です。

コンサルティングをしていてとくに感じるのは、「変化しない現場には、毎月訪問しても何もコメントできないが、変化している現場にはコメントすることができる」ということです。その変化が、方向の間違った改善でも、コメントができます。すると現場のメンバーは、「このやり方ではダメなんだ」と、気がつき、それを繰り返していると、徐々に脱線する改善が減ってきます。

「失敗は成功のもと」のことわざどおり、失敗から学ぶものは大きいのです。トヨタ自動車の人事評価制度では、改善で成果を出した人が一番評価され、次に改善で失敗した人が評価されます。一番評価されないのは現状維持の人です。

不良の原因は1つとは限りません。たくさんの改善トライをしているうちに、やがて真因に巡り合えます。品質を維持するために重要な、最適加工条件の設定も、失敗することからはじまるのです。

改善に失敗はない

1、やってみる
1、できるまでやってみる
1、改善に失敗はない

そして、行動は常に「本気」で。
長野県上田市にある安楽寺でいただきました

本気

本気ですれば
大抵のことができる
本気ですれば
何でもおもしろい
本気でしていると
誰かが助けてくれる

section 86

強いリーダーになる行動指針

リーダーとは、先頭に立ち、これから進むべき道を照らしてくれる人。

●山本五十六の言葉

「やってみせ、言って聞かせて、させてみせ、ほめてやらねば人は動かじ」
「話し合い、耳を傾け、承認し、任せてやらねば、人は育たず」
「やっている、姿を感謝で見守って、信頼せねば、人は実らず」

以上の言葉は、第26・27代大日本帝国連合艦隊司令長官・山本五十六の名言として有名です。

現場に限らず、リーダーとして人を動かす任務に携わる方々は、ぜひこれらの名言を理解してほしいと思います。

不良が発生するたびに、「誰が作ったんだ！」と大声で現場の作業者を怒鳴るリーダーがいます。

不良品を作りたくて生産活動している人はいません。

私はこんなリーダーにこういいます。「作業者が不良品を作ったんじゃありません。あなたが作らせたのですよ。作業者を怒るのではなく、あなたが作業者に謝らなければいけないのではないですか」と。

●自分の時間を増やす

部下に次の仕事の指示を出し、現在、自分が行なっていることを少しずつ部下にやらせていきましょう。

注意したいことは、「自分が行なっている」ことをやらせることです。自分がやったことのないことはやらせないことです。

まずは、日常業務からさせていくのがいいと思います。

そして自分は、部下に仕事を移した分の時間が自由に使えます。その時間で現在より先の仕事をするのです。

品質管理でいえば、不良品発生後の「分析」の仕事から、不良品が発生しない「環境づくり」の仕事にシフトしましょう。

●常に1歩先を見る

先の仕事の割合が増えてくるということは、リーダーとして先頭に立ち、部下の見えないところを、照らして見えるようにリードしていくことになります。

マネジメントとは、部下の不安要素を取り除くことでもあるのです。

人を動かせる強いリーダーに！

人の動かし方

①命令は、目的と方法を明確にいうこと
②連絡は、フェイス（顔）トゥフェイス（顔）で行なうこと。メールは不可
③号令（緊急）・命令（通常）・訓令（試作）の使い分けをすること
④確認は、相手がわかったかどうかきちんと確かめること
⑤報告の習慣をつけること。報告とは部下からもらうだけではない。部下に対しての報告も必要である
⑥部下が何を求めているのか、何を訴えようとしているのか、「読心」すること
⑦やってはならないことをしたり、決められたことをやらないときは、短く明るく注意すること
⑧注意は公平にすること
⑨個人別に育成すること
⑩まず、「長」が先頭に立つこと

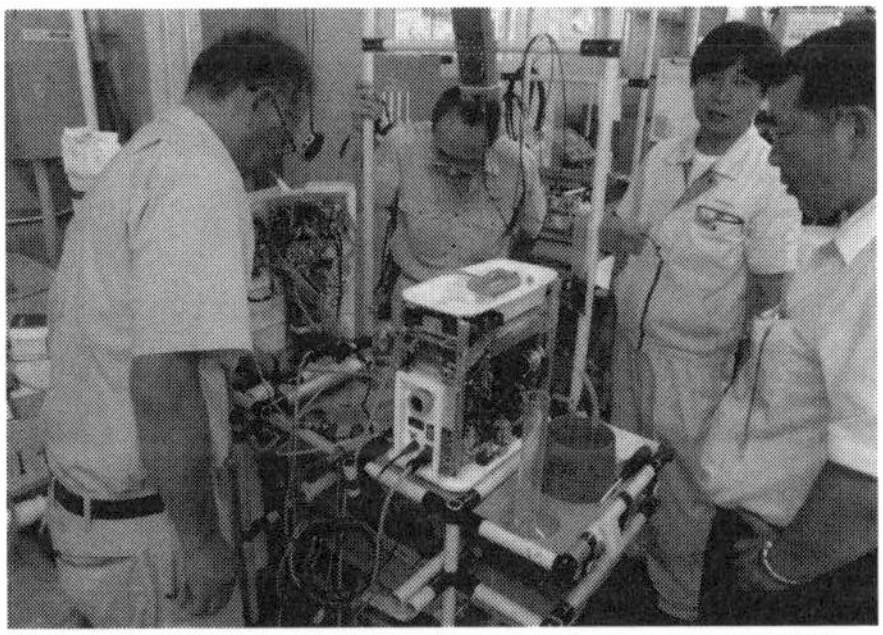

㈱MDIの現場で
右から工場長、設計責任者、品質責任者、ラインリーダー
問題発生時は、工場長が先頭に立ち、現場確認をする

図面を読めるようになろう

図面の知識は製造業に関わる全員に必須

工場に勤務する人全員が図面を読めたら、どんなに素晴らしいことか想像してみよう！

●ものづくりの基本は図面どおりに加工すること

生産とは、工程から製品へと、技術情報（図面）をものに移し替えていく作業のことです。ですから、ベースとなる図面が一番重要です。

しかし最近の大卒者は、図面もろくに描くことができません。真っ白な紙に、「作業台の上に置いてある製品を第三角法で描いてください」と課題を出してみたところ、驚いたことに約9割の人が正確に図面を描くことができませんでした。中には、いきなり外形線から描きはじめる人もいました。

図面とは、加工する立場に立って描かれるものです。寸法線の出し方も、形状の向きも、加工する際の取り付け方、刃物の選択などを考慮して描くことが基本となります。

若者が、なぜ図面を描くことができなくなったのでしょうか。それは、CAD・CAMのシステムが発達したからです。新製品を設計するというより、これまでのデータベースを利用して、編集する作業が中心になってきたからでしょう。

そんな若者たちも、まずは鉛筆とT定規を使って、中心線から描く図面をマスターすることから勉強してほしいと思います。

●製造現場以外の人も図面の知識を身につけよう

図面の知識は、直接、製造に関係する人だけに必要なものではありません。製造業の会社に勤務する、すべての人が身につけなければならない知識です。とくに海外展開が急速になってきた今日、生産は海外、開発は国内という傾向になってきました。国内工場の間接比率が高くなり、同時にものづくりについて経験の少ない人の率が増えてきたことにもなります。

とくに購買部門の人は、図面を読み、そこからどんな加工をすれば部品ができるのか、くらいは想像できないといけません。

メーカーから見積りをもらう前に、戦略的に自分で見積書を作成するくらいの知識を身につけましょう。

図面とは、設計者と製作者の意思伝達の基準である

『図面を学ぶ目的』

1. 作業者に図面の重要ポイントを説明できるようになる
2. 図面を見て、作り方に合った指導書に書き換えられるようになる
3. ポカヨケの治具を自分で設計、図面化する

↓

基本である第三角法を理解しよう

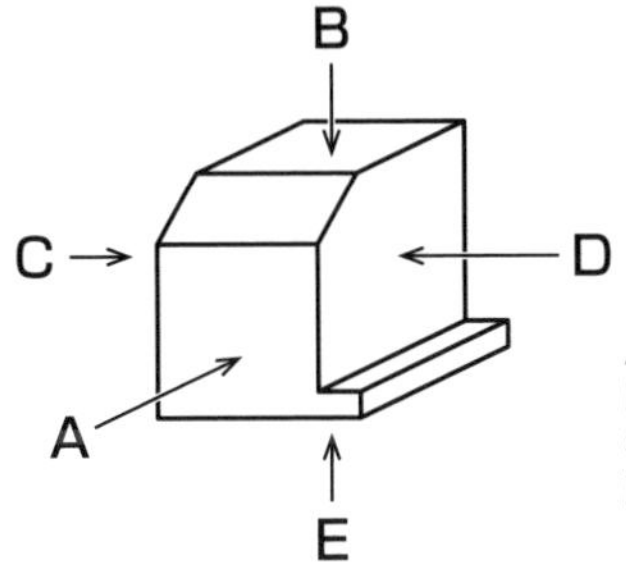

A：正面図
B：平面図
C：左側面図
D：右側面図
E：下面図

立体イメージを

↓

図面化

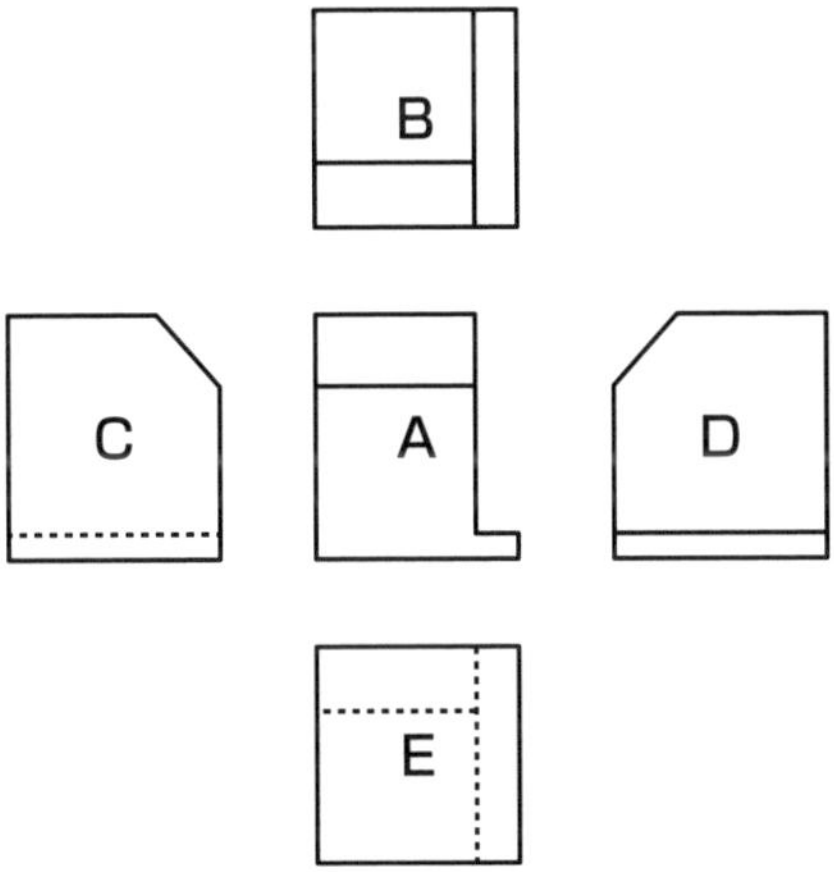

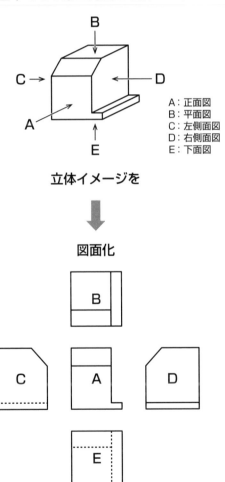

section 88

工場に道場がある？

「社内技能検定」を通らないとラインにつけない！

内視鏡で有名なオリンパスの会津工場は、検定に合格しないと作業をさせてもらえない。

●技能検定で知識と実技を身につける

オリンパス株式会社は、消化器内視鏡で世界の70％以上のシェアを維持しています。そのほとんどは福島県会津若松市にある会津オリンパスで生産されています。

直径1㎜以下のレンズから内製化されており、レンズ加工と金属加工は北会津工場、組み付け、組み立ては会津工場が行なっています。金属加工に使用される刃物もほとんど自社で手作りするほどの加工技術力も備えています。

工程が加工から組み立てに進むにつれ、ＭＴ（マシンタイム）からＨＴ（ハンドリングタイム）への比率が高くなっていきます。組み立てでは、最終の検査工程を除いて、ほとんどがＨＴになっています。多品種少量生産で、かつ製品は「グニャグニャ」している、自動化が困難な製品を生産しているからです。

問題は品質です。製品は人間の体の中に挿入される内視鏡です。不具合はゼロが絶対条件です。その手段として会津オリンパスでは、「社内技能検定制度」を設けています。

特殊工程と呼ばれているハンダ作業、接着作業、ろう付け作業などは、検定に合格しないとラインでの作業ができません。

●道場の師範も生徒も社員

検定試験に合格するには、社内にある技能道場に入門し、訓練を受けます。その後、試験に挑み、合格すればラインでの作業が可能になります。

道場には師範と呼ばれる先生たちがいます。師範は日頃、生産活動に従事しているわけではありません。仕事の100％が生徒たちへの技能の伝達です。新たに工程内不良が発生すれば、それは「師範の教え方が悪いから」だと、師範たちが集まって指導方法の改善が施されます。

生徒は、早くラインで仕事をしたいので必死に学び、師範たちは優秀な門下生をラインに送り出すために努力を怠りません。

その繰り返しが、ＨＴのオリンパス標準を作り出しているのです。

ものづくりでも世界一をめざす

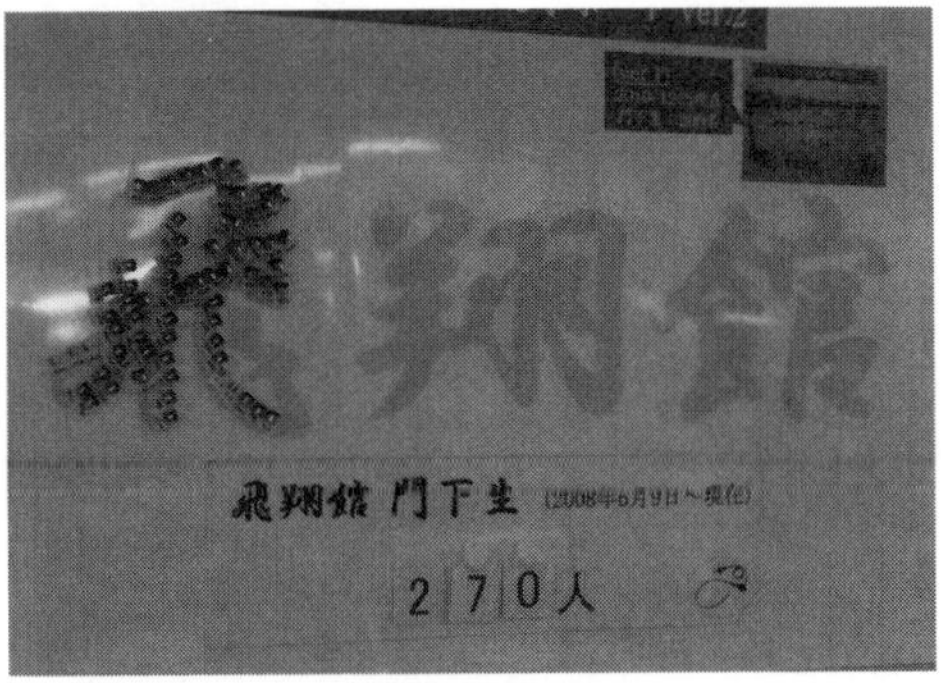

道場の名は「飛翔館」
ここを卒業しないとラインには入れない

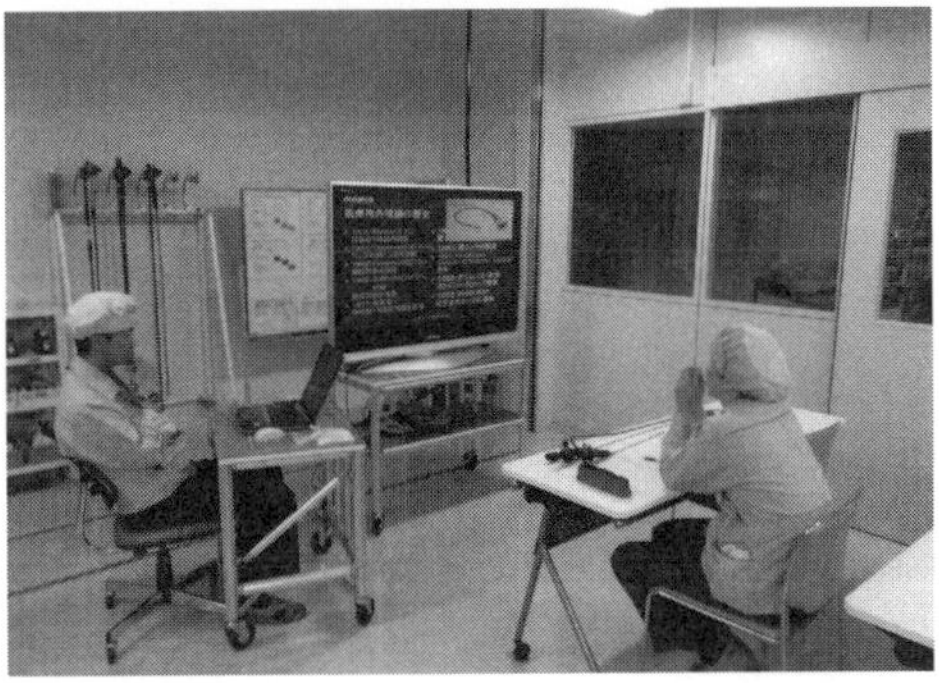

知識教育
製品の知識について教育する

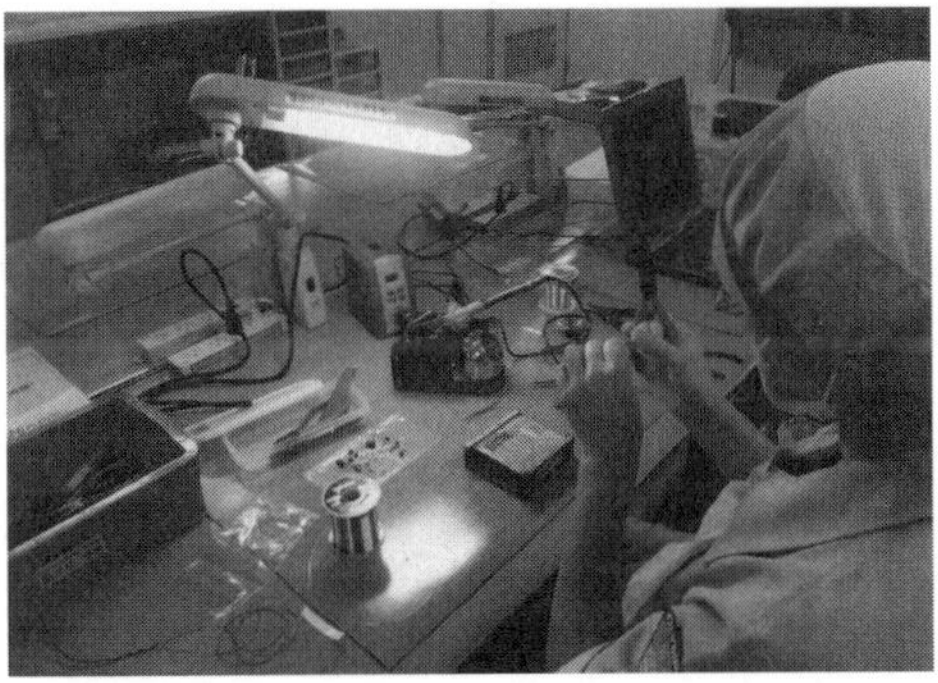

技能訓練
知識と技能の教育と訓練をへて、ラインマンへと成長していく

section 89

それぞれの立場で目標設定能力を磨く

目標を持つこと。それは工場全員に必要なこと。

●現場リーダーの目標設定

管理サイクルのP（Plan）、D（Do）、C（Check）、A（Action）の中で一番重要なのはPの目標設定です。

その目標は、現場でどのような立場にあるかで変化します。

現場リーダーは、次のような目標設定ができないといけません。

（1）月間目標

月の生産目標に対して、

①人員目標

1人当たりの出来高目標から投入人員を決める。当然、標準工数設定ができていないと決められない。

②品質目標

最低でも工程内不良は、0・4％未満、対外流出クレームは100ppm未満に設定する。

③納期設定

納期遅れはゼロにすること。

（2）費用の計算

毎月の収支計算ができること。

①固定費と変動費の区別ができること

②労働分配率を下げること

③損益分岐点を下げること

そして、以上の項目を週の行動計画に落とし込みます。

●ラインリーダーの目標設定

ラインリーダーの目標設定は、日常の生産活動目標がメインになります。

①SPH（セクション36参照）の目標設定

②日々の品質目標設定

③部材の納期管理

④小集団での改善目標設定

●作業者の目標設定

オペレーターは、1台1台の生産に対する目標設定が必要です。とくにCTは、作業者全員で意識をしながら作業するようにしましょう。

●目標の更新

月・週・日・時間・CTの目標は、常に更新していく必要があります。設定した目標がそのままでは、進化が止まってしまうからです。更新するためには、オペレーターからラインリーダーへ、ラインリーダーから現場リーダーへと、データ（結果）を吸い上げていくことがポイントになります。

事業の目的は利益を出すこと

下表は、付加価値経営分析表。私は自慢するわけではありませんが、現場の「長」をしていた26歳のころより、毎月、自分の職場の経営分析をしていました

単位：千円

<table>
<tr><th colspan="2">分類</th><th>項　目</th><th>金　額</th><th>計(記号)</th><th>計　算</th><th>経営指標(生産)</th></tr>
<tr><td colspan="2">売上高</td><td>生産即売上額</td><td>659,484</td><td>659,484
(S)</td><td>付加価値(V)
=S−M
190,085</td><td>労働設備額=$\frac{設備資産}{人　員}$=
(1,945 ／人) 千円
85,592千円／ 44名</td></tr>
<tr><td colspan="2" rowspan="4">比例費</td><td>材料費・外注費</td><td>267,292</td><td rowspan="4">469,399
(M)</td><td rowspan="4">付加価値(V)
(V÷S) ×100
28.8%</td><td rowspan="4">在庫月数=$\frac{平均在庫金額}{月売上額}$
$\frac{15,535千円}{65,946千円}$
=0.24 ヶ月</td></tr>
<tr><td>営業マージン</td><td>55,982</td></tr>
<tr><td>運　賃</td><td>8,180</td></tr>
<tr><td>本社技術研究費</td><td>137,945</td></tr>
<tr><td rowspan="9">固定費</td><td rowspan="4">人件費</td><td>給　与</td><td></td><td rowspan="4">124,992
(W)</td><td rowspan="2">固定費(K)
262,270</td><td rowspan="2">償却費人件費率=$\frac{償却費}{人件費}$
44,728÷124,992=0.358
(35.8%)</td></tr>
<tr><td>賞　与</td><td></td></tr>
<tr><td></td><td></td><td rowspan="2">固定費係数
K=$\frac{K}{W}$=2.10</td><td rowspan="2">損益分岐点(P・b)=$\frac{K}{vo}$
(910,691)</td></tr>
<tr><td></td><td></td></tr>
<tr><td rowspan="3">経費</td><td>家　賃</td><td>35,013</td><td rowspan="5">137,287</td><td rowspan="5">固定費率 (Ko)
=(K÷S)
×100
39.8%</td><td rowspan="3">損益分岐点比率
=$\frac{(P・b)}{S}$×100
910,691÷659,484×100
=(138%)</td></tr>
<tr><td>経　費</td><td>35,801</td></tr>
<tr><td>償却費</td><td>44,728</td></tr>
<tr><td rowspan="2">管理費</td><td></td><td></td><td rowspan="3">付加価値金利比率
=$\frac{金　利}{付加価値}$ ×100
=(11.4%)</td></tr>
<tr><td>金　利</td><td>21,745</td></tr>
<tr><td colspan="2">利益</td><td>利　益</td><td>△72,194</td><td></td><td>利益率 (ro)
△10.9%</td></tr>
</table>

section 90

「目標」から「方針」へ、伝達内容は変わる

方針伝達能力は現場に近づくほど問われる

方針は、現場に近づくほど噛み砕いて伝える必要がある。

●方針とは

方針とは、「物事や計画を実行するうえでの、およその方向」のことです。目標が決定したならば、それを実行するために方向や切口を部下に示すことが必要です。そして、その方針の出し方は、社長から部長、部長から課長、課長から係長へと、現場のオペレーターに近づくほど具体的に示さないといけません。

たとえば、「売上げ目標50%アップ」と社長から目標が示されたとします。これをそのまま現場の作業者に伝えても、「営業が頑張ればいいことだ」で終わってしまいます。

そこで、まず部長、課長クラスで方針の決定が必要になります。そして、その方針が「高付加価値商品の比率を高める」となったとします。しかし、このままではまだ現場に伝えることはできません。具体的な商品名や数値を示す必要があります。

「高付加価値商品として、商品Aと商品Bに的を絞る」のように、作業者に伝える必要があるのです。

●目標は同じでも、方針は変化する

さらに具体的に行動に移せるようにするには、目標は同じでも、方針は変化する場合があります。

「商品Aは、他の製品に比べΣHTが長いので、工数を10％削減しよう」

そして、もっと噛み砕いていくと、「動作のムダについて集中して観察を進めよう」。または、「取り置きの回数を2回減らそう。そのためには、仮置きのムダはゼロにする必要がある」というような方針になります。

「また、商品Bの場合は、高価な部品を使用しているが、その不良率が高く損失金額が月20万円にもなっている。そこで商品Bに対する切口は品質改善にする」。さらに、「今すぐできる行動として、不良発生時、ラインをストップさせよう」といった具体的な方針が示されます。

以上のように、目標は同じでも、方針は変化し、かつ現場に近づくほど具体的な伝達能力が必要になってくるのです。

階級別に目標と方針は変化する

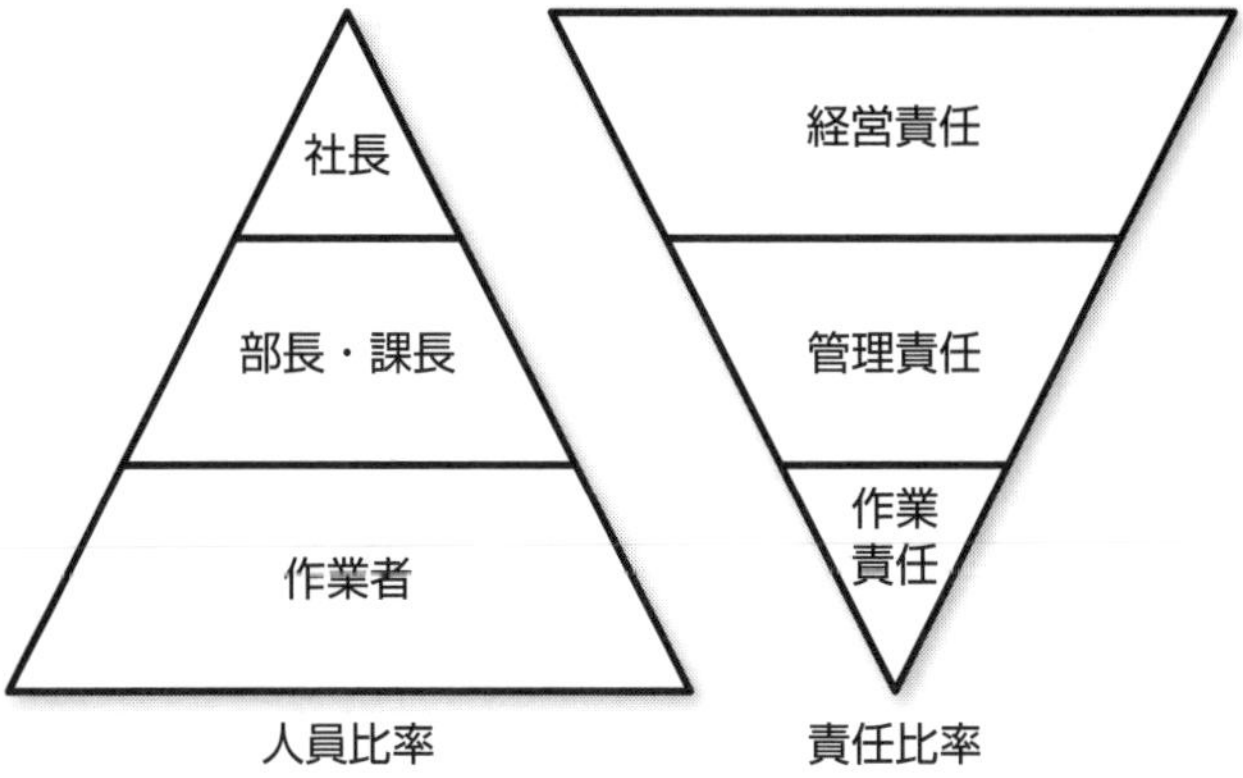

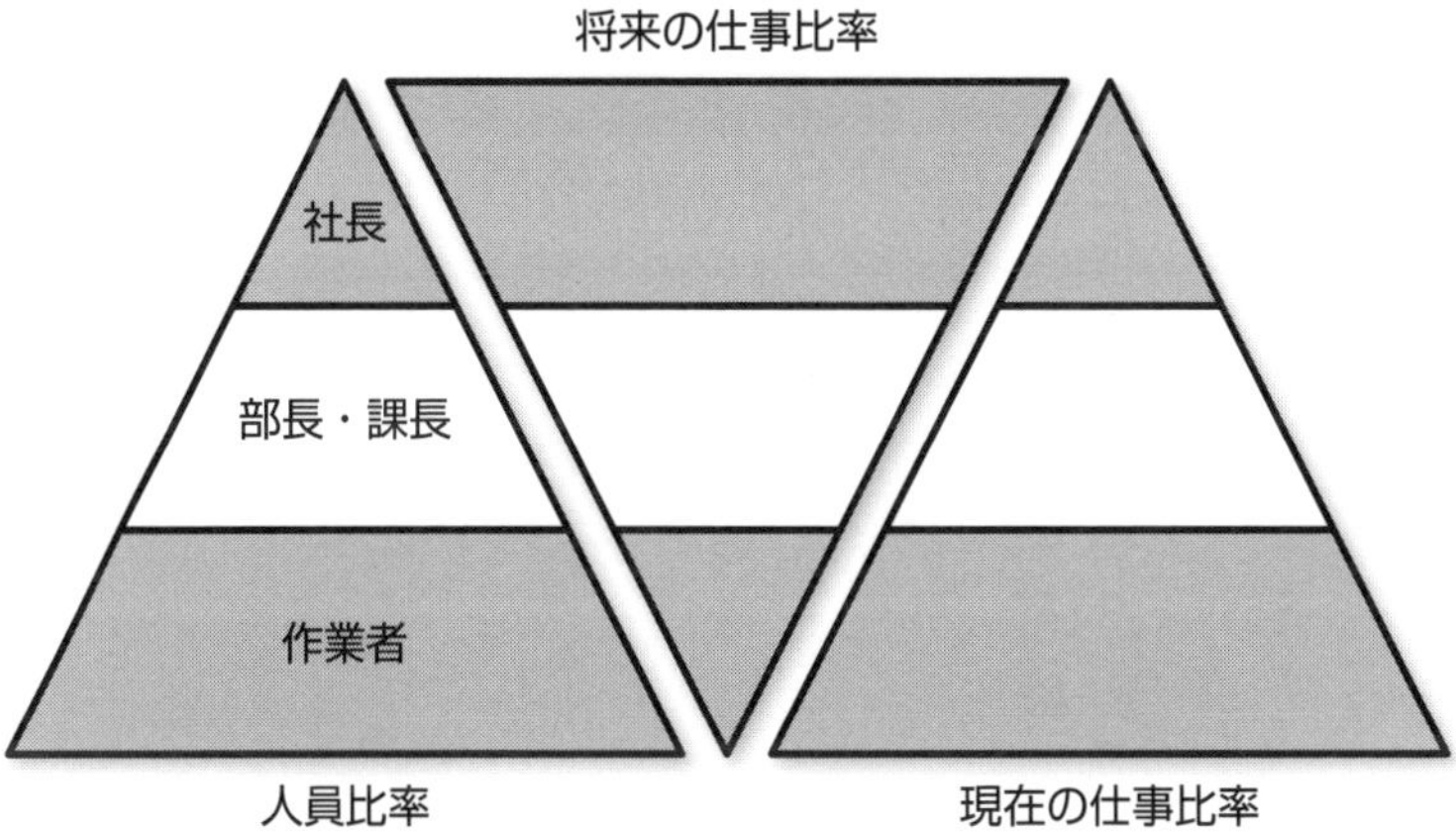

売上げ50%UPだ！「全社に号令」	
経営層	売上げ50%UP ➡ 金額で管理
管理層	➡ ①付加価値金額目標 ②売上台数目標
ものづくりの現場	➡ ①付加価値金額→工数、歩留目標 ②台数→初物管理、可動率、SPH

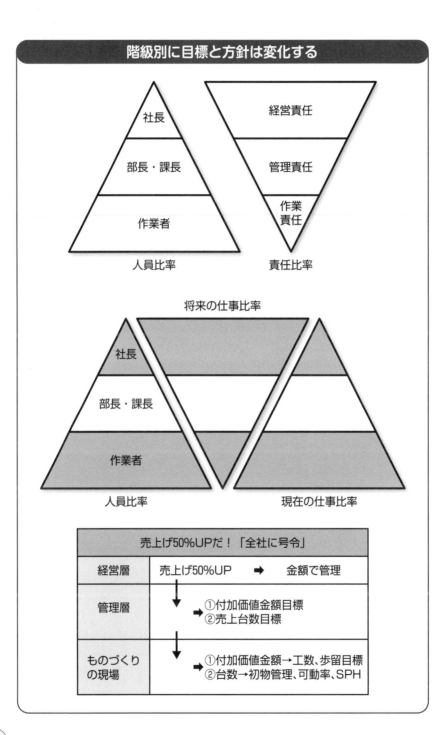

section 91

会社はなかなか変えられないが、自分を変えることはできる

自分に挑戦する自己革新能力

人生の中で一番活発に活動できる時間を仕事に使っている。

●自分を変えることができなければ何も変えられない

中学を卒業すると16歳。定年が60歳としてその間、44年間あります（大卒の場合は37年間）。この期間は、人間として一番、体も頭も活発に動くときです。その重要な時間の半分以上を会社生活が占めているのです。

そんな人生で一番重要な時間を中途半端に過ごしたら、必ず後悔すると私は思っています。

私は、大学は出ていません。高専卒です。しかし入社してからは、大卒と同じ仕事をしていました。

入社してからの数年は、年収の開きはそんなに感じませんでしたが、8年目ごろから違ってきました。同じ仕事、または、それ以上の実績を出しても、大卒の同期入社の人のほうが年収が高いのです。

●常に自分に挑戦する

入社式のとき、専務にいわれた「給料というお金をもらう以上、プロに徹して」の言葉は忘れていません。しかし、仕事をやればやるほど「どうして」という気持ちは大きくなりますが、会社のシステムは、そう簡単には変えることはできないこともわかっていました。

でも、自分を変えることはできます。「給料が少ないのなら、それに見合った仕事をすればいいじゃないか」という自分がいます。一方では、「そんなの関係ない。今、自分ができる最高の仕事をすればいい」という自分もいます。幸いに私は後者を選びました。会社に入社してから機械工学の勉強もしました。

自動機の設計も、はじめはリレーを複数使用して、シーケンスの基礎を勉強しました。その後、小型のシーケンスが開発され、さらにパソコンが普及して自動化のスピードも増していきました。

すべて、上司からの命令ではありません。自分がやってみたいと思う気持ちを行動に移した結果です。人生の一番重要な時間を会社で過ごす。ならば、常に自分に挑戦すべきです。

自分を変えることができなければ現場も変えることはできない

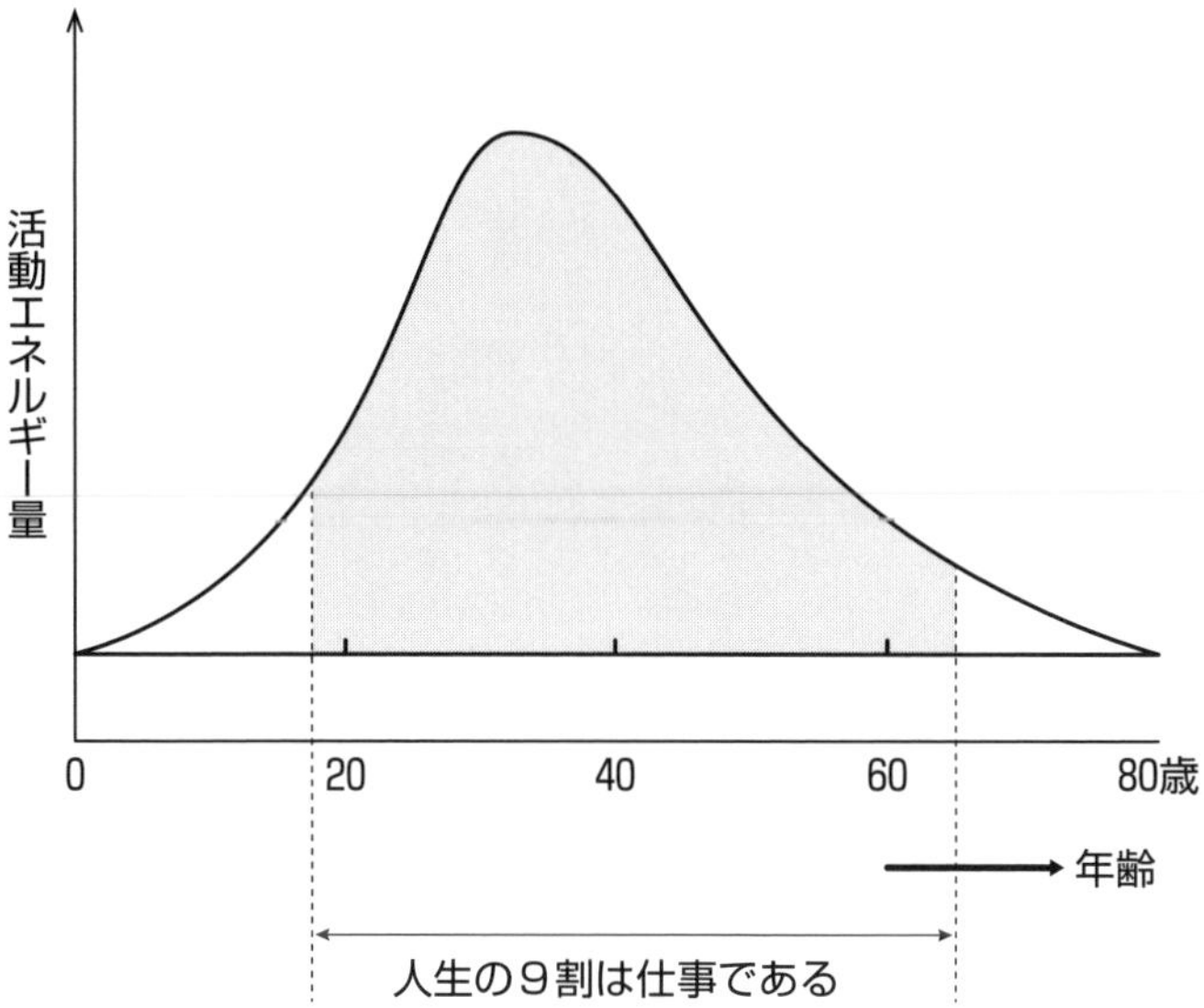

『自己革新能力向上方法』

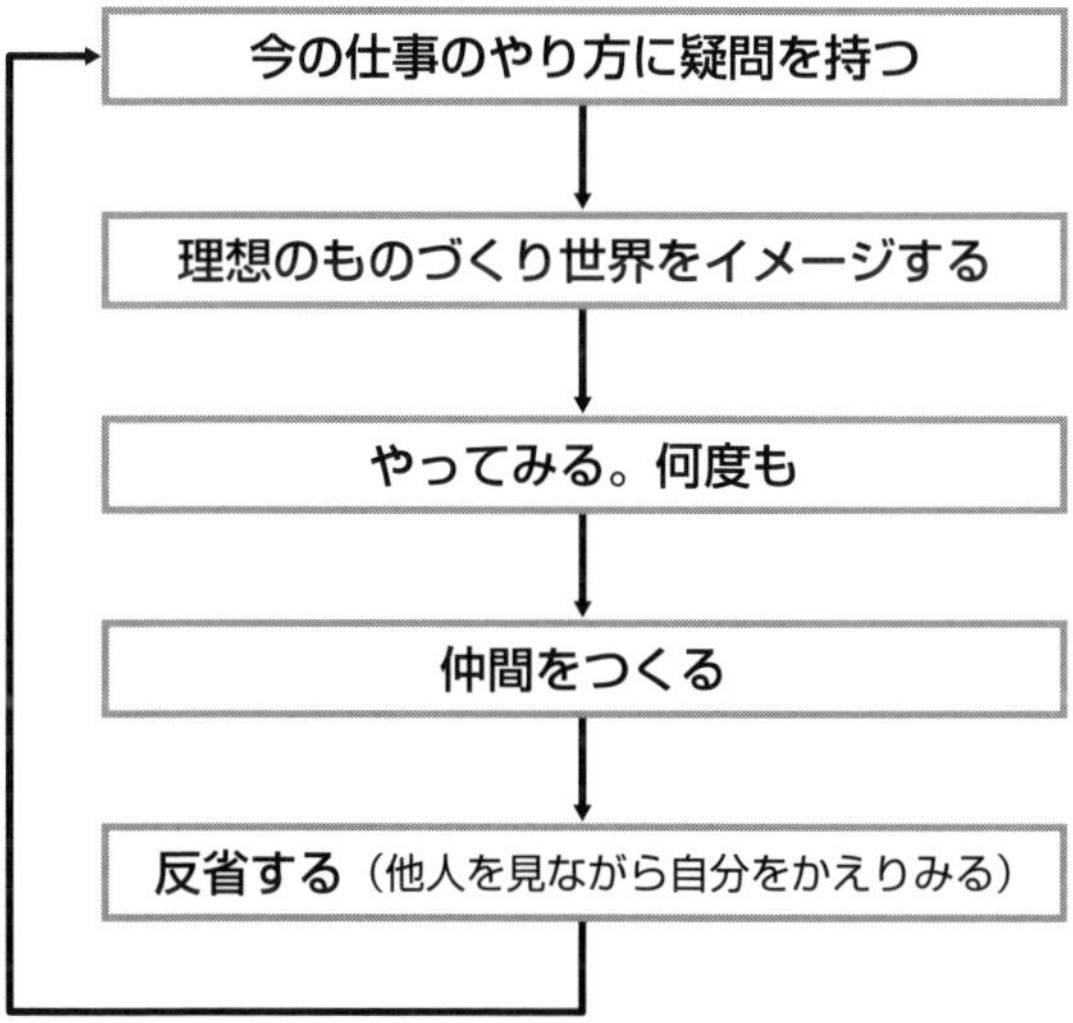

COLUMN 9

ディズニーランドのINとOUT

日本に40年近く成長し続けている企業があります。それは皆さんご存じの、東京ディズニーリゾート（TDR）です。恥ずかしながら、私もファンの1人であり、毎年1回は遊びに（勉強に）行っています。

では成長し続けている理由は何なのでしょうか？ それは、「安心」ではないかと思います。安心にもいくつかあり、1つは、「身体の安全」であり、もう1つは、「時間の安心」だと思っています。

TDRで体の安全のために、日々必ず実行していることを説明しましょう。

朝の6時過ぎにJR舞浜駅を見ているとわかります。ディズニーランドの出口から中高年の男性がぞろぞろと出てきます。深夜に特別パーティーでもあったのかなと思うほどの人数です。

この人たちは、実は閉園後、設備のメンテナンスを行なっているのです。

日本の他の遊園地や、アメリカのディズニーランドでは、設備のトラブルで死傷者が出ていますが、TDRでは死亡事故は発生していません。40年経過しても、いつも同じ状態に保たれている設備は、とても素晴らしいメンテナンスが行なわれている証拠です。

また、入場者は日本人だけではありません。世界の老若男女が訪れます。中には子供を誘拐して、海外で臓器売買しようと企んでいる人間が来ているかもしれません。しかし、これまでそのような事件は発生していません。

その防止のために、入口と出口を一箇所で管理するということを実施しています。入口と出口を管理することで、管理能力のキャパオーバーを防ぐことができます。

また、もし事件が発生した場合、限られた一箇所の出口を閉鎖すれば、犯人は園から出ることができなくなります。

……母親が自分の子供がいないことに気がつく。通報を受けた係員は即、ゲートを閉鎖する。そのころ犯人はたぶんショップ街をうろついているだろう。各アトラクションからは、長いショップ街を通過しないと出口にたどり着けないレイアウトになっているからだ。出口に到着したとしても係員に必ず取り押さえられてしまう……。

なぜなら犯人は、おみやげを1つも持っていなかったからです。

第10章

これからのポカミス不良対策

section 92

ＩＳＯ認証を取れたら不良がなくなる？

ＩＳＯの意義とは何だろう

品質管理をきちんとしていれば、特別な品質保証システムなど必要ない。

●ＩＳＯ９０００シリーズ導入の前提条件

本来ＩＳＯは、品質管理システムとして、不良ゼロを目的に基本ルールが定められています。

不良品が発生したら、良品と区別するために「赤箱」という不良品専用の容器に入れられます。

赤箱に不良品が入った瞬間、ラインはストップし、是正措置が取られます。不良解析が行なわれ、同じ不良品が発生しないように対策が実施されたことを確認したら、ラインは再稼働します。

これが、ＩＳＯ９０００シリーズの基本ルールです。ということは、工程内不良発生率が1％の場合は、１００台に1回の割合でラインをストップさせることになります。きちんとルールにしたがって、不良品が発生するたびにラインを止めて対策を取っていれば、いずれ不良品も減少するでしょうが、ＩＳＯ認証を受けている工場に限って、ラインを止めることをしません。なぜでしょうか。

その理由は、ＩＳＯ認証された瞬間、目的を達成しているからです。「あれもやります、これもやります」と、マニュアルに実際にはできないことを書き込んでＩＳＯ認証を得ます。見栄っ張りの日本人にありがちな行為です。しかし結局、不良が発生しても、品質保証部の人間は現場には顔を出さず、ことが大きくなってから会議室で吠えます。

ＵＳＯ（うそ）９０００といわれてもしかたがないのが実情です。

●自社品質管理システムを構築する

「ＩＳＯをやめよう」というセミナーを東京で開催したことがあります。その出席者の中に、ある音響メーカーの品質保証部長がいました。

「ＩＳＯは、金と時間ばかりかかって、ろくなシステムじゃありませんよ。そんな時間があるなら、現場に出て治具の1つでも作ったほうが、不良を減らすことができますよ。その証拠にトヨタはＩＳＯを取得していないでしょう」と私が発言すると、その品質

ISOの目的は？

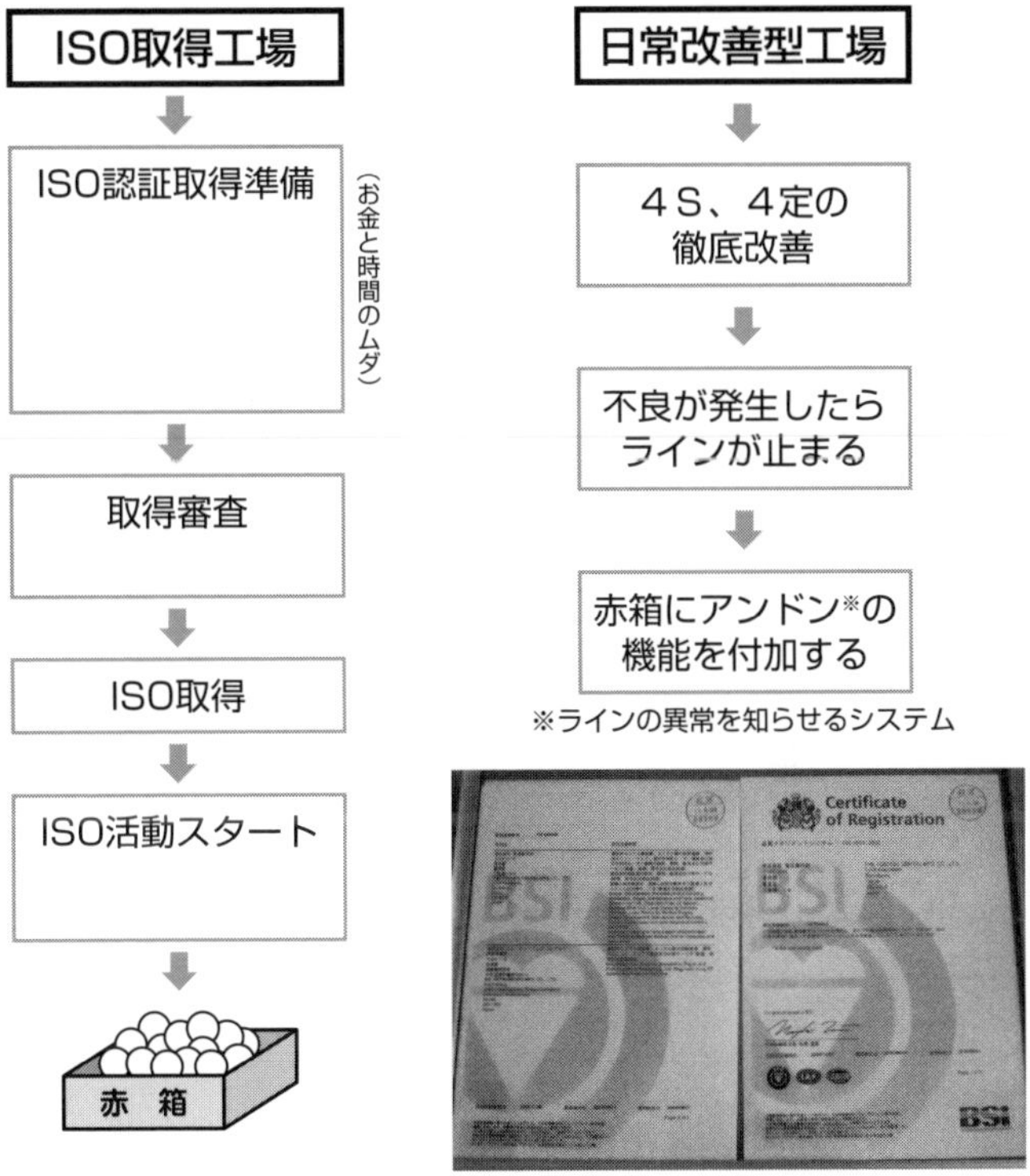

⬆このISOの認証書は何の役にも立たない

保証部長は、こういいました。

「はい、先生！　当社はＩＳＯをやめました。そして、独自に当社の品質保証システムの名をつけて活動しています。そのシステムも当社の製品、製造方法に合ったものにしました。これで、ものづくりのわからない認証監査員に、つべこべいわれなくすみます。書類ばかりのチェックで、現場なんかほとんど見ないのですから」

品質管理ができない会社が、品質保証などできるわけがないのです。逆に、品質管理をきちんとしていれば、特別な品質保証システムなど必要ありません。製品の品質が悪い会社ほど、ＩＳＯという「お守り」を持ちたがるのです。

ＩＳＯを取得する前に、やるべきことがあります。それは、トップ自ら現場に行き、現物を見て、現実を確かめるということです。

section 93

ハードとソフトをつないで人的ミスを防ぐ

ポイントは、アナログをデジタルに変換すること。

●工場事務所のパソコンは現場の設備とつながっているか

昨今、IT機器の進歩は素晴らしいものがあります。事務系では1人1台、パソコンは当たり前に配備されています。しかし製造現場ではどうでしょうか？　設備の稼働状況はタイムリーに見えるでしょうか？　ラインの可動率がいくらになっているかなどの数値を、工場の間接部門の人たちは即座に知ることができるでしょうか？

これまでは、ポカミス対策の基本としてやるべきことを掲げてきました。しかし、その対策を維持するにはかなりのエネルギーが必要になります。効率よく継続するには、やはりITの力を利用すべきです。現場と間接部門を密接につなぐ項目を以下に記します。

・設備稼働状況
・ライン可動状況
・不良発生信号
・受注、出荷状況

●加工結果(データ)を数値で表現する

そして現場では、アナログ情報をデジタル情報に変換することを進めましょう。簡単にアナログとデジタルの違いを説明すると、定食屋でライスを注文するとき、アナログ的には「ライス大盛り」、デジタルでは「ライス450粒」となります。とくに加工条件を数値で見えるようにすることが重要です。ですから製造現場では、手動工具やハンドプレスは使用してはいけません。ハンドプレスだと、部品のオス・メスの寸法精度に不具合があっても、無理やりの圧入が可能になるので、不良を発見できません。圧入圧力をデジタルで表示すれば、加工時に不良としてストップすることが可能です。

●加工結果を加工条件に反映させる

すでにデジタル制御装置付きの機器や設備を使用している場合は、加工結果を1台分のデータで終わらせるような、もったいないことをしてはいけません。NC加工機とデジタル検査装置をつなぎ、そのデータを加工機のマクロプログラムを使って自動補正をかけるようにすれば、人間による入力間違いのミスを防ぐことができます。

加工・検査の繰り返し

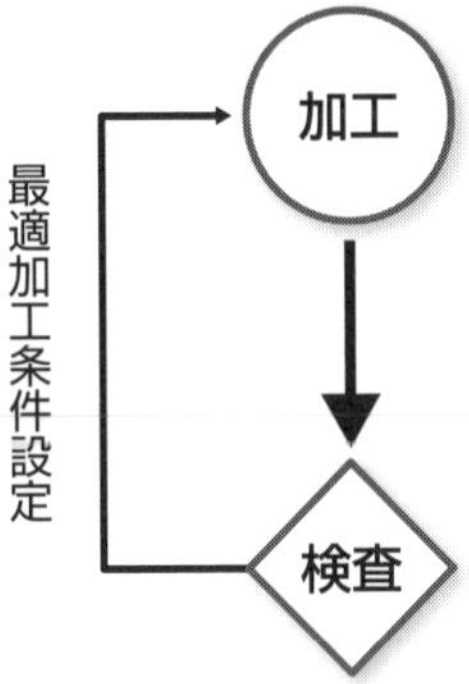

全数検査が基本

アナログを

デジタルに変換すれば、加工と検査がつなぎやすくなる

汎用旋盤にデジタルマイクロをつけて精度を安定させている

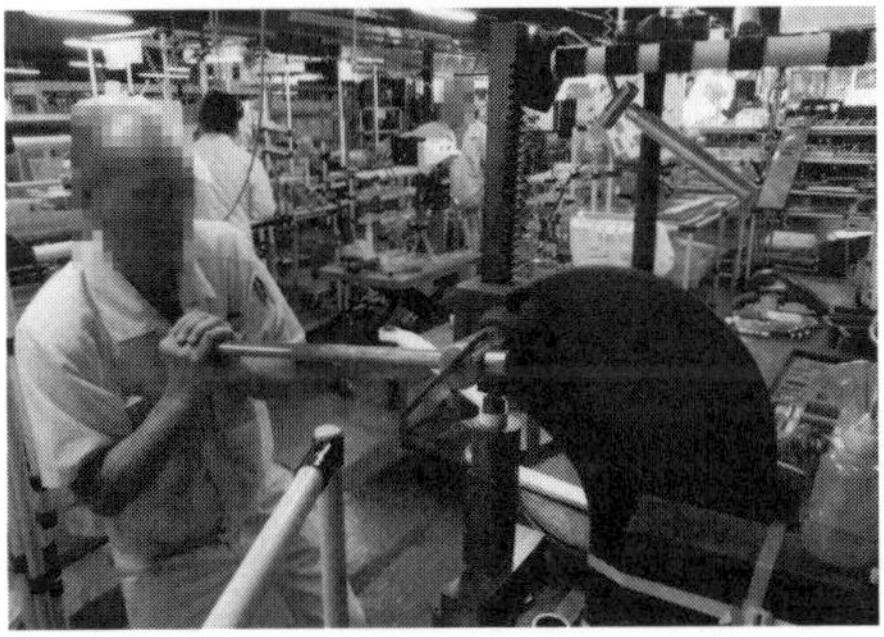

ハンドプレスでは品質の保証ができない

小集団活動を復活する

改善はトップダウン方式がよい。そのためには手本を示すことが重要。

●まずは「長」が改善を体験させること

1人で100の改善をするより、100人が1つずつ100の改善をしたほうが、負荷が少なく無理なく継続させることができます。

しかしその前に、まず「長」が改善の手本を示すことです。

リーダーが手本を示すには、約3ヶ月間、毎日1日1改善を繰り返すことです。そのためには、たとえば以下のような努力が必要です。

生産活動が終了すれば、製造現場は「長」が自由に使用できます。そこで、その日に不具合が発生した部分をメモにとっておき、その自由時間を使って改善を実施するのです。大改善の必要はありません。スイッチの位置を変更してストライクゾーンを改善したり、治具を製作して空中作業をなくしたり、とにかく毎日、現場のメンバーに変化を与えてやることが重要です。

それを3ヶ月ほど繰り返すと、「すみませんリーダー、ここに製品を固定する治具を作ってください」と、作業者からリクエストをもらえるようになります。それが、個人1日1改善の成果です。

●改善は特別な仕事ではない

不思議なもので、ある1人のオペレーターから改善のリクエストを受けると、次から次へとリクエストが増えてきます。そうしているうちに、とても1人では間に合わない状況になってきます。そのころからが、「小集団活動」のスタート時期になります。手帳には、自分（リーダー）がやるべき改善と、作業者みんなでやるべき改善に分けてメモを取るようにします。みんなでやるべき改善項目は、1週間で20項目ぐらいは見つかるはずです。

●社員も非正社員も関係ない

そして週に一度の割合で、定時後の1時間を使って、全員で改善活動を実施します。1チームは3～4名の小集団です。40名の作業者がいるなら10チーム以上になります。ですからリーダーは、各チームごとに改善目標と方針をきちんと伝達することを忘れてはいけません。

自主研（自主研究会）を実施する

下表を参考に、月に一度は小集団の仕上げ改善を実施しよう

時間	1日目	2日目
8：00		①現場にて改善内容説明
9：00	集合 ①前月即実践フォロー結果発表 A･B･Cチーム	②フォローアップ改善 （実際に作業してみて不具合が生じた場合、即、再改善する）
10：00	②今月改善職場紹介 今月改善目標発表	
11：00	③現場観察 （当日見ることのできない作業はあらかじめビデオに撮っておく）	
12：00 13：00	昼食	昼食
	④ムダとり、改善案出し 各チーム	③改善効果測定
15：00	⑤改善案発表 C･A･Bチームの順	④成果発表 （B･C･Aチームの順に発表する）
17：00	⑥即実践準備	⑤社長からのアドバイス
18：00	⑦即実践開始 （出来じまい、22：00 以降は各チームごと解散）	⑥来月の予定発表後解散 （来月担当課長と当日担当課長は引継ぎをするために残る）

2日目の成果発表を現場で行なっているようす

［写真提供：㈱MDI］

section 95

品質の90%は設計で決まる

不良品は後工程で発見されることが多いが、その原因は?

源流の品質が、全体の品質を決める。

●加工を知らないと設計はできない

私のこれまでの経験からいえば、不良の原因の90%は設計に起因しています。設計とは、製品設計（機能や形状を含む）からはじまり、工程設計、設備設計に至るまでのすべての設計のことです。その中でも一番重要なのが、スタートの製品設計です。

第9章でも解説したように、最近のものづくり環境は、加工経験のない人が設計に携わっている場合が多々あります。加工を知らない人が、精度の追い込み方を無視した公差設定をします。そのような部品を組み付け、組み立てた場合、必ず不良が発生します。

さらに近年は、設計試作を現物ではなく、コンピュータ・グラフィックですませてしまうことが多いので、不具合の発見は、量産態勢に入ってからになってしまいます。

工程内不良率が0・4%以上発生している工場の設計試作は、現物での試作を実行してください。

●「工程をつなぐ」のと同じことを設計で行なう

セクション45では、工程設計からのモジュールのつなぎ方について説明しました。ここでは、製品設計上のモジュールについて確認してみてください。組付モジュールで加工していないか、組立モジュールで組み付けしていないか、です。制御製品を組み立てているときに、回路部分のハーネスを加工している作業をよく見かけます。リードワイヤーをカットして、先端をストリップし、端子を圧着しているのです。これは、回路部分の組付モジュールの設計ミスです。

●量産試作のやり方

設計試作、生産試作が終了したら、次は量産試作です。量産時、不良が発生するのは、この量産試作をおろそかにしているからです。ここでのポイントは1つです。それは、100%良品部品を使用することです。また、部品1つひとつすべて寸法を測定し、記録しておくことです。すべて公差内でも、部品の組み合わせによって不良品になるからです。

設計検証（DR：デザインレビュー）の目的は不良ゼロ

ISOの複雑なDRは、『DRをすること』が目的になってしまう。DRの目的はあくまでも『不良ゼロ』。下記の簡易DRで不良ゼロをめざす

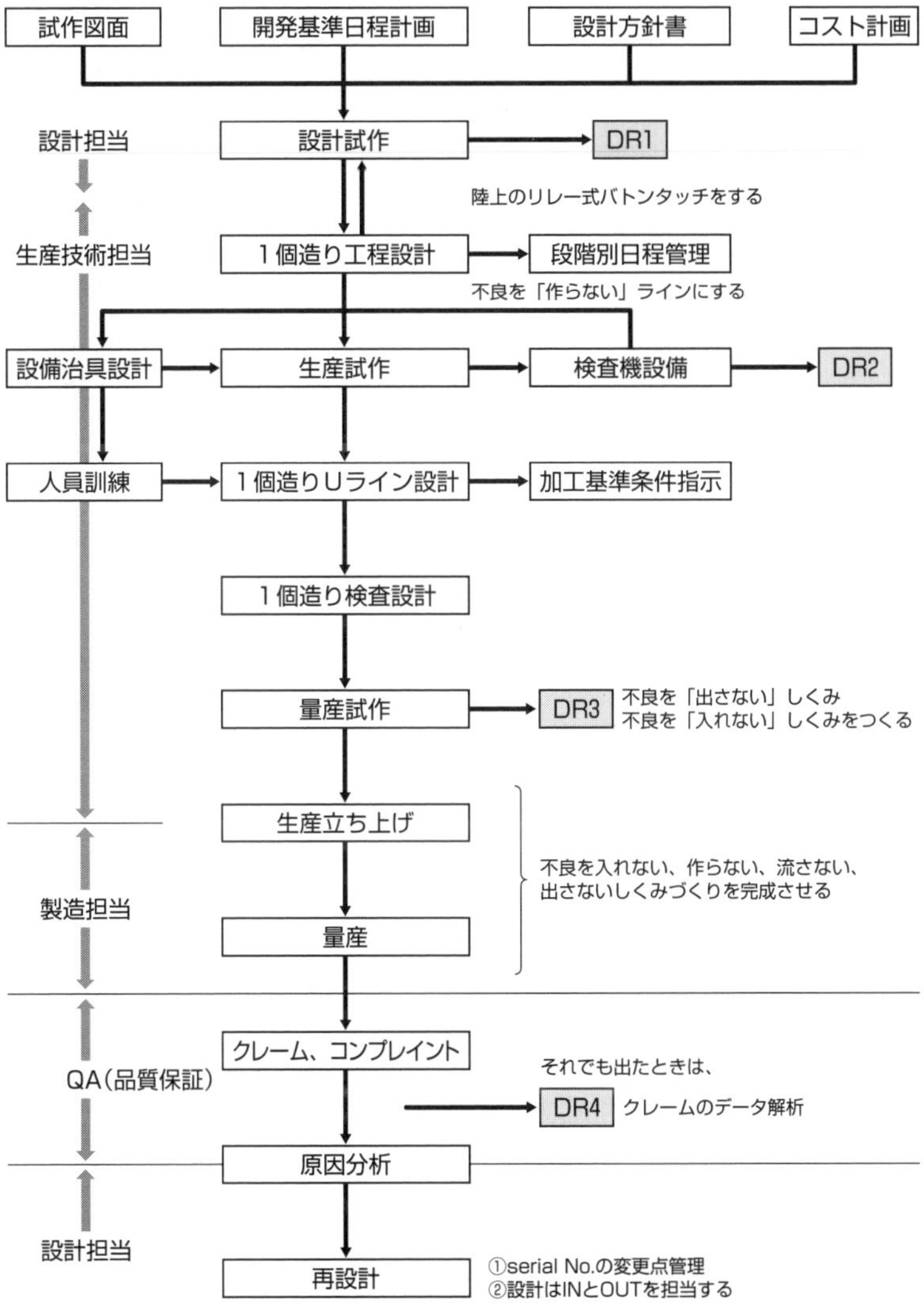

特注品にしない営業技術

顧客には特注品、作り方は標準品。

●組付モジュールでの標準化

加工、組み付け、組み立てと、モジュールは進化しながら顧客に近づいていきます。そして顧客に近づくほど、顧客の要望が製品設計を「特注化」していきます。顧客の要望にそのまま100%応えていたら、生産品種は無限大になり、ラインや設備の設計は注文に追いつかなくなるでしょう。

品種が多いほど品質管理の負荷は増えるので、いかに生産品種を増やさずに、顧客の「特注」に応えていくかがポイントになります。

その手段としては、加工、組付モジュールまでを徹底的に標準化することです。標準化すれば、トヨタのかんばん方式のように、ストアーに最小量の在庫を持つだけで、短納期受注に対応できます。

問題の顧客の「特注」への対応は、できる限り、加工品と組付品の標準品の組み合わせだけで、特注品にする設計技術を進めるのです。顧客にとっては特注品でも、工場での生産は標準品にすることです。

●提案オーダーにする

また営業部門の人たちは、これまでと同じ営業活動をしていてはだめです。

「顧客満足度100%」だからといって、顧客の要望をそのまま工場に持ち込んではいけません。

営業マンは、まず自分のノートパソコンに、加工モジュールである部品と、組付モジュールの半機能部品のデータを入れておきます。そして、顧客からの要望をヒアリングしたのち、入力しておいた部品を使って要望の製品のイメージ図を描くのです。そうすることによって受注から納品までの期間が短縮され、かつ標準部品の使用率が高くなるので、コストダウンになります。

半導体加工用装置や造船など、1台1台、オーダーメイドのように見えても、中身は標準化できる商品には、とくに効き目があります。

これからの営業マンは、「セールスエンジニア」であることが要求されるのです。

セールスエンジニアリングとは？

- 設計品質
  - 設計で不良を入れないしくみ
    - ①仕様決定シートの作成
    - ②仕様決定時イメージ図の提供
    - ③仕様変更の防止
    - ④特注品にしない受注法
    - → CAD（コンピュータ支援設計）を活用して、客先で「提案設計」にする
  - 新機種開発で不良を作らないしくみ
    - ①ブロック設計法の開発
    - ②新図を描かない設計法の導入
    - ③設計品質評価制度の導入
    - ④品質保証部長による出荷停止発動
  - クレームを出さないしくみ
    - ①設計品質どおりの工程設計
    - ②作りやすい設計品質の確認、評価
    - ③不良を作らない加工基準の作成
    - ④デザインレビューのムダとり
  - クレーム、コンプレイントの原因分析、対策
    - ①メカニズム解析法
    - ②現物分解
    - ③再設計

設計改善からライン改善に発展したようす。写真上部から加工（部品供給）、組付ライン、組立ラインと編成している

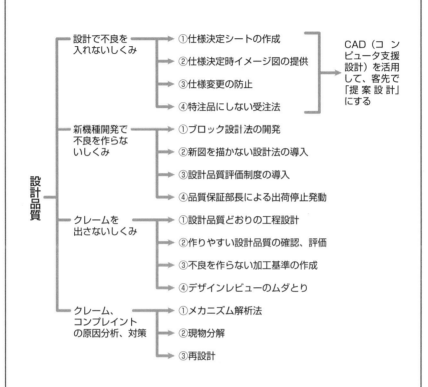

section 97

いつまでリーダーが現場を走り回っていればいいのか？

リーダーをフォローする「システム化技術力」

工程のモジュール化と同じように、情報のモジュール化をする。

●情報は降ろす。データは吸い上げる

製造工場の生産管理の基本は、「現場で」という考え方に変わりありませんが、ある程度バラツキが取れて、品質も安定してきたならば、あえてリーダーが現場に張りついている必要はありません。

とくに近年はコストダウンの一環で、管理者が少人化されています。最近の工場を見ていると、管理者１人の管理能力をはるかにオーバーした４Ｍの大きさになっているところが多いように思われます。

では、そのオーバー分は、どうしたらいいのでしょうか。

システム力を借りてカバーするのです。それにはまず、情報技術を現場に導入します。言葉の定義を先に説明すると、「情報」とは指示のことで、「データ」とは結果です。「○月○日納期でＡ製品５台の受注」は「情報」であり、「１ラインでＡ製品を生産したときに圧入工程の結果、圧入圧力は３ニュートンでした」はデータになります。

そして、情報は降ろし、データは吸い上げるシステムを構築します。

●情報のモジュールを「階層」で表現する

情報を降ろし、データを吸い上げるには、「階層」をしっかりと組み立てる必要があります。この「階層」の考え方を持たずにシステムを構築しようとして失敗している企業が多くあります。とくに、情報システムを社外から導入した場合に失敗しているケースが多いようです（階層については左ページ図を参照）。

●第1階層で時系列分析の自動化をする

ものづくりの生データは、第１階層から発生します。このデータを吸い上げる環境を大至急作ってほしいのです。

ＨＴの作業をＭＴ化するときに、自動制御する装置として、シーケンサーと呼ばれる、プログラムコントローラーを使用します。そのプログラムコントローラーには、端末の接続としてＲＳ２３２Ｃがついています。これを使ってデータを吸い上げるのです。

情報をつなぐ

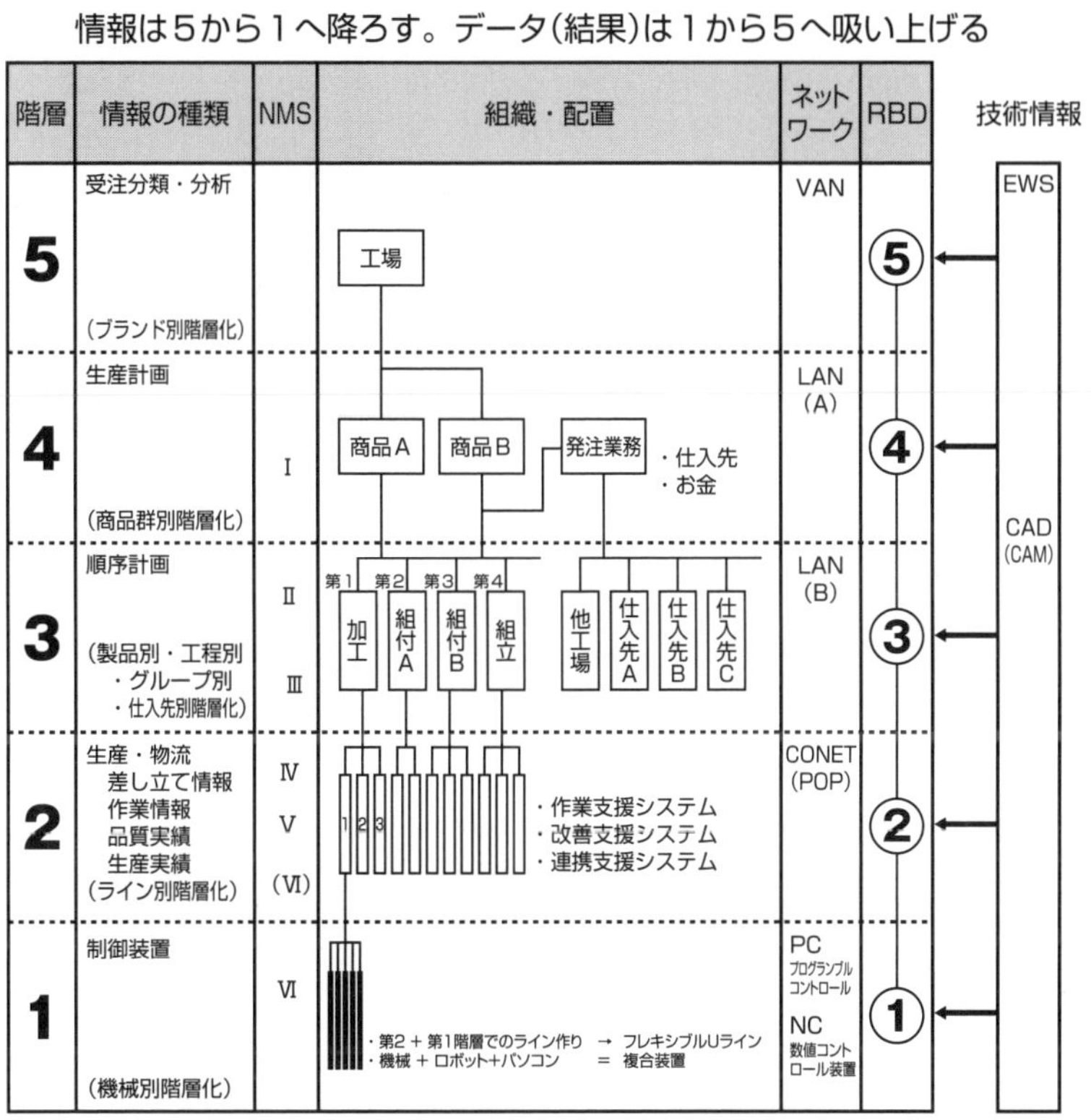

たとえば電動ドリルがあります。1サイクルごとにその電動ドリルが使用されるのであれば、使用するたびに信号をRS232Cから吸い上げます。そのデータをパソコンにつないで、CT（サイクルタイム）としてのあるべき時間と、吸い上げた電動ドリルのデータを比較します。連続でそのデータを管理すると、自動的に時系列分析が完成します。

それらのデータを統合して、パソコンのプログラムに、「サイクルタイム3秒オーバーでアラーム」とセットしたとします。現場で3秒以上オーバーする異常の作業が発生すれば、即、アラームが出ます。オペレーターが異常と思っていない場合でも、管理者のパソコンには異常のアラームが出るのです。これまで、発生原因がわからなかったような不良の分析には、この時系列分析が役立ちます。

section 98

不良の部品を使用して良品は作れない

良品を調達するチェック体制

まずは外から不良品を入れないしくみを構築しよう。

●協力工場の現場診断

これまでの章で、良品部材の購入をすることが重要と説明してきました。では購買部を通して協力工場から部材を調達するとき、具体的にはどのようにすればいいのでしょうか。

まず実際に購入を開始する前に、協力工場の現場診断を実施してみてください。

診断チェックシートを作成し、購買合格ラインを設定しましょう。立ち合いは、設計、購買、生産技術の担当者で診断チームを構成します。

そして、良品加工を維持するために、最低でも年に1度は現場診断を実施してください。

●協力工場の出荷検査と自社工場の受け入れ検査

診断に合格したならば、協力工場のOUTと自社工場のINをつなぐしくみを構築します。「つなぐ」とは、品質をつなぐことが最優先です。

購買開始から1年間は、ダブルチェックとして、協力工場と自社工場の双方で検査を実施します。

目的は、製品品質そのものと、検査方法の違いが発生していないか、また検査測定機器の校正は実施されているか、などを観察するためです。

その後、協力工場の出荷検査が正しく実施されていることが証明されたら、自社工場の受け入れ検査を抜き取り検査に変更します。

●協力工場と自社工場の回線をつなぐ

当然のことですが、「情報」と「データ」の効率交信のため、協力工場とパソコンの回線を常につないでおいてください。そうすることによって、協力工場での出荷検査状態をタイムリーに見ることができます。

デジタルマイクロメーターとパソコンをつなぎ、それを回線で結べば可能です。

小さな協力工場の場合、工場長が作業者として現場に入っている場合があります。そのようなときは、自社工場の品質管理部門が助力するといいでしょう。不良品が減少し、大きなコストダウンにつながります。

協力工場QA審査要領案

1．準備資料　　　　　　　　　　　　　　QA（Quality Assurance）=品質保証

1）協力工場別管理検査結果
（社内工程不良集計表）

2）社長にQA審査事前連絡兼アンケートを先に出すこと
事前アンケート項目
① 納入先でのワースト10のうち何位と思われますか？
② 納入先でどんな不良が発生していると思われますか？
③ 納入先での不良率は何%と思われますか？
④ 選別検査を実施した回数／年は何回ですか？
⑤ 貴工場の出荷検査時の不良率は何%ですか？
また、どんな不良が多いか、パレート的にお答えください
⑥ 納入先不良に対応した貴社の出荷検査項目として、
どんな項目を選んでやっていますか？
⑦ 100ppm達成のための貴工場での不良対策方針を明示していますか？

協力工場QA評価表

分類	評価項目	ウエイト	評点					評価点
			−2	−1	0	+1	+2	
長の100ppm達成についての熱意	1．アンケートについての正解 2．不良を減らすための構想、方針の有無 3．出荷検査に対しての考え方 4．2次外注品についてのQA方式および考え方 5．出荷検査員の育成状況（経験年数から見て）							
出荷検査の状況	1．100%出荷検査した記録があるか 2．1名当たり何点／日担当しているか 3．出荷検査のCT／個は何秒か 4．納入先の不良に対応した出荷検査項目が実施されているか 5．2次外注品の出荷検査した実績記録があるか							
管理者の不良の原因追究、および除去実践能力	1．出荷時のワースト3の内容を製造課長は知っていたか 2．ワースト1、たとえばキズ（打痕）についてどこの工程でどのような状況で発生しているのか、即答したか 3．ワースト2についても同様の答えが得られたか 4．ワースト3についても同様の答えが得られたか 5．その工程に案内して原因の因果関係について説明できたか 6．原因除去についても具体的な対策を述べたか 7．不良原因対策表の記録はあるか 8．再発防止の内容は応答対策でなく、ぴったりした内容だったか？ 9．不良の多い工程に赤箱が設置されているか とくに出荷検査にあったか 10．赤箱対策はルールのとおり実施されていたか							
ものづくりのやり方	1．1個流し、1個加工、1個組立、1個検査が実施されているか 2．ラインのリズム作業（ペースメーカーとして簡易自動機はあるか） 3．チョイオキの場所は明示されているか 4．チョコテイの平均故障間隔はいくらか 2時間以上か 5．加工、組立、ライン内にも赤箱は設置されているか 6．2次外注部品不良%は即答したか 7．不良品の識別、修理スミの識別はされているか 8．異物付着防止（バリ、ゴミ、ホコリ）用の容器になっているか							
加工基準の遵守	1．加工基準、組立基準が目で見てわかるようになっているか 2．旧図の回収をやっているか、また2次加工先での旧図も回収しているか 3．図面をコピーするとき何枚コピーし、どこにいつ渡したかメモしているか 4．片側公差の場合の加工基準はどのように決めているか 5．バラツキの原因について、管理者は即応した対策をとっていたか たとえばCP1.0以内のものについてどう対策していたか 6．治具のマモウしたものを使用していたか 7．NO.GO式の検査になっていたか							
人質管理	省　　略							
	合計点数							

section 99

良品部品100％投入、良品製品100％産出をめざす！

不良をゼロにする品質管理システム

これまでの内容を総復習しよう。

●品質管理「1 or 0」から「0」へ

ハードとソフトをつなぐことができれば、最大不良発生数を「1」で抑えることができます。組立モジュールのラインで不良が発生する確率を0・4％未満にできていれば、ハードとソフトのつなぎ方が正しいかどうかは判断できます。

その際のデータベースの内容として必要なものは、次の項目になります。

・設計図面
・最適加工条件
・良品部品（検査データが部品、部材と紐《ひも》付《づ》けされている）
・故障ゼロの設備（メンテナンスされている）
・訓練、教育された作業者（社内認定を取得している）

以上のベース（情報）に対して、加工後データが生まれます。それを比較すれば、正常と異常の判断が可能になります。さらにデータを細かく分析し、異常になる前に信号を出すようにすれば、「不良が発生する前に、ラインを止める」ことができます。

このやり方は、それぞれの会社がそれぞれのやり方で構築するものであり、その会社独自の品質管理システムこそが、その会社の標準になります。

●「品質の追い込み方」がノウハウ

以上の品質管理のやり方は、品質を良品化させるための追い込みメソッドであり、アナログをデジタルに変換することを手段としているので、「品質管理技術」と呼ぶことができます。そして、この技術だけは海外工場には流出させてはいけません。日本に残る付加価値がなくなってしまいます。海外工場には、技能は教えても技術は教えてはいけないのです。

たとえば、NC加工機を操作する場合、最適加工条件の設定のためのプログラム作成方法は、ブラックボックス化する必要があります。ローカルメンバー（海外工場の現地作業者）には、ワークの正しい取り付け方と、図面のバーコードの読ませ方、検査機器の扱い方などの技能面を主体に指導することになります。

不良を作らないシステム

不良を作らないしくみ

- 担当部署：製　造　部
- 推進部署：生産技術部

①最適加工条件の設定
②目で見てわかる加工基準の徹底
③チョコ停対策（瞬間保全の普及）
④欠品防止
⑤段取り改善（加工基準不動の原則）
⑥管理区間ごとの不良対策（赤箱対策）
⑦中間仕掛品在庫の削減
⑧Uライン作り（IN、OUTの１人持ち）
⑨１個造り・１個検査
⑩生産計画の同期化
⑪検査方法の改善

「プログラム入れ違い防止」
右のPCとNCをつなぐことで、PCで生産指示書を読み取り、NC加工プログラムをNCに転送できる

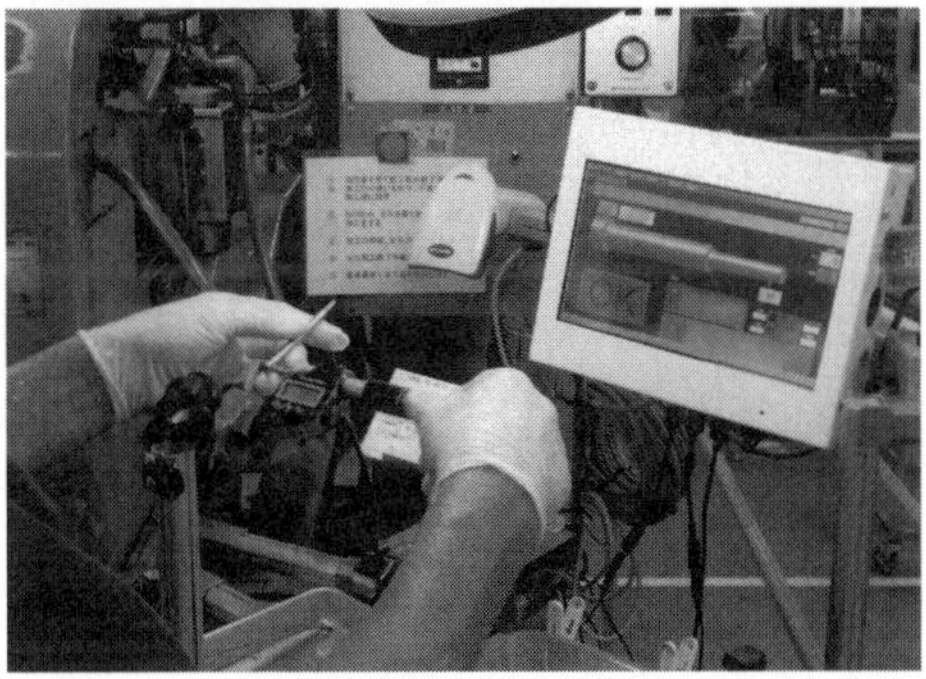

「寸法読み取り違い防止」
デジタルマイクロメーターのデータをPCが判定する

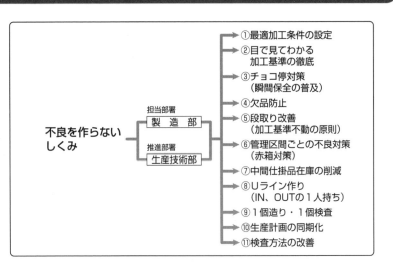

section 100

不良損失3倍の法則を覚えていますか？

不良を出さない最終確認

品質そのものが製造業の信用である。

●順次点検法の実施

市場クレームは、人間の体でたとえると出血と同じです。そのままにしておくと死に至ることもあります。会社の社会的信用を失うのです。そこで、まずは「不良を外に出さないこと」を実施します。

「順次点検法」とは、前工程の品質状況を自工程で確認してから、加工に着手するやり方のことをいいます。協力工場での出荷検査、自工場での受け入れ検査と同じ方式を、自社工場内で行なうことになります。

ただし、この「順次点検法」は、あくまで暫定措置にすぎません。点検（検査）が目的ではないのです。目的は、不良を工程の入口で押さえることと、不良の原因を明らかにして、不良をなくすことです。

●トレーサビリティ

不良原因の追究を効率よくするために「トレーサビリティ」という方法があります。各工程の品質データをつなぐ方法です。条件は、ものとデータが常にペアになっていることです。

各工程のデジタル検査機器にデータが記録されます。その加工順に次工程でも加工されていけば、品質データをつなぐことができます。

1ロットの大きさが大きく、かつ容器の中で製品が加工順に関係なく混ざり合っていると、「トレーサビリティ」は成り立たなくなります。

ですからトレーサビリティは、品質保証（良品である証明）体制にも役立ちます。

●加工検査と出荷検査

最後に確認してほしいことがあります。工場の出荷工程の検査が、本当に出荷検査になっているかどうかです。ときどき目にするのは、前工程の加工の検査を、出荷検査でも行なっている場面です。

出荷の検査ですから、製品の外観や梱包の状態、数量などの確認が目的になります。

「検査の目的は、検査をなくすこと」「検査は、付加価値を生まない」ムダであることを再確認しましょう。

不良を出さないシステム

不良を出さないしくみ

- 担当部署　製　造　部
- 推進部署　Ｑ　Ａ　部

- ①順次点検法
- ②Uラインのダブルチェック
- ③検査方法の改善
- ④ポカよけ設置
- ⑤検査の簡易自動化
- ⑥検査員認定制度

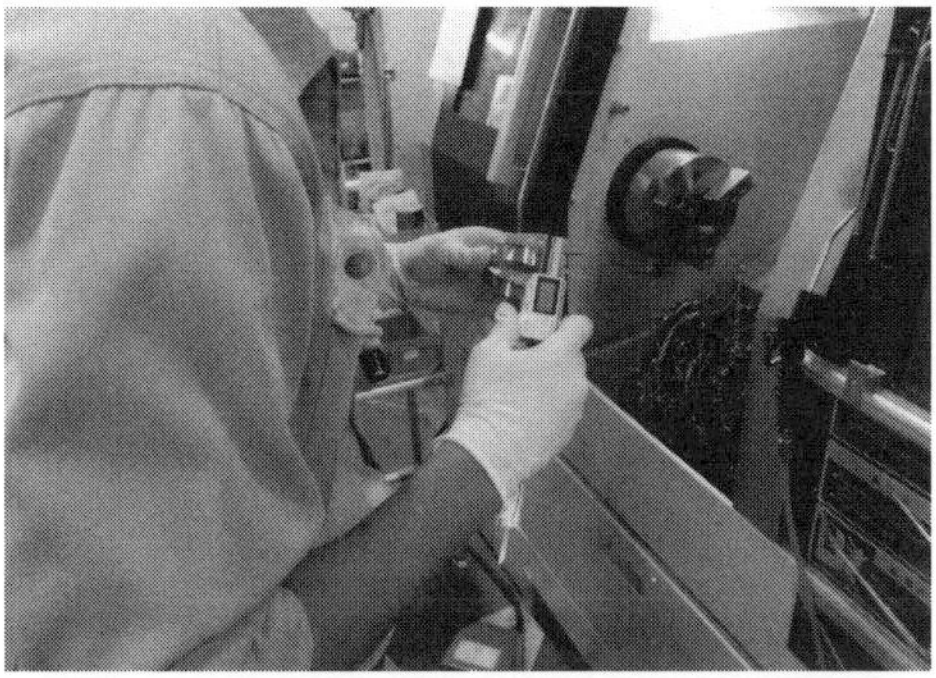

「加工での検査」
図面情報、NC機、現物の3者を合わせる

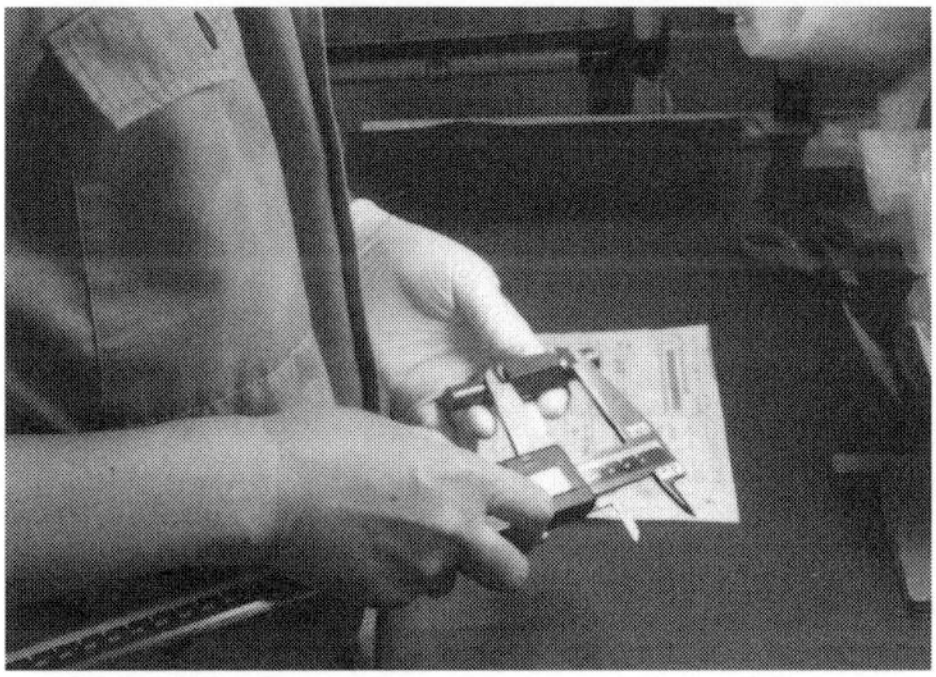

「出荷検査」
順次点検法の１つ。精度を追求するよりも、異品混入、数量違い、外観不良流出防止を目的としている

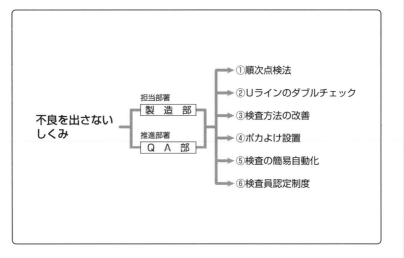

著者略歴

竹内　均（たけうち・ひとし）

ものづくり再生コンサルタント。1962年、山形県生まれ。83年、国立鶴岡工業高等専門学校電気工学科卒業。83年、オリエンタルモーター（株）入社。新製品開発、生産技術、一個造り生産管理システムの構築など、一個造り推進役に従事。

94年、付加価値経営研究所入社。チーフコンサルタントを経て独立。99年、改善技術研究所を設立。半導体から造船まで、製造業のものづくり改善コンサルタントとして活動中。日本国内はもとより、アジア各国やアメリカ、メキシコなどで実践中心のコンサルティングを展開していることで定評がある。

著書として、『ワン・ピース・フロー　1個造り生産方式』（新技術開発センター）、『新・ものづくり復活の条件　製造業88の基本』（新技術開発センター）、『デザインレビュー　ムダとりマニュアル』（新技術開発センター）などがある。

なるほど！　これでわかった

新版 図解　よくわかるこれからのポカミス防止対策

2023年１月２日　初版発行

著　者――竹内　均

発行者――中島豊彦

発行所――同文舘出版株式会社

東京都千代田区神田神保町1-41　〒101-0051
電話　営業03(3294)1801 編集03(3294)1802
振替00100-8-42935
http://dobunkan.co.jp

 ISBN978-4-495-59712-2
印刷／製本：萩原印刷　Printed in Japan 2023